MERIAN *momente*

MALLORCA

NIKLAUS SCHMID

Zeichenerklärung

 barrierefreie Unterkünfte
 familienfreundlich
🕐 Der ideale Zeitpunkt
🚩 Neu entdeckt
 Ziele in der Umgebung
 Faltkarte

Preisklassen

Preise für ein Doppelzimmer ohne Frühstück:

€€€€ ab 150 €	€€€ ab 100 €
€€ ab 50 €	€ bis 50 €

Preise für ein dreigangiges Menu:

€€€€ ab 42 €	€€€ ab 30 €
€€ ab 13 €	€ bis 13 €

MALLORCA ENTDECKEN
Höhepunkte für eine unvergessliche Reise   4

MALLORCA ERLEBEN
Ausgesuchte Adressen und Empfehlungen   20

MALLORCA ERKUNDEN

Die Orte, die Regionen,
die Sehenswürdigkeiten   **60**

QUER DURCH MALLORCA

Touren und Ausflüge   **156**

MALLORCA ERFASSEN

Zahlen, Fakten, Hintergründe   **166**

IM FOKUS

Kleine Reportagen aus Mallorca

KARTEN UND PLÄNE

MALLORCA
ENTDECKEN

Die Punta de Capdepera bildet mit ihrem Leuchtturm den östlichsten Zipfel Mallorcas.

MEIN MALLORCA

*Magnet im Mittelmeer: Strände, Buchten, wunderschöne
Landschaften – Mallorcas Anziehungskraft ist ungebrochen.
Diese Insel hat tausend Gesichter, und sie birgt immer
noch eine Vielzahl von Überraschungen.*

»Wenn Du das Paradies ertragen kannst, komm nach Mallorca«, schrieb
die amerikanische Schriftstellerin Gertrude Stein in einem Brief an ihren
englischen Kollegen Robert Graves. Das Paradies ertragen? Aber ja doch,
sagte ich mir, und machte mich auf die Reise. Obwohl die Einladung, die
man mir geschickt hatte, ganz anders geklungen hatte. Von viel Arbeit,
wenig Honorar und großer Ehre war die Rede. Ich sollte für ein deutsches
Wochenblatt schreiben. Inselnachrichten für Urlauber und Residenten.
Für jemanden, der wie ich auf Formentera lebt, ist Mallorca keine richtige
Insel. Viel zu groß, viel zu laut, viel zu bekannt, ja, auch damals schon, vor
über 30 Jahren. Mein Kopf war also voller Vorurteile. Was ist dran an
dieser Insel, fragte ich mich, was gibt ihr die Anziehungskraft? Ist ihre

◄ Als Künstlerdorf zu Ehren gekommen: Deià
(► S. 97) am Rand der Serra de Tramuntana.

Schönheit nicht von den Millionen Besuchern abgetragen, verbraucht? Sind die angeblich tausend Gesichter nicht längst kaputt fotografiert? Überrascht war ich dann von der Vielfalt der Insel. Ja, es war laut an der Playa de Palma in Höhe des Balneario Nr. 6, der es später zu zweifelhaftem Filmruhm brachte und zum Synonym des Massentourismus wurde. Aber es gab eben auch den Naturstrand Es Trenc, der damals noch ein Geheimtipp war, und die Dörfer im Tramuntana-Gebirge, die auch heute noch einen verwunschenen Eindruck machen.

Die Strände waren im Vergleich zu Formentera weit entfernt. Dafür aber waren die Wege dorthin ein Erlebnis, über Landstraßen mit schier unendlichen Natursteinmauern ging es vorbei an Mandeltälern und Orangenhainen, an Kirchen, die wie Bollwerke auf den Hügeln thronten. Ich sah die Windräder, die den einst sumpfigen Boden entwässert hatten, war beeindruckt von Burgruinen, die von der mittelalterlichen Vergangenheit zeugten, und bewunderte mächtige Steinanlagen, die aus prähistorischer Zeit stammten. Was für eine geschichtsträchtige Insel!

UND DANN DIE HAUPTSTADT PALMA!

Eng sind die Gassen der Altstadt, gesäumt von den ockerfarbenen, nach außen eher abweisend wirkenden Häusern, deren Innenhöfe aber eine Zauberwelt voller Blumen beherbergen. Unübersehbar die Kathedrale, wie eine steinerne, vor Anker liegende Galeone strebt sie am Hafenrand in den Himmel. Ob gläubig oder nicht, hier ist jeder ergriffen. So ging es auch mir, beeindruckt von der Stadt, von der abwechslungsreichen Landschaft und, ja auch, von den Bewohnern, deren Zuneigung man sich jedoch erst verdienen muss. In diesem Punkt sind die Mallorquiner dann doch wieder typische Insulaner, denen die Vergangenheit gelehrt hat, dass Veränderungen und eben auch Bedrohungen immer von außen kommen. Wenn Leser des Wochenblatts wissen wollten, was man als Besucher auf keinen Fall verpassen darf, dann nannte ich die Mandelblüte im Januar und Februar. Und wenn sie fragten, was man besser nicht tun sollte, dann riet ich ihnen, sich nicht von den unzähligen Meldungen beeinflussen zu lassen, die meist zwischen höchster Begeisterung und tiefstem Abscheu pendelten. Grundsätzlich sollte man sich der Insel vorurteilsfrei nähern.

Der Inselwesten mit dem Tramuntana-Gebirge wird Naturliebhaber und Wanderer, aber auch Besucher begeistern, die sich an den Gartenlandschaften und idyllischen Dörfern erfreuen. Der Norden mit seinen großen Buchten bietet sich als Ziel für familienfreundliche Badeferien an. Sanft sind die Hügel und malerisch die Buchten im Osten. Im Süden wird der Gast neben einem der schönsten Naturstränden auch die bekannten Windmühlen finden. Die Inselmitte ist etwas für Leute, die auf Strandnähe verzichten und dafür den ursprünglichen Teil der Insel entdecken wollen.

MALLORCAS BERÜHMTESTER BESUCHER

»Ich lebe im Paradies auf Erden«, jubilierte der Komponist Frédéric Chopin in einem Brief über seinen neuen Aufenthaltsort Mallorca. »Putzfraueninsel« höhnten Zeitungsschreiber 150 Jahre später. »La isla de la calma«, die Insel der Stille, nannte sie der katalanische Maler und Dichter Santiago Rusiñol; andere Künstler schimpften sie Rummelplatz. Was sonst noch für Namen hat man der Insel gegeben! Die Bezeichnung »Magnet im Mittelmeer« klingt schon fast ausgewogen. Denn ein Magnet kann anziehend und abstoßend wirken. Wer mit George Sands »Ein Winter auf Mallorca« im Gepäck reist, der sollte S'Arenal meiden. Die Bierkneipen und Schunkelschuppen würden ihm gewiss nicht gefallen. Doch wer die Unterhaltung sucht, gewohntes Essen und gleich gesinnte Bekanntschaften, der liegt an der Playa de Palma womöglich richtig.

Andere Zeitgenossen werden sich anderswo wohlfühlen: in den weit über 100 Museen und Galerien der Insel, in Lokalen mit einheimischen Spezialitäten, beim Altstadtbummel und auf den Wochenmärkten im Landesinneren. Der Individualreisende wird nicht in Bettenburgen übernachten, sondern in liebevoll restaurierten Fincas oder exquisiten Stadthotels. Er wird sich nicht an überfüllte Strände legen, sondern Ausflüge unternehmen: zu den Terrassenfeldern bei Banyalbufar, den mittelalterlichen Wachtürmen oder den Steinruinen aus prähistorischer Zeit. Er wird bei Autofahrten oder Wanderungen an Klatschmohnfeldern, an blühenden Mandelbäumen und an duftenden Orangenplantagen vorbeikommen; er wird jahrhundertealte Olivenbäume und stille Buchten entdecken. Manchmal genügt es, sich nur ein paar Kilometer von jenen Strandabschnitten zu entfernen, wo man auch schon mal Sangría aus Eimern trinkt.

Mallorca passt einfach in keine Schublade. Die Insel ist ein Reiseziel für jedermann. Sie ist dem König von Spanien für seinen traditionellen Sommeraufenthalt recht und dem Kumpel aus dem Ruhrgebiet für die schönsten Wochen des Jahres billig. Ihre Hauptanziehungspunkte sind – natürlich – die drei großen »S«: See, Sand und Sonne. Nicht weniger als 2400 Sonnenstunden pro Jahr errechnet die Statistik! Im Sommer wird es selten zu heiß und im Winter zwar öfter mal feuchtkühl, aber nie richtig kalt. Noch im November kann man sich ins recht angenehm temperierte Meer wagen. Schon im Januar sprießen an den Mandelbäumen die ersten Blüten; im Februar ist die weiße Blütenpracht so dicht, dass man glaubt, Schnee läge auf den Ästen der Bäume, von denen es einige Millionen gibt. Wenig später blühen Klatschmohn und Margeriten, Lilien und wilde Rosen – und im Mai ist ganz Mallorca ein einziger Garten. Im Juni reift das Korn, die frühen Feigen platzen, und das Gras in der Ebene glänzt wie ein leicht bewegtes Meer. Steigt die Quecksilbersäule im Juli und August auf über 30 Grad, stöhnen sogar die Mallorquiner »¡Qué calor!« – was für eine Hitze!

EIN ADLIGER AUSSTEIGER

Worüber reden sie noch, die Einheimischen? Über die Preise, wie überall auf der Welt, und über die Vor- und Nachteile des Tourismus. Angefangen hat alles mit Einzelgängern. Da waren zunächst, im Winter 1838/1839, der polnische Komponist Frédéric Chopin und die französische Schriftstellerin George Sand, Mallorcas wohl bekannteste »Touristengruppe«. 1871 ließ sich Ludwig Salvator von Habsburg-Lothringen in der Serra de Tramuntana nieder. Der Erzherzog erwarb Ländereien und Herrenhäuser, ließ die Tropfsteinhöhlen Coves del Drac erforschen und verfasste sein umfangreiches Werk »Die Balearen in Wort und Bild«. Ein Aussteiger war er und Mallorcas erster prominenter Werbeträger. Mit seinen Taten lenkte er die Aufmerksamkeit im übrigen Europa auf die große Baleareninsel und leitete so eine Entwicklung ein, die bis heute nachwirkt. Das erste Luxushotel wurde 1905 in Palma eröffnet, und in den 1950er-Jahren ging es richtig los mit dem Besucheransturm, der sich seither unaufhaltsam fortsetzte. Doch eines ist klar: Immer wieder in ihrer langen Geschichte – von Karthagern über Römer und Mauren bis zur Reconquista – hat die Insel den Ansturm von Fremden verkraften müssen, doch nie hat sie sich kleinkriegen lassen. Und nicht selten hat sie am Ende gar von den Fremden profitiert.

Der Autor Niklaus Schmid, Jahrgang 1942, reiste mit 30 vier Jahre durch Indien, Afrika und Südamerika. Seit 1978 lebt er auf Formentera. Eine Zeitlang hat er in einer Zeitungsredaktion auf Mallorca gearbeitet. Niklaus Schmid ist Autor mehrerer Hörspiele und Krimis. Zwei seiner Romane um den Privatdetektiv Elmar Mogge, »Der Hundeknochen« und »Bienenfresser«, spielen auf den Balearen. Für MERIAN momente hat er den Band Ibiza Formentera geschrieben.

MERIAN TopTen

Diese Höhepunkte sollten Sie sich bei Ihrem Besuch auf keinen Fall entgehen lassen: Ob Valldemossa, Formentor oder die Altstadt von Palma – MERIAN präsentiert Ihnen hier die wichtigsten Sehenswürdigkeiten Mallorcas.

1 Altstadt von Palma (La Portella) mit Kathedrale La Seu
Die »Kathedrale des Lichts«, das Wahrzeichen Palmas und ein äußerst beeindruckendes Bauwerk (▶ S. 66).

2 Fundació Pilar e Joan Miró, Cala Major
Unter Mallorcas Sonne fand der berühmte Maler Joan Miró viele Anregungen für seine Bilder. Sein Atelier ist noch immer unverändert (▶ S. 77).

3 Fornalutx/Biniaraix
Häuser, Gassen und Treppen aus Naturstein inmitten von Orangengärten – zwei wundervolle Dörfer (▶ S. 98, 158).

4 Valldemossa
Die Schriftstellerin George Sand verbrachte hier mit Frédéric Chopin den Winter 1838/1839 in einem ehemaligen Kloster (▶ S. 101, 158).

5 Formentor
Die Halbinsel Formentor lockt mit stillen Buchten und einem Hotel, dessen Gästeliste mit weltberühmten Namen aufwarten kann (▶ S. 111).

6 Bootsausflug zum Cabrera-Archipel
Mit dem Ausflugsboot zu einem der schönsten Häfen der Balearen und zur Blauen Grotte (▶ S. 133, 137).

⑦ Es Trenc

Kilometerlang erstreckt sich westlich von Colònia de Sant Jordi der feine Sandstrand – umgeben von Dünen und Pinienwäldchen, naturbelassen, ohne ein einziges Hotel (▶ S. 51, 138).

⑧ Es Pla und Petra

Lassen Sie die Küste mal links liegen und entdecken Sie das touristisch wenig erschlossene Inselinnere, etwa die weite Ebene Es Pla oder das Landstädtchen Petra (▶ S. 141, 149).

⑨ Els Calderers

Das Herrenhaus in der Inselmitte zwischen Sant Joan und Vilafranca wird heute als Freilichtmuseum genutzt und zeigt anschaulich: So lebte der Landadel vor 100 Jahren (▶ S. 151).

⑩ Wandern im Südwesten

»La Isla de la Calma«, die Insel der Stille: Noch gibt es sie, wie eine Bergwanderung von der Ortschaft Sant Elm zu den Ruinen des Trappistenklosters von Sa Trapa beweist (▶ S. 160).

MERIAN Momente
Das kleine Glück auf Reisen

Oft sind es die kleinen Momente auf einer Reise, die am stärksten in Erinnerung bleiben – Momente, in denen Sie die leisen, feinen Seiten der Region kennenlernen. Hier geben wir Ihnen Tipps für kleine Auszeiten und neue Einblicke.

1 Can Joan de S'Aigo D 4

Wenn Sie nach einem Altstadtbummel eine Pause machen wollen – dann am besten hier: in Palmas ältester Chocolatería, die, ein Wandbild verrät es, schon seit dem Jahr 1700 existiert. Das Café ist berühmt für seine frisch gebackenen »ensaïmadas«, das selbst gemachte Mandeleis und natürlich die »chocolate a la taza«. Joan Miró war hier und viele andere Persönlichkeiten. Roter Plüsch und dekorative Schätze aus vergangenen Tagen schaffen eine heimelige Atmosphäre. Man sitzt auf antiken Stüh-

len an Marmortischchen, nippt an der dickflüssigen heißen Schokolade und würde sich nicht wundern, wenn von der Gasse her Hufgeklapper ertönte.
Palma | C/. Can Sanç 10 | www.canjoande saigo.webs-sites.com | Mi–Mo 8–21 Uhr

2 Das Weihnachtslied der Sibylle D 4 und E 2

Kann ein Gesang Weltkulturerbe sein? Ja, kann er! 2010 wurde der aus dem Frühmittelalter stammende »Cant de la Sibil·la« von der UNESCO in die Liste des immateriellen Kulturerbes der

Menschheit aufgenommen. Zu hören ist dieser Gesang jeweils am 24. Dezember in Mallorcas Kirchen vor der Mitternachtsmesse. Vorgetragen wird er dort von einem Knaben, der ein großes Schwert trägt und mit einem weißen Gewand und einer Perlenhaube bekleidet ist. Auch wenn der fremde Besucher den katalanischen Text nicht versteht, so wird er sich doch der mystischen Stimmung nicht entziehen können. Die wohl eindrucksvollsten Christmetten können Sie in der Kirche des Klosters Lluc sowie in Palmas Kathedrale La Seu erleben.

3 Wein und Musik: eine glückliche Mischung B 4

Wein ist gut. Wein plus Musik besser. So könnte das Motto der Bodega Santa Catarina in Andratx lauten. Außer den regelmäßigen kostenlosen Weinproben, die das Weingut übers Jahr organisiert, veranstaltet die Kellereichefin Lena-Luiza Hertle in den stimmungsvollen Gewölben auch Weihnachtskonzerte. Ob Gitarrenmusik, Jazz oder Stücke von Haydn und Vivaldi – an jedem Sonntag im Dezember ab 12 Uhr können Besucher der Musik lauschen und die Weine der Bodega genießen.

Sieben »tintos« stehen zur Auswahl, dazu zwei »blancos« und ein »rosado«.
Andratx | Bodega Santa Catarina, Ctra. Andratx–Es Capdellà, km 4 | Tel. 971 23 54 13 | www.santa-catarina.com | Mo–Fr 10–18, So 12–14 Uhr | Eintritt frei

4 Gesang am Strand D 2

Im September findet an der Playa d'en Repic in Port de Sóller die Trobada d'Havaneres statt. Bei dem Festival handelt es sich um Lieder, die von mallorquinischen Gesangsgruppen dargeboten werden, deren Ursprung aber bei jenen Seeleuten liegt, die in vergangenen Jahrhunderten nach Kuba fuhren. Zu den insgesamt drei Konzerten kommen Jahr für Jahr um die 10 000 Besucher. Da diese von der ganzen Insel stammen, richtet die Eisenbahngesellschaft Tren de Sóller einen Sonderfahrplan ein: Am Freitag und Samstag geht es ab Palma um 18.30 Uhr mit der Tramvía zum Hafen, die Rückfahrt startet um 0.30 Uhr ab Port de Sóller, und ab Sóller fährt man um 1 Uhr mit dem Zug bis Palma. Die Tickets gibt es am Bahnhof in Palma, Hin- und Rückfahrt einschließlich Straßenbahn: 28 €.
Port de Sóller | www.sollervirtual.com | Eintritt frei

8

5 Zitrusplantage in Sóller D3

Nicht weniger als 2000 Zitrusbäume wachsen auf der Plantage Eco Vinyassa. Aber was heißt hier wachsen? Sie blühen, sie sehen wunderschön aus, sie verströmen einen unwiderstehlichen Duft, und sie reizen zum Naschen. Was ausdrücklich erlaubt und im Preis inbegriffen ist, sofern Sie den Rundgang gebucht haben. Also greifen Sie ruhig nach den Orangen und Mandarinen, den Grapefruits und Limetten. Einfach vom Baum weg, schnuppern, schälen und schmecken. Sorgen Sie sich nicht, ob die Früchte gespritzt wurden. Nein, denn der Besitzer Joan Puigserver hat seinen Betrieb schon vor Jahren auf ökologischen Anbau umgestellt.

Sóller | Finca Eco Vinyassa | Tel. 6 15 17 27 50 | individuelle oder geführte Rundgänge Mo, Mi, Fr 10–14 Uhr | Eintritt 10 €

6 Gorg Blau E2

Das Wasser in diesem Stausee schimmert wunderbar blau – dieses Wort ist auch im Katalanischen heimisch. Der Anblick wird Sie nach einem langen Marsch zu einer Pause verleiten. Sie können hinuntergehen, um Ihre Füße zu kühlen, oder aber auf halber Höhe eine Rast machen. Lassen Sie von dort aus die ruhige Atmosphäre auf sich einwirken. Wenn Sie plötzlich Überbleibsel eines Dorfes auf dem Grund des Sees entdecken, dann kann das am niedrigen Wasserstand liegen – tatsächlich sind dort Archäologen vor einiger Zeit auf die Reste einer maurischen Siedlung gestoßen. Oder Sie haben soeben einen magischen Moment erlebt. Der See befindet sich im Herzen des Tramuntana-Gebirges, am Fuß des Puig Major, Mallorcas höchstem Gipfel.

Puig Major | 22 km östl. von Sóller

7 Sa Calobra: ein Ereignis für Ohren und Augen E2

Alljährlich findet im Juli an der Mündung der im Sommer trockenen Wildwasserschlucht Torrent de Pareis ein Konzert statt. Sollten Sie zu der Zeit in Sóller sein, bietet sich eine Bootsfahrt nach Sa Calobra an. Wenn dann am späten Nachmittag mallorquinischer Chorgesang den gewaltigen Talkessel erfüllt, wird Ihnen ungeachtet der warmen Temperaturen ein Schauer über den Rücken laufen. Das Konzert findet im Juli statt, der Tag ist nicht festgelegt. Auskunft geben die Touristenbüros in Sóller und Puerto d'Sóller. Die Bootsfahrt nach Sa Calobra kostet 25 € (Kinder bis 5 J. frei, 6–11 J. 13 €, Hin- und Rückfahrt), das Konzert ist gratis.

Torrent de Pareis | Informationen und Reservierungen unter Tel. 9 71 63 01 70 | www.barcosazules.com

8 Gesucht, gefunden: Gottesauge

Sand, Kiesel, Geröll und natürlich auch Dinge, die angeschwemmt werden wie Seegras und Muscheln, all das ist jedem Badegast bekannt. Doch an Stränden,

die nicht gereinigt werden, können Sie auch ein »Gottesauge« finden. Es handelt sich dabei um den Gehäusedeckel einer Schneckenart, der fingernagelgroß und recht selten ist. Ob Sie dieses Fundstück später zum Schmuckstück fassen lassen, ist eine andere Sache – zunächst wird Ihnen dieses »Gottesauge« ein Lächeln auf die Lippen zaubern.
Strände im Norden

9 Sternschnuppennacht

Es stimmt: Die Perseiden, den jährlich wiederkehrenden Meteorstrom, kann man auch woanders sehen – falls ihn dort nicht die Wolken verdecken. Aber besonders beeindruckend werden Sie ihn erleben, wenn Sie sich Mitte August auf Mallorca möglichst fern der nächsten Stadt befinden und dann in den nächtlichen Himmel schauen. Sie werden so viele Sternschnuppen erblicken, dass Sie mit dem Wünschen gar nicht mehr nachkommen. Der Höhepunkt des Meteorschauers ist von Mitternacht bis vor der Morgendämmerung, und zwar in den Tagen um den 12. August.

10 Kakteenfrüchte: bitte mit Vorsicht genießen!

Wie die Agaven gehören auch die Opuntien oder Ohrenkakteen zum Landschaftsbild. Doch richtig auffallen werden sie dem Wanderer erst im September, wenn ihre Früchte reifen. Erst sind sie gelb, dann orangerot. Zu Hause sind Feigenkakteen eine rare Delikatesse. Auf Mallorca, wo die Opuntien in der Nähe von Fincas oft eine dichte Hecke bilden, genügt es, den Besitzer zu fragen, ob man wohl eine pflücken darf. »Que sí«, wird der in den meisten Fällen sagen. Doch Vorsicht, die »chumbos« haben dünne, spitze Stacheln. Am einfachsten lässt sich das Pflücken mit einem Stück Pappe durchführen. Wenn schon nicht sofort, so kann man sie später in Ruhe probieren. Gut gekühlt schmecken sie am besten. Und das geht so: die Frucht mit der Blütenkuppe auf eine Gabel spießen, das andere Ende abschneiden und sie mit dem Teelöffel wie ein Frühstücksei auslöffeln. Wer die Fruchtkerne lästig findet, dem sei gesagt, dass sie verdauungsfördernd sind.

NEU ENTDECKT
Jetzt nicht verpassen

Jede Insel verändert sich – auch wenn vieles beim Alten bleibt. Durch neu eröffnete Museen, Hotels oder Restaurants gewinnen Orte und manchmal ganze Landstriche weiter an Attraktivität. Ebenso lässt sich die Region mit neuen Freizeitangeboten vielfältiger erleben und vielleicht sogar mit anderen Augen sehen. Hier erfahren Sie alles über die jüngsten Entwicklungen.

◄ Seit 2016 offiziell erlaubt: Fischer dürfen nun Fahrten mit Touristen (► S. 19) unternehmen.

MUSEEN UND GALERIEN

Casa Museu de Sa Rondai  H 3

Bereits vier Generationen ihrer Familie haben hier gewohnt, als María Isabel Sancho in dem Haus das Märchenmuseum Artartà eingerichtet hat. Im Eingangsbereich findet der Besucher Informationsmaterial, das ihn mit den Räumlichkeiten und dem Hintergrund der Volksmärchen »rondaies« vertraut macht. Die Figuren aus Ton, Kunstharz und Pappmaschee befinden sich im Obergeschoss. Neben dem bekannten Personal, der hässlichen Hexe und der hübschen Jungfrau, gibt es lokale Fabelwesen oder eine Figur, die an das tapfere Schneiderlein erinnert, hier aber Martí Tacó heißt. Am Ende des Rundgangs können sich die Kinder mit mallorquinischen Leckereien stärken, Erwachsene werden vielleicht zu »pa amb oli« oder einem Glas Hierbas greifen.

Artà | C/. Antoni Blanes 19 | Tel. 97 18 3 59 39 | www.artarta.es | Mo–Fr 10–21, Sa 10–16 Uhr | Eintritt 4, Kinder 2 €

ÜBERNACHTEN

Stay Catalina Klappe hinten, westl. a 3

Neu und durchdacht – Es ist ein Mittelding zwischen Boutique- und Apartmenthotel. Das Konzept des Architekten Luis von Waberer scheint hier wie maßgeschneidert für das in Mode gekommene Catalina-Viertel und richtet sich besonders an Gäste, die etwas länger bleiben. Bemerkbar macht sich das ab fünf Tagen auch beim Preis. Noch günstiger wird es bei längerem Aufenthalt. Einiges mehr, aber das versteht sich, kostet das Penthouse mit zwei Schlafzimmern, kleinem Studio und Meerblick; doch einen Balkon haben alle fünf Apartments.

Palma | C/. Bayarte 14 | Tel. 6 01 18 28 81 | www.staycatalina.com | 5 Zimmer | €€€

Vanity Hotel G 2

Adults only – Wie so oft hat auch dieser Trend einen englischen Namen. Er steht für Erwachsenenhotels und richtet sich an jene Zielgruppe, die zwar generell nichts gegen Kinder hat, ihren Urlaub jedoch lieber in Ruhe verbringen möchte. Da dieses zuerst in der Karibik ausprobierte Konzept bei Umfragen gut ankam, haben sich nun auch auf Mallorca zwei Hotels auf das Motto »nur für Erwachsene« spezialisiert. Eins davon ist das Vanity Hotel in Port d'Alcúdia, das nun statt Animation für Kinder vermehrt Trips für Gäste mittleren Alters anbietet. Überraschend für

die Hotelleitung war dann, dass es gar nicht so wenige junge Eltern waren, die sich zur Buchung entschlossen hatten, weil sie einmal einen Urlaub ganz entspannt ohne Kinder genießen wollten.

Port d'Alcúdia | Ctra. Artà 13 | Tel. 971 89 24 26 | www.vanityhotels.com | 117 Zimmer | €€€

ESSEN UND TRINKEN

Can Frasquet 〰 Klappe hinten, c 4

Modernisiertes Bistro – Die Freunde
exquisiter Süßigkeiten werden vielleicht traurig sein: Palmas älteste Confitería ist nun ein Bistro, in dem neben
französischer Küche und einer großen
Auswahl an Cocktails weiterhin einige
der hauseigenen Spezialitäten aus alter
Zeit angeboten werden. Dazu zählt etwa
das traditionelle Schaumgebäck »quar-

to embetumat«. Trotz aller Modernisierung, die teils auch das Interieur
einschloss, blieb die Fassade des Gebäudes, in dem die Konditorei 1697 gegründet wurde, in aller Pracht erhalten.
Palma | C/. Orfila 4 | Tel. 971721354 |
www.canfrasquet.es | Mo–Sa 11.30–
0.30 Uhr | €€

La Golondrina 〰 Klappe hinten, westl. a 3

Chili sin Carne – Von einem Tier, »la
golondrina« heißt Schwalbe, stammt
allein der Name des Restaurants in
Palmas Catalina-Viertel. Alle Gerichte,
Kuchen, Salate und Nachspeisen werden ohne tierische Produkte zubereitet.
Wenn in der Karte von Chili sin Carne
die Rede ist, dann liegt die Betonung
auf »sin« (»ohne«). Einen fleischlosen

Hamburger aus Pilzen und Saitan sowie diverse Risotto- oder Pasta-Gerich-
te können die Gäste im Lokal oder an
den Tischen im Freien genießen, frei-
tagabends auch in der zweiten Etage,
wo dann Livemusik geboten wird.
Palma | C/. Sant Magí 60 | Tel. 97190
2595 | www.golondrina-palma.com |
Mo 19–1, Mi, Do 12–16, 19–1, Fr, Sa
12–1 Uhr | €€

La Rosa Vermutería 〰 Klappe hinten, d 3

Die etwas andere Tapas-Bar – Flaschen,
Schinken und Würste vor gekachelten
Wänden, wuchtige Lampen über dem
Tresen, klassische Reklametafeln – das
Lokal nahe der Plaça Weyler sieht aus
wie eine traditionelle Tapas-Bar und
ist doch mehr. Schließlich gibt es hier
den katalanischen Wermut »Yzaguirre« sogar aus dem Zapfhahn. Natürlich
fehlen nicht die klassischen Häppchen,
von den eingelegten Sardellen und Muscheln über Tortillas und verschiedene
Käse- und Schinkensorten. Dazu kommen wechselnde Tagesgerichte wie eine
asturische Bohnensuppe oder der deftige Eintopf »cocido Madrileño«. Am
Abend ist das Lokal schnell überfüllt.
Palma | C/. de la Rosa 5 | Tel. 97177
8929 | tgl. 12–16, 20–24 Uhr

Wine Industry 〰 Klappe hinten, westl. a 3

Gut beraten, gut bewirtet – Eine Auswahl von rund 100 Weinen bietet Ivan
Gonzales, während die Engländerin
Lara Cortfield die Gäste bedient. Das
können kleine warme Speisen oder
Platten mit Käse, Aufschnitt, Gemüse
oder einem Stück Tortilla sein. Wer
unsicher ist, was an Häppchen zu
welchem Wein passt, sollte einen Blick
in die Tapas-Karte werfen. Regelmäßig

werden auch Weintouren durch je zwei mallorquinische Bodegas angeboten.
Palma | C/. de Pou 31, Barrio Santa Catalina | Tel. 971902179 | www.wine industry.es | Mi–Mo 18–24 Uhr

KULTUR UND UNTERHALTUNG

El Barrio Santa Catalina

Klappe hinten, westl. a 3

Eine rasante Entwicklung hat Palmas Catalina-Viertel in den letzten Jahren gemacht. Es fing damit an, dass die Stadt viele der lange vernachlässigten Bauten restaurieren ließ. Alsbald zogen Leute in die herausgeputzten Häuser ein. Ob sie dort nun wohnen oder ein Geschäft eröffnen wollten, eine Weinstube oder den Tanzclub Kaelum – Ideen gab es genug. So kam es, dass das ehemalige Fischerviertel recht schnell seinen ganz eigenen Charme entwickelte und zu einem Treffpunkt mit Dorfcharakter innerhalb der Metropole wurde. Einheimische und Besucher schlendern durch die Markthalle, trinken in den nahe gelegenen Bars einen Kaffee, bummeln anschließend durch die Gassen mit den frisch getünchten Fassaden, werfen einen Blick in die schicken Läden oder essen in Speiselokalen wie **La Golondrina** (▶ S. 18).

AKTIVITÄTEN

Fischermanns Freund

Lange haben sie dafür gekämpft, nun ist es entschieden: Ab der Saison 2016 dürfen Mallorcas Berufsfischer endlich Touristen mit an Bord nehmen. Die neue Regelung soll den Männern zusätzliche Einnahmen ermöglichen sowie den Urlaubern ein ganz besonderes Erlebnis bescheren. Und ja, nebenbei auch Werbung für die harte Arbeit auf dem Meer machen. Was die Mitfahrt kostet wie auch weitere Einzelheiten erfährt der interessierte Besucher im Touristenbüro der jeweiligen Gemeinde.

Weitere Neuentdeckungen sind durch dieses Symbol gekennzeichnet.

Kleine Straßen, alte Fassaden, nette Cafés, trendige Restaurants und ausgefallene Shops: Palmas Barrio Santa Catalina (▶ S. 19) hat sich zu einem Szeneviertel gemausert.

Palmas gotische Kathedrale La Seu (▶ S. 66), gesehen vom Museum Palau March.

MALLORCA
ERLEBEN

ÜBERNACHTEN

Damit Sie auf Ihrer Reise so unterkommen, wie Sie es sich vorstellen: Hier erfahren Sie alles, was Sie über die Hotels und weitere Übernachtungsmöglichkeiten wissen sollten. Im Anschluss finden Sie besonders empfehlenswerte Adressen aus diesem Band.

Das riesige Angebot, es gibt ungefähr 1800 Unterkünfte der verschiedenen Kategorien, macht die Auswahl keinesfalls leicht. Groß ist auch die Palette der Herbergen, sie reicht von kleinen Stadtpensionen über umgebaute Landsitze bis hin zu luxuriösen Golfhotels. In der Hochsaison ist eine Reservierung unbedingt nötig. In der übrigen Zeit des Jahres kann man es wagen, auf gut Glück vor Ort das richtige Bett in der gewünschten Umgebung zu suchen – wobei zu beachten ist, dass außerhalb der Inselhauptstadt Palma zahlreiche Hotels nur von April bis Ende Oktober geöffnet sind!

STARNDHOTELS UND HOSTALS

Große **Strandhotels** sind das Richtige für Leute, die einen möglichst perfekten, aber unpersönlichen Urlaub wünschen. Was den kleinen Strandhotels oft an Komfort fehlt, machen sie nicht selten durch eine gewisse

◄ Im Hotel La Residencia (► S. 98) in Deià
logiert man in einem ehemaligen Landpalast.

Gemütlichkeit wieder wett. **Hostals** sind Privatunterkünfte, was über ihre Klasse erst einmal gar nichts aussagt. Es gibt welche, die den Ruch nach Hinterhof verströmen, und andere, die den Charme eines Herrenhauses verbreiten. Fast immer liegen die Hostals in gewachsenen Ortschaften.

ERHOLSAME FINCA-FERIEN

Das Gleiche gilt für umgebaute Bauernhöfe, Stichwort **Finca-Urlaub** und **Agroturismo**. Nur selten liegen die Betriebe nahe am Meer. Auch kann es vorkommen, dass der Gast kaum Tiere zu Gesicht bekommt, weil der Bauer z. B. Korn anbaut oder Obstbäume kultiviert. Doch grundsätzlich sind jene Fincas, die der »Vereinigung Agrotourismus« angeschlossen sind, weiter in Betrieb. Sie wurden vor 1940 gebaut, stehen auf mindestens 2,5 ha Land und haben maximal 24 Betten. In der Regel sind Fincas auf Selbstverpfleger eingerichtet. In eine andere Kategorie fallen die Landhäuser, **Hotel rural**, die bis zu 50 Gäste aufnehmen und über einen Vier-Sterne-Standard verfügen. Ist in den Prospekten von »granja« oder »possessió« die Rede, kann es sich auch um einen der uralten Herrensitze mit angeschlossenem Hotelbetrieb handeln. Der Gast erhält während seines Aufenthalts in diesen noblen Herbergen ganz nebenbei einen Einblick in die Geschichte der Insel. Er muss bei aller Tradition aber auf den gewohnten Komfort – geheizte Räume, Bad, Swimmingpool und Satellitenfernsehen – nicht verzichten. Buchungen über www.agroturismo-balear.com oder bei der Associació Agroturisme Balear (www.rusticbooking.com). Mallorcas zahlreiche **Apartmentanlagen** werden vor allem von Familien mit Kindern gebucht. Das Übernachten in **Klöstern** hat Tradition. In einem halben Dutzend Klöstern der Insel ist das möglich, z. B. im Santuari de Cura auf dem Tafelberg Randa bei Llucmajor (www.santuariodecura.com).

BESONDERE EMPFEHLUNGEN

HOTELS

Boutique Hotel Ca's Xorc   ⚑ D 3

Komfort mit Charme – Wenn eine typisch mallorquinische Finca aus dem 18. Jh. mit viel Gespür auf den neuesten Stand der Technik gebracht wird, dann nennt sich das Ergebnis Boutique-Hotel. Geblieben sind die Zitronenplantage mit dem Kräutergarten, die alte Ölmühle in ihrem Originalzustand und der weitläufige Olivenhain – nun mit einem großzügigen Schwimmbad in der Mitte. Von der Holzbrücke, die über den Pool führt, bietet sich dem Gast ein romantischer Ausblick auf das nahe

Die zwölf originell und liebevoll gestalteten Zimmer und Suiten im Boutiquehotel Jardi d'Artà (▶ S. 118) im Ort Artà im Nordosten der Insel haben alle ihren jeweils eigenen Charakter.

Orangental von Sóller und auf die fernen Berge der Serra de Tramuntana.
Sóller | Ctra. de Deià, km 56,1 | Tel. 971 63 82 80 | www.casxorc.com | 12 Zimmer | €€€€

Cases de Son Barbassa   J3

Wein und Musik – Das Landhotel, im Nordosten gelegen, ist ein Anwesen mit Geschichte. Die alten Steinhäuser, deren naturbelassenen Mauern man ihre Vergangenheit ansieht, wurden um einen Verteidigungsturm aus dem 16. Jh. gruppiert. Auch die Innenräume haben trotz der Modernisierung ihren Charakter bewahrt. Die Natursteinmauern wechseln mit gekalkten Wänden, denen die typischen Balken aus dem Holz des phönizischen Wacholderbaums eine besondere Note geben. Zur Finca gehört ein 125 000 m² großes Gelände, auf dem Mandel-, Oliven- und Johannisbrotbäume wachsen. Von der Herberge sind es nur wenige Kilometer bis zu den Stränden von Mesquida und Agulla; auch die Golfplätze von Canyamel, Son Servera und Pula sind nicht weit entfernt. Doch kaum ein Gast wird an jenen Tagen das Hotel verlassen, wenn eine Weinprobe stattfindet. Rich-

tig romantisch wird es an den Abenden, wenn Musiker ihre Akkordeons und Saxofone auspacken, um Tangos und andere Musikstücke zu spielen.
Cala Mesquida | Tel. 971 56 57 76 | www.sonbarbassa.com | 12 Zimmer | €€€–€€

Gran Hotel Sóller   D 3
Luxus im großen Stil – Eindrucksvoll ist schon die Fassade dieses Fünf-Sterne-Hotels im Herzen von Sóller. Und dieser Eindruck setzt sich im Inneren des einstigen Altstadtpalasts fort. In den Zimmern wurde Schlichtheit mit Luxus kombiniert, sofern das kein Widerspruch ist; jedenfalls sind sie geräumig. Umfassend auch der Wohlfühlbereich: Zu ihm gehören ein Schwimmbecken mit therapeutischen Luftströmungen, eine Sauna sowie Dampfbad, Massagesalon und Fitnessraum. Dass das Hotel über eine exzellente Küche verfügt, sei erwähnt, obwohl sich das eigentlich von selbst versteht. Doch was das Hotel besonders auszeichnet, ist etwas anderes: Es liegt im Zentrum des Tramuntana-Gebirges und doch so nahe dem Meer.
Sóller | C/. Romaguera 18 | Tel. 971 63 86 86 | www.granhotelsoller.com | 38 Zimmer | € | €€€€

Hotel San Lorenzo   D 4
Mit Stil, Charme und Außenpool – Das Stadthotel befindet sich in einem restaurierten Herrenhaus des ehemaligen Fischerviertels Sant Pere. Nur wenige Gehminuten sind es bis zur Einkaufsmeile Jaume III und zum Stadtteil Sa Llonja mit seinen Bars, Restaurants und Sehenswürdigkeiten. Obwohl also nah am Zentrum gelegen, brauchen sich die Gäste nicht um die nächtliche Ruhe zu sorgen. Das Gebäude liegt in

einer engen, wenig befahrenen Gasse, von der das Hotel seinen Namen ableitet. Still und schattig ist es auch in dem Innenhof, den die Gäste für einen Sprung in den Pool oder womöglich für eine Zigarettenpause nutzen werden. Die Zimmer und Suiten sind geräumig und geschmackvoll, die Hotelbar ist im Art-déco-Stil eingerichtet. Dass diese Mischung aus modern und traditionell plus Nähe zur Innenstadt gut ankommt, zeigt eine wachsende Zahl von Stammgästen. Kostenfreier Internetzugang im ganzen Haus (▶ Karte Klappe hinten).
Palma | C/. San Lorenzo 14 | Tel. 971 72 82 00 | www.hotelsanlorenzo.com | 9 Zimmer | €€€€

Son Bauló   F 4
Übernachten und Kultur – Wer eine Mischung aus Ferien auf dem Bauernhof und anspruchsvoller Unterhaltung sucht, der liegt hier richtig. Ein 500 Jahre alter Gutshof in der Inselmitte zwischen Montuïri und Sineu, umgeben von blühenden Sträuchern, Palmen, Obstplantagen und Getreidefeldern. Das ist die eine Seite. Die andere, dass den Gästen seit vielen Jahren Konzerte, kleine Theateraufführungen oder auch mal Vorlesungen geboten werden. Die Idee des Besitzers dieser Kultur-Finca lautet, einem kleinen Publikum große Namen nahezubringen.
Lloret de Vistalegre | Cami de Son Bauló 1 | Tel. 971 52 42 06 | www.son-baulo.com | 5 Zimmer, 6 Suiten | €€€

Weitere Adressen finden Sie im Kapitel MALLORCA ERKUNDEN.
Preise für ein Doppelzimmer ohne Frühstück:
€€€€ ab 150 €   €€€ ab 100 €
€€ ab 50 €   € bis 50 €

ESSEN UND TRINKEN

Gehen Sie auf Mallorca auf kulinarische Entdeckungsreise:
Hier erfahren Sie alles, was Sie über die lokale Küche und
Gastronomie wissen sollten. Im Anschluss finden Sie besonders
empfehlenswerte Adressen aus diesem Band.

Zugegeben, um unter den großen Küchen der Welt eine wichtige Rolle zu spielen, ist die Inselküche zu ländlich-deftig, zu wenig raffiniert. Dennoch, im Vergleich mit der sogenannten internationalen Küche, wie sie in den Touristenorten angeboten wird, schneiden die mallorquinischen Gerichte gut ab. Origineller als eine Pizza ist die »coca mallorquina«, ein mit Paprika, Knorpelfisch oder Sardinen belegter Gemüsekuchen vom Blech, der morgens frisch in den »forns« gebacken wird. Aus der Backstube kommt ein weiterer Beitrag zur Esskultur: das Hefegebäck »ensaïmada«.
Grundsätzlich ist die »cucina mallorquina« eine mediterrane Küche. Gekocht und gebraten wird also mit Olivenöl, Hauptzutaten sind Tomaten, Zwiebeln und Knoblauch. Was daraus entsteht, heißt »sofrit« und ist das Herzstück vieler mallorquinischer Gerichte. Fügt die Hausfrau noch Kartoffeln, Auberginen und grüne Paprikaschoten hinzu, entsteht das typi-

◀ Das Restaurant Moli des Torrent (▶ S. 28)
ist in einer alten Windmühle untergebracht.

sche Gericht »tumbet«. Wichtig ist, dass die Gemüsesorten einzeln in Olivenöl frittiert und dann sorgfältig geschichtet werden. Der Auflauf kann warm oder kalt zu Fleisch oder Fisch serviert werden. Ein Gericht, das auf keiner einheimischen Speisekarte fehlen darf, ist die Leber-Gemüse-Pfanne »frit mallorquí«.

FEIGEN FÜR DIE SCHWEINE

Wichtigster Fleischlieferant ist das Schwein. Feinschmecker wird interessieren, dass die Hausschweine nicht selten mit Feigen, Kaktusfrüchten und Johannisbrot gemästet werden. Gut ist das Hammelfleisch, saftig und wohlschmeckend sind auch die Hühner, die auf den Höfen noch in der Inselerde scharren dürfen. Im Herbst bereichern Wildkaninchen den Speiseplan, wobei beim »conill escabetxat« erst die Thymianmarinade den unübertrefflichen Geschmack bringt.

Fisch nimmt, so seltsam das bei einer Insel klingen mag, nicht den großen Stellenwert in der mallorquinischen Küche ein. Der beliebte Kabeljau »bacallà« kommt, wie oft auch anderer Fisch, von der Atlantikküste oder den Kanarischen Inseln. Fangfrisch gibt es Goldbrasse (»dorada«), Meerbarbe (»salmonete«) und Seeteufel (»rape«). Zu empfehlen ist der einfache Fischtopf »cassola de pescador«, dem verschiedene Fischsorten, Pinienkerne, Rosinen und Safran den klassischen Geschmack geben.

Die besten frisch zubereiteten **Tapas** gibt es in den Arbeiterlokalen. Meist stehen die Speisen in Tonschüsseln auf der Theke: würzige Schnecken (»cargols«), Fleischbällchen (»albóndigas«), Nierchen (»riñones«) in Weintunke, gegrillte Sardinen oder eingelegte Sardellen (»boquerones«). Lassen Sie sich einfach verführen! Haben Ihnen die Tapas Appetit auf die Küche gemacht? Dann sollten Sie beim nächsten Mal in einem der typischen »cellers« tafeln. Ursprünglich handelte es sich bei dieser Art von Restaurants um ehemalige Weinkeller. In den »cellers« sitzt man in zwangloser Atmosphäre, meist zwischen dickbauchigen Fässern und an langen Tischen.

Vorspeise könnte Tintenfisch auf galicische Art (»pulpo a la gallega«) sein oder eine der hübsch dekorierten Pasteten aus Fleisch, Fisch oder Schalentieren. Falls es gegrillte mallorquinische Pilze (»esclatasangs a la brasa«) gibt – zugreifen! Als Hauptgericht empfehlen sich die lokalen Spezialitäten »peix al forn«, Fisch aus dem Ofen mit Blattspinat, Rosinen und Pinienkernen, oder »llom dolç«, Schweinelende mit süßen Kartoffeln.

Leckere Nachspeisen sind der unübertreffliche Mandelkuchen »gató«, hausgemachtes Mandeleis (»gelat d'ametlla«) oder, für Käsefreunde, der würzige »queso de Mahón« von der Nachbarinsel Menorca. Zum Abschluss dann ein Glas »hierbas«, das ist der inseltypische Kräuterschnaps auf Anisbasis, oder einen Cognac, der in Spanien offiziell Brandy heißt. Damit sind wir beim Thema **Wein**. Aus der Gegend um Binissalem kommen Rot- und Roséweine, aus dem Süden um Felanitx Weißweine. Alle sind recht gehaltvoll, nicht allzu verfeinert und passen gut zum einheimischen Essen. Dennoch werden wohl die meisten Besucher einen Wein vom Festland wählen, aus der Region Rioja, aber auch aus Navarra und dem katalanischen Anbaugebiet Penedés. Die »sangría«, das bei Urlaubern beliebte Mischgetränk aus Rotwein, Früchten und Limonade, kann erfrischend oder, falls der Gastgeber Böses im Schilde führt, verheerend wirken. Andere Gewohnheiten gelten bei den **Tischzeiten**. Spanier nehmen zum Frühstück meist nur einen Kaffee, schwarz (»solo«) oder mit ein wenig Milch (»cortado«). Reichhaltiger fällt schon das zweite Frühstück gegen 10 Uhr aus; dann kommen auch die frischen Tapas aus der Küche. Bauern, Arbeiter und Schulkinder essen um diese Zeit gern »bocadillos«, große belegte Brötchen, oder »pa amb oli«, Bauernbrot, das mit Tomate und Olivenöl bestrichen wird. »Bon profit – guten Appetit!«

BESONDERE EMPFEHLUNGEN

RESTAURANTS

El Cruce ⚑ G 4

Wo Mallorquiner essen – Wenn Sie es mal eilig haben: Hier servieren Ihnen flinke Kellner die deftige Inselküche. El Cruce ist eine »Autobahnraststätte auf mallorquinische Art«, wo sich die Ma-15 Palma–Manacor und die Landstraße von Petra nach Felanitx kreuzen. Schon von Weitem sieht man die vielen Lastwagen – und traut sich womöglich nicht hinein. Was einen erwartet: riesige Speisesäle, nahezu immer gerammelt voll. Doch die munteren Kellner rasseln die Auswahl herunter: Oft gibt es Spanferkel (»lechona«) und Kichererbseneintopf (»garbanzos«), die große Portion Schnecken (»caracoles«) schmeckt

ausgezeichnet. Wem die kräftige Inselküche zusagt, der wird zufrieden sein.

Vilafranca de Bonany | Ctra. Palma–Manacor, km 41 | Tel. 971 56 00 73 | tgl. 6–22, Fr, Sa 6–1 Uhr | €–€€

Moli des Torrent ⚑ D/E 4

Begeistert seit Jahren – Es fängt mit dem typischen Ambiente an. Ins Auge fällt als Erstes die liebevoll restaurierte Mühle, danach der hübsche Innenhof. Und nicht zuletzt ist da die Speisekarte, die eine Kombination aus traditionell mallorquinischer und deutscher Küche darstellt. Man stößt auf Kreationen wie Gambas auf Kartoffelsalat, Serrano-Schinken mit Aprikosen oder Apfelstrudel mit Weineis. Chef Peter Himbert: »Wir passen unser Menü täglich den Angeboten und Gegebenheiten der Insel an.« Dazu empfiehlt er ausgewählte Weine vom Festland und von der Insel. Doch genauso gern kann es auch ein frisches Dom Kölsch sein, serviert von seiner Frau Herta, die eine aufmerksame Gastgeberin ist. Spezialität des Hauses: Lammrücken in Kräuterkruste.

Santa Maria del Cami | C/.de Bunyola 75 | Tel. 971140503 | www.molidestorrent.de | Fr–Di 13–15, 19.30–22.30 Uhr | €€€–€€€€

Restaurante Colón H 6

Der Weg lohnt sich – Dieser Ansicht sind viele Feinschmecker und kommen von weit her – wenn sie nicht sowieso schon im Osten der Insel ihr Quartier bezogen haben. Bevor Küchenchef Dieter Sögner, ein Österreicher, 1999 das Colón übernahm, hatte er seine Kenntnisse unter anderem im Münchner Tantris und Berliner Adlon verfeinert. Auf Mallorca schließlich gab er einigen seiner Spezialitäten aus der Heimat mit mediterranen Zutaten eine neue Richtung – Cordon bleu vom Iberischen Schwein gefüllt mit Jamón Iberico und Mahón-Käse etwa. Dass er dazu edle Weine aus einem gut sortierten Vorrat anbietet, versteht sich. Der Gast sitzt in einem Raum, dem der offene Kamin ein gemütliches Flair verleiht, oder auf der Terrasse mit Blick auf den Hafen.

Portocolom | C/. Cristobal Colón 7 | Tel. 971824783 | www.restaurante-colon.com | tgl. 11–23.30, Aug. Do–Di 19–23.30 Uhr | €€–€€€

Weitere Adressen finden Sie im Kapitel
MALLORCA ERKUNDEN.

Preise für ein dreigängiges Menü:

€€€€	ab 42 €	€€€	ab 30 €
€€	ab 13 €	€	bis 13 €

KLEINE WARENKUNDE
Die Sobrassada

Die luftgetrocknete, streichfähige Rohwurst reift langsam nach einem traditionellen Herstellungsverfahren im Trockenraum.

An ihrem Anfang steht das schwarze Mallorca-Schwein: das Porc Negre, das in Steineichenwäldern gehalten und mit würzigen Kräutern und Feigen gefüttert wird. Aus der Zeit, da es noch keine Tiefkühltruhen gab, rührt die Tradition, dass man unmittelbar nach dem Schlachten ausgesuchtes Fleisch zu Wurst verarbeitete und mit Paprikapulver haltbar machte. Solange die roten Würste von der Decke baumeln, war der Fleischbedarf gesichert, hieß es früher. Die Sobrassada bereichert Eintöpfe und ist ein deftiger Brotaufstrich. Früher haben Bauern und Arbeiter zum zweiten Frühstück die Wurst über dem offenen Feuer geröstet – nur mal als Idee für den Grillabend zu Hause. Denn die Sobrassada de Porc Negre, original in schwarzer Verpackung, gilt unter Mallorca-Freunden als beliebtes Mitbringsel – sofern man kein Veganer ist.

Grüner reisen
Urlaub nachhaltig genießen

Wer zu Hause umweltbewusst lebt, möchte vielleicht auch im Urlaub Menschen unterstützen, denen ein verantwortungsvoller Umgang mit der Natur am Herzen liegt. Empfehlenswerte Projekte, mit denen Sie sich und der Umwelt einen Gefallen tun können, finden Sie hier.

Für eine Insel, deren Wirtschaft zu einem sehr großen Teil vom Tourismus lebt, ist diese Einstellung ganz besonders wichtig. Denn selbst unter den sogenannten Normalreisenden gibt es immer mehr Besucher, die sich sehr gut überlegen, welche Vor- und Nachteile der Tourismus für das Urlaubsgebiet hat. Und weil diese Menschen in den Ferien, befreit vom Stress zu Hause, mehr Zeit als gewöhnlich haben, sind sie oft Umweltthemen gegenüber besonders aufgeschlossen. Zudem haben sie dann auch die Muße, die richtigen Produkte herauszugreifen. Das kann bei der Wahl der Übernachtungsmöglichkeit eine Rolle spielen, bei Geschenkartikeln, bei der Teilnahme an Festen und beim Essen und Trinken sowieso. Ganz nach dem Motto: Genießen? Ja – aber mit gutem Gewissen.
Traditionelle Produkte wie Wein, Oliven- und Mandelöl werden, so sie hochwertig sind und umweltschonend erzeugt wurden, schon seit Längerem mit einem Ökosiegel ausgezeichnet. Doch was zunächst wie ein kurzlebiger Trend aussah, hat mittlerweile auch andere Produktbereiche erfasst.

◄ Besucher bestaunen im Palma Aquarium
(► S. 31) einen imposanten Sandtigerhai.

Eine Vorreiterrolle auf Mallorca nahm der Schuhfabrikant Camper ein. Als erste europäische Firma erhielt das Familienunternehmen 1999 das Umweltsiegel für Schuhe. Inzwischen beweist Camper weltweit, dass ökologisch hergestelltes Schuhwerk elegant und modisch sein kann. Neben Einheimischen machen sich auch Hinzugezogene Gedanken, wie sich Umweltschutz mit einem angenehmen Lebensstil vereinbaren lässt.

BESONDERE EMPFEHLUNGEN
SEHENSWERTES
Natura Parc Santa Eugènia 🧑‍🦼 🌿 E 4
Über Zoos denken ökologisch interessierte Menschen meist sehr skeptisch. Wenn hier dennoch einer empfohlen wird, so hat das seinen Grund darin, dass dieser Tierpark hauptsächlich einheimische Tiere beherbergt und dass diese in meist ausreichend großen und artgerechten Gehegen gehalten werden. Gelobt wird auch, dass in dem Naturpark Kurse veranstaltet werden, die sich mit den ökologischen Fragen der Insel befassen. Ganz besonderen Wert legt man bei den Tagungen darauf, Schüler aller Altersklassen für den Umweltgedanken zu sensibilisieren.
Santa Eugènia | 15 km nordöstl. von Palma über die Ma-13 | www.naturaparc.net | tgl. 10–18 Uhr | Eintritt 11 €, Kinder 7 €

Palma Aquarium 🧑‍🦼 🌿 D 5
Hier leben Tiere aus fernen Ozeanen und nahen Gewässern. So weit, so normal. Das Besondere ist, dass die Betreiber sich für den Schutz des Mittelmeers einsetzen. Eine Initiative gilt dem Bestand des Roten Thunfischs. Die Besucher werden aufgefordert, eine Petition zur Gründung einer Schutzzone im Süden der Balearen zu unterzeichnen.

Eine andere Darlegung macht darauf aufmerksam, dass 40 % aller Haie und Rochen im Mittelmeer vom Aussterben bedroht sind. Gerettet ist damit selbstredend noch nichts. Doch gut ist schon mal, dass die Besucher bei dieser Gelegenheit auf die Gefahren aufmerksam gemacht werden, wo sie Auge in Auge mit den bedrohten Tieren sind. Eine Werbemasche? Mag ja sein. Doch vielleicht bringt es den einen oder anderen Besucher dazu, keinen Roten Thunfisch mehr zu essen oder nur noch solchen, der aus nachhaltigen Quellen stammt.
Can Pastilla | C/. Manuela de los Herreros i Sorà 21 | www.palmaaquarium.com | Sommer tgl. 9.30–18.30, Winter Mo–Fr 10–15.30, Sa, So 10–16.30 Uhr | Eintritt 21,50 €, Kinder 14 €

ÜBERNACHTEN
Agroturismo Finca Son Pons 🌿 F 3
Schon vor Jahren wurde dieser Bauernhof zum biologischen Reservat erklärt. Seither befinden sich Fauna und Flora dort unter einem besonderen Schutz. Auf dem 150 000-m²-Gelände tummeln sich Kaninchen, grasen Schafe und scharren Hühner. Die Finca besitzt zwei Brunnen, Regenwasser wird in Zisternen aufgefangen und das Waschwasser mit Solartechnik erwärmt. Im

Garten stehen Orangen-, Zitronen-, Mandel- und Olivenbäume. Das Haupthaus stammt aus dem 16. Jh., doch auf Bequemlichkeit braucht kein Gast zu verzichten. Zur Ausstattung der geräumigen Zimmer gehören ein Kamin, eine Terrasse und sogar ein Whirlpool. Die Finca eignet sich ideal für Radtouren und ausgedehnte Wanderungen.

1,5 km von Sa Pobla entfernt in Richtung der Ortschaft Búger | Tel. 971871142 | www.sonpons.com | April–Okt. | 1 Zimmer, 5 Suiten | €€€

Sant Salvador ⚑ H 3

Ein traditionsreicher Stadtpalast aus der Zeit des mallorquinischen Modernisme, nahe der gotischen Kirche von Artà gelegen, beherbergt dieses ungewöhnliche Hotel. Sein deutscher Inhaber Christophorus Heufken hat es, soweit das bei einem historischen Gebäude möglich ist, nach ökologischen Gesichtspunkten eingerichtet. Dazu gehören die hoteleigene Zisterne und eine umweltschonende Wasseraufbereitung für den Pool und den Garten. Die Einstellung des Hausherrn spiegelt sich auch in den beiden Hotelrestaurants wider. Vom Haus führt ein Radwanderweg zu den Ausflugszielen Ermita de Betlem und zur Bucht Cala Torta.

Artà | C/. Castellet 7 | Tel. 971829555 | www.santsalvador.com | 8 Suiten | €€€

ESSEN UND TRINKEN

Gaudí ⚑ H 3

Die leichte, saisonal wechselnde Karte bietet eine hochwertige mediterrane Küche mit internationalen Anklängen. Beliebt ist das viergängige Überraschungsmenü für 29,50 €. Die Atmosphäre ist trotz der herrschaftlichen Umgebung familiär. Dieses Restaurant wurde nach dem Modernisme-Meister Antonio Gaudí benannt, dem die Entwürfe für die Hotelfassade zugeschrieben werden. Die meisten der verwendeten Zutaten stammen von einem Ökobauern aus der Nachbarschaft.

Artà | C/. Castellet 7 | Tel. 971829555 | www.santsalvador.com | Mi–Mo 19–22.30 Uhr | €€€–€€€€

Iceberg Speiseeis ⚑ D 4

Zwei deutsche Unternehmensberater haben in Palmas Llotja-Viertel eine Eis-Lounge eröffnet. Erdbeer und Vanille, das war gestern. Die aktuellen Geschmacksrichtungen, insgesamt gibt es einige Dutzend, heißen Choco-Chili, Black-Sesam oder Wasabi. Und das Schöne an den fantasievollen Frucht-eiskreationen ist, dass keine Aromen, sondern frische Früchte verwendet werden. Auch Farb- und Konservierungsstoffe bleiben außen vor. Bei Milcheissorten wird kein Milchpulver, sondern frische Vollmilch aus der einzigen Inselmolkerei verarbeitet – mit dem Vorteil, dass der Zusatz von Sahne entfällt.

Palma | C/. Apuntadors 12 und C/. Palau Reial Nr. 3 | www.iceberg-gelats.de

Mönchsgeier ⚑ A 0

Seine Spannweite misst knapp 3 m, und er war vom Aussterben bedroht. Dass man den Mönchsgeier dennoch ganz aus der Nähe oder gar bei einem Gleitflug über dem Tramuntana-Gebirge beobachten kann, ist dem Gemeinschaftsprojekt mehrerer Stiftungen zu verdanken. Weil Vogelkundler für die letzten Exemplare Futterplätze eingerichtet und ihre Nistplätze bewacht haben, ist die Zahl der Brutpaare auf 25 gestiegen. Im Observatorium bei Campanet können Besucher viel Wissenswertes über Mallorcas majestätischen Vogel erfahren und zudem sogenannte Geierwanderungen vereinbaren.

Campanet | Finca Son Pons s/n | Ctra. Palma-Alcúdia, km 38,2 | Tel. 971 57 58 80 | Jeden Mo und Fr sowie am 1. Sa im Monat 10–14 Uhr | Eintritt frei (Spende erwünscht)

EINKAUFEN

Camper-Outlet-Store E3

Als erste europäische Firma erhielt Camper 1999 das Umweltsiegel für Schuhe. Das mallorquinische Unternehmen verwendet Materialien, die schadstoffarm und wiederverwertbar sind. Bei der Lederherstellung achtet sie darauf, dass das Gerbereiwasser wieder aufbereitet wird, bei der Wolle und Baumwolle, dass sie aus kontrolliertem Anbau kommen. Der Familienbetrieb in Inca, der inzwischen weltweit exportiert, macht zudem vor, dass ökologisch gefertigte Schuhe sehr wohl elegant, kleidsam und modisch sein können.

Inca | Schuhgeschäft: C/. Quarter 91 | Tel. 971 88 82 33 | Mo–Fr 10–20.30, Sa 10–14 Uhr | Outlet Store: Poligono Industrial s/n | Mo–Fr 10–20 Uhr

Flor de Sal

Empfindlich, rar und kostbar wie eine Orchidee ist dieses mallorquinische Naturprodukt, das bislang bei Feinschmeckern unter seinem französischen Namen »Fleur de Sel« bekannt war. Dann hatten die beiden Jungunternehmerinnen Katja Wöhr und Sabine Kersten die Idee, diese »Blume des Salzes« in den Salinen zwischen Campos und Colònia de Sant Jordi zu ernten. Ein aufwendiges Verfahren, das nur gelingt, wenn man die feine Schicht, die sich wie eine Haut auf den Salzbecken bildet, mit der Hand abschöpft. Dieses reinste aller Salze ist bekömmlich, sanft und hat einen ausgewogenen Geschmack. Kein Wunder also, dass es in Gourmetrestau-

Flor de Sal (▶ S. 33), die »Blume des Salzes«, ist ein mallorquinisches Naturprodukt mit Spitzenqualität. Es wird in vielen verschiedenen Geschmacksrichtungen angeboten.

rants und bei Feinschmeckern seine Freunde gefunden hat. Doch fast zu edel, um damit nur zu würzen, ist das mallorquinische Flor de Sal in der schönen Verpackung auch ein originelles Geschenk. Flor de Sal gibt es, entweder naturbelassen oder aromatisiert mit Mittelmeerkräutern, in den Feinkostläden der Insel und auf den Wochenmärkten von Andratx und Santanyí.
www.flordesaldestrenc.com

Gaia   D 4
Die Wahlinsulanerin Trudi Murray hat eine alte Tradition wiederbelebt und verfeinert. 18 Seifensorten stellt sie in Handarbeit aus Oliven-, Sonnenblumen- und Mandelöl her. Die schönen Stücke, zur Blüte geformt oder mit eingearbeiteten Pflanzen, duften nach Lavendel, Thymian und dem Zitronengras, das Trudi in ihrem Garten zieht.
Palma | C/. Cordería 28 | www.gaia-natural-mallorca.com

S'Hort d'Es Verger   C 4
Eigentlich ist Miquel Fullana Winzer – und sogar ein sehr erfolgreicher. Seine Rotweine haben einige Preise gewonnen. Doch dann kam ihm die Idee, auf seinem Gut neben den 6000 Weinstöcken auch Olivenbäume im größeren Maßstab zu bewirtschaften, und zwar ökologisch. Das war 2002. Kunstdünger, Herbizide und Pestizide sind seither tabu, und die Oliven werden mit modernsten Maschinen auf schonende Weise gepresst. Da versteht es sich, dass das so produzierte Öl seinen Preis hat. Die edel gestaltete Flasche 0,5 l »Es Verger Oli d'oliva«, Virgen Extra ökologisch kalt gepresst, kostet online 17,90 €; direkt beim Hersteller ist es günstiger. Besichtigung, Weinprobe und Verkostung nach Anmeldung. Der Familienbetrieb liegt in der Serra Tramuntana auf 450 m Höhe nahe Esporles.
Esporles (der Beschilderung Es Verger 4,5 km folgen) | Tel. 971 61 92 20 und 605 78 00 01 | www.esverger.es

Verkostung in der Stube des Berggasthofs S'Hort d'Es Verger (▶ S. 34). Die Betreiber verstehen sich als Vorreiter einer hundertprozentig ökologischen Wein- und Olivenölherstellung.

Vins Can Majoral ⚑ E 5

Can Majoral war Anfang der 1990er-Jahre Mallorcas erste Öko-Bodega. Das Ziel des Weinguts ist es, die Qualität der Rebe zu steigern, den natürlichen Rhythmus der Pflanzen zu respektieren und das Gleichgewicht der Natur zu wahren. Nur Weine, die diesen Ansprüchen genügen, dürfen sich nach den strengen Richtlinien für Umwelt- und Verbraucherschutz mit dem Prädikat D. O. (»Denominació d'Origen«) schmücken. Algaida | C/. Campanar s/n | Tel. 97166 5867 | www.canmajoral.com | Mo–Fr 16–19, Sa 9–13 Uhr

AKTIVITÄTEN

Sanft und mit gutem Gewissen ⚑ F 6

Es klingt seltsam, stimmt aber: Selbst beim Nichtstun kann der naturliebende Urlauber etwas für die Umwelt tun. Nein, fangen wir anders an: Im geologischen Katalog der Balearen wird die Playa von Es Trenc unter der Nummer 724001 als besonderes Naturerbe gelistet. Der Grund ist aber nicht das türkisfarbene, an die Karibik erinnernde Wasser. Es Trenc ist das größte aktive Dünensystem der Balearen. Aktiv insofern, als dass der Strand sich selbst erneuert und nicht wie anderswo aufgeschüttet werden muss, was die Umwelt belastet, teuer und nutzlos ist. Der helle Sand an Naturstränden besteht aus winzigen Muschelresten, die von den Wellen herangetragen und vom Wind weiterbefördert werden, bis sie dann dank Strandhafer und anderer Pflanzen am Weiterwandern gehindert werden und Dünen bilden. Gut so. Schlecht ist, wenn Fußgänger diese Sandhügel betreten oder sich dort niederlassen. Um das zu vermeiden, hat die Küstenbehörde damit begonnen, an bestimmten Naturstränden aus Bambus und Seilen Absperrungen zu installieren – bislang noch ohne sichtbaren Erfolg. Zum einen, weil es Jahre dauert, bis diese Renaturierungsmaßnahmen Früchte tragen, zum anderen, weil Badegäste denken, ach, ich pass schon auf. Wer sich also, und jetzt sind wir wieder beim Anfang, auf vorgezeichneten Wegen dem Strand nähert und nahe dem Wasser sein Handtuch ausbreitet, der hat schon mal nichts falsch gemacht und kann mit gutem Gewissen an die feine weiße Hinterlassenschaft von Abermilliarden von Muscheln, Meeresschnecken und Krebstierchen denken.

FESTE UND EVENTS

Fira del Fang, Marratxí ⚑ D 4

Ganz im Zeichen der Rückbesinnung auf das traditionelle Handwerk steht die Fira del Fang in Marratxí. Ein Dutzend Töpfereien stellt ihre Gebrauchsware aus, von glasierten Schüsselchen bis zu den feuerfesten großen Töpfen, wie sie in der mallorquinischen Küche noch heute benutzt werden. Erstaunlich ist, was alles aus Ton hergestellt wird: vom einfachen Blumentopf bis zu kunstvoll gestalteten Kacheln und Figürchen. Weil das verwendete Material, die Tonerde und das Holz zum Brennen, aus der unmittelbaren Umgebung stammen, kann man durchaus von einer umweltfreundlichen Veranstaltung sprechen. Und das Schöne an der Messe ist, dass man den Töpfern bei der Arbeit über die Schulter schauen kann. Marratxí | Ses Tres Germanes, Landstraße nach Inca, km 8,5 | das genaue Veranstaltungsdatum wird unter www.guiamallorca.info/fira-del-fang bekanntgegeben

Im Fokus
Petermännchen und andere Tiere

Der Besucher sieht sie in der freien Natur, auf dem Land, im Wasser oder in der Luft. Einigen begegnet er mit Freude während der Ferien auf dem Bauernhof, anderen wiederum lieber hinter der Glasscheibe eines Aquariums.

Die Gewässer rund um Mallorca haben wenig Plankton. Das bedeutet zur Freude der Touristen ungetrübtes Wasser, gleichzeitig aber auch zum Leidwesen der Fischer geringe Beute. Zu dieser sozusagen natürlichen Fischarmut kommt, dass über Jahrhunderte mit zu engmaschigen Netzen gefischt wurde. Auch die Artenvielfalt der Landtiere ist nicht sehr groß. Da sind zunächst die Wildkaninchen, die von den Jägern und ihren Hunden verfolgt werden – später mehr dazu. Wanderigel sieht man, angelockt von der gespeicherten Tageswärme, nachts auf den Asphaltstraßen, wo sie dann häufig Opfer der Autofahrer werden. Die Schnecken hingegen kriechen, um der Bodenhitze zu entgehen, auf Pflanzen und Weidezäune und bilden dort dichte Trauben. Ein Exemplar der vom Aussterben bedrohten Ginsterkatze wird wohl kaum ein Besucher zu Gesicht bekommen. Noch versteckter als sie lebt die endemische Mallorca-Geburtshelferkröte. Kein

◄ Der Bienenfresser (► S. 37) ist mit seiner
bunten Zeichnung kaum zu verwechseln.

Wunder also, dass man zwar von ihrer Existenz wusste, sie aber erst 1979
wieder entdeckte. Nicht zu überhören sind die Singzikaden, sie gehören
zum akustischen Sommerbild der Insel. Je heißer, desto doller zirpen die
Männchen, denn nur sie haben eine große Klappe. Den ganzen Tag geht
das so, bis tief in die Nacht. Und manch einem geht das gehörig auf die
Nerven. Lästig ist es vielleicht, doch sicher keine Gefahr. Die droht allenfalls vom Petermännchen. Dieser 30 cm lange barschartige Fisch ist ein
angriffslustiger Geselle. Wer mit seinem Giftstachel an der Rückenflosse,
sei es beim Baden oder Tauchen, Bekanntschaft gemacht hat, der muss
einen Arzt aufsuchen. Petermännchen wühlen sich an flachen Stränden
gern in den Sand ein, können aber auch mal einem Angler an den Haken
kommen. In die echte Bouillabaisse gehören sie ja hinein, aber ohne Sta-
chel. Die possierlichen Delfine sind leider inzwischen selten geworden,
nur mit Glück kann man ihnen bei einem Bootsausflug begegnen.

URIGE ECHSEN UND BUNTE VÖGEL

Die inseltypischen Tiere sind die Eidechsen. Je nach Umgebung sind sie
mehr grün oder braun, mit blauen Schmuckstreifen. Am Schwanz haben
die kleinen Nachfahren der Saurier eine Sollbruchstelle, die ihnen oft das
Leben rettet. Das abgeworfene, wild zuckende Schwanzende veranlasst
unerfahrene Katzen, die Beute fallen zu lassen. Geckos sind sozusagen
das häusliche Gegenstück zu den Eidechsen. Besucher begegnen den fast
durchsichtigen Wandkletterern mit den dicken, runden Augen hin und
wieder auch in den ländlichen Unterkünften. Kein Grund zum Erschre-
cken, vielmehr zur Freude: Geckos vertilgen die Insekten.
Äußerst artenreich ist die Vogelwelt. Ornithologen haben bis zu 300 Spe-
zies gezählt, die hier brüten oder Rast machen. Die verkehrsgünstige Lage
zwischen Afrika und Europa veranlasst viele Zugvögel zu einem Zwischenstopp. Ein regelrechtes Refugium sind die Feuchtgebiete von S'Albufera.
Im April und Mai sieht man Goldammer, papageienbunte Bienenfresser
und Rotkehlchen, die hier sehr zutraulich sind. Etwas später tauchen dann
Mauersegler und Schwalben auf. Den Drosseln wird leider im Herbst arg
nachgestellt, weil die Zugvögel sich vor ihrer letzten Etappe nach Afrika
noch einen schmackhaften Fettvorrat anfressen. Am markantesten unter
den einheimischen Vögeln ist der zebragestreifte Wiedehopf mit seinem
lustigen Kopfputz, den er beim Landeanflug als Bremsklappe ausfährt.

Schön ist das Männchen der Samtkopfgrasmücke mit seiner schwarzen Kappe. Weitverbreitet sind Grünfink, Hänfling und Kiefernkreuzschnabel, bei dem das Männchen ziegelrot und das Weibchen olivfarben ist. Greifvögel wie Zwergadler, Falken, Wespenbussard und Schwarzer Milan halten sich in den Gebirgsgegenden auf. Von den selten gewordenen Kolkraben kreisen und krächzen noch einige Paare an den Steilküsten. Möwen sieht man in Schwärmen hinter pflügenden Bauern herziehen oder die Schulhöfe umlagern, wo immer mal ein Butterbrot abfällt.

EINE EIGENE HUNDERASSE FÜR DIE KANINCHENJAGD

Auch für die Hunde fällt in der Hochsaison so mancher Brocken von den Touristentischen. Doch die Wintermonate überleben nur die ganz schlauen, anpassungsfähigen, und das sind die Mischlinge. Neben diesen mehr gejagten als geliebten Streunern gibt es auf den Balearen eine eigene Hunderasse: Der Podenco Ibicenco oder Ca Eivissenc – halbgroß und schlank, rostbraunes oder sandfarbenes Fell – hat große Tütenohren und eine lange Schnauze, ist gutmütig und schnell. Gezüchtet wurde diese Rasse für die Kaninchenjagd. Wer jemals einen Podenco Ibicenco ein Wildkaninchen verfolgen sah, der weiß, dass die Züchtung ihr Ziel erreicht hat. Die Jagdsaison mit Hunden erstreckt sich von Mitte Juli bis Januar. Hat die Meute, bestehend aus fünf bis acht Tieren, Beute gemacht, so bringt sie diese lebend dem Herrn. Podenco-Besitzer glauben gern, dass schon die Phönizier diese Hunde auf die Insel brachten. Noch älter sollen gar die Urahnen der einheimischen Katzen sein, die in der Tat hochbeinig und edel wie auf ägyptischen Abbildungen aussehen. Der Legende nach hat Kleopatra Mallorca besucht; vielleicht hatte sie ja tatsächlich ein paar Tiere mitgebracht.

VERWILDERTE ZIEGEN UND SCHWARZE SCHWEINE

Ja, erwähnen sollte man auch die verwilderten Hausziegen, die ein Problem sind, da sie sich in den Bergen der Serra de Tramuntana sehr stark vermehrt haben und der Vegetation schaden. Schüsse sollen nicht fallen, weil das bei Tierschützern reflexartig Proteste hervorruft. Stattdessen soll bei der Aktion auf eine traditionelle Jagdmethode zurückgegriffen werden: Dabei werden die Tiere zunächst mit Hunden zusammengetrieben und anschließend mit einem Lasso eingefangen. Als Erstes soll es den Ziegen in dem Gebiet, wo im Juli 2013 der große Waldbrand gewütet hat, an die Hörner gehen. Nur so könne die Wiederaufforstung gelingen, sagen Umweltschützer, da sonst die jungen Pinientriebe abgefressen werden. Ob mit Seilschlinge oder Flinte, ein trauriges Thema ist es allemal.

Viel lieber reden die Inselbewohner über ein anderes Haustier, das Fremden meist nur im Zusammenhang mit der Paprikawurst Sobrassada bekannt ist: das Porc Negre. Es gibt ein knappes Dutzend Betriebe, die sich der Zucht des schwarzen Mallorca-Schweins verschrieben haben. Kennzeichnend sind neben der Farbe der ausgeprägte Rüssel und die langen Ohren. Verglichen mit ihren blassen Vettern geht es diesen Tiere gut. Sie haben viel Auslauf und bekommen ein ausgewähltes Futter, meist ein Gemisch aus Gerste, Bohnen, Eicheln und als Nachtisch oft noch süße Feigen. Gute Nahrung und ausreichende Bewegung wirken sich positiv auf das Fleisch aus, das weniger Wasser enthält, dafür aber muskulöser und dunkler, insgesamt schmackhafter ist. Rund 27 000 schwarze Schweine gibt es auf der Insel, und einmal im Jahr wird von der Associació de Ramaders de Porc Negre Mallorquí in Sineu das schönste prämiert.

DAS KREUZ MIT DEN QUALLEN …

Schön sind auch andere Tiere, die jedoch weniger Beifall finden. Es handelt sich um die Quallen, die jedes Jahr für Schlagzeilen sorgen. Es gibt im Mittelmeer unterschiedlich giftige Arten. Die schlimmeren von ihnen verursachen beim Hautkontakt starke Schmerzen, die einem elektrischen Schlag gleichen und noch wochenlang Hautrötungen und Schwellungen hinterlassen können. Andere sind nicht gefährlich, sondern nur unangenehm. Da niemand das aus der Ferne beurteilen kann, genügt schon der Anblick einer einzelnen Qualle, um einen ganzen Strand voller Badegäste in Aufruhr zu versetzen. Wann und wo die gallertartigen Tiere auftreten, ist nur schwer vorherzusagen, da dies vom Wetter und von den Meeresströmungen abhängt. Ist die Berührung passiert, sollte man die betroffene Stelle mit Meerwasser abwaschen, keinesfalls mit Süßwasser. Eine solche Behandlung würde die Reaktion noch verschlimmern. Für Linderung sorgt das Kühlen mit Eis. Allerdings sollte dieses nicht mit der Haut in Kontakt kommen. Keine schlechte Idee ist es, in der Apotheke eine Quallensalbe zu kaufen, am besten vorab, weil man sie dann im Fall eines Falles zur Hand hat. Bis jetzt war nur die Rede davon, wie diese Nesseltiere uns den Badespaß verderben. Tatsächlich aber sind die Medusen, die seit mindestens 500 Millionen Jahren die Weltmeere bevölkern und von denen es viele Tausende Arten gibt, faszinierende Geschöpfe. Gefährlich, ja, wie gesagt, doch schön und elegant sind sie auch. Zu erkennen ist das im Palma Aquarium (▶ S. 31, 78), wo sich die Medusen in einem zylindrischen Becken in der Wasserströmung treiben lassen – und wir sie ganz entspannt und von allen Seiten beobachten können.

EINKAUFEN

Damit das Einkaufen Spaß macht und Sie wissen, wonach Sie Ausschau halten können: Hier sind Anregungen zu dem speziellen Angebot und zu individuellen Mitbringseln. Im Anschluss finden Sie besonders empfehlenswerte Adressen aus diesem Band.

Woher sie stammen, diese »siurells« genannten kleinen Tonfiguren, weiß niemand so recht. Gut möglich, dass schon die Griechen des Altertums diese Figürchen auf die Insel brachten. Oder die Phönizier. Auf Ibiza kamen bei Ausgrabungen Tonfiguren aus punischer Zeit zutage, die offenbar kultischen Zwecken gedient hatten. Der religiöse Inhalt ging im Lauf der Zeit verloren, und die »siurells« wurden zum Spielzeug. Und zu Sammlerobjekten! Der Maler Joan Miró etwa konnte gar nicht genug von den rot und grün betupften »siurells« kriegen; er hatte Hunderte von ihnen.

Ob Tiere oder Teufel, Fabelwesen oder Reiter, immer haben sie eine Öffnung, um drauf zu pfeifen. Der britische Schriftsteller Robert Graves, der Jahrzehnte auf Mallorca lebte, war der Meinung, dass mit den archaischen Tonpfeifen der Wind und mit ihm der für den Winterweizen so wichtige Regen angelockt werden sollte. Besucher werden in den Figür-

◄ »Siurells«, kleine, rot und grün betupfte
Tonfigürchen, sind ein typisches Mitbringsel.

chen in den meisten Fällen nur eines sehen: ein originelles Mitbringsel.
»Siurells« gibt es in vielen Andenkenläden, hergestellt werden sie jedoch
in Marratxí nahe Palma, weil es dort den besten Ton gibt.

AZULEJOS UND GLASKUNST

Aus Mallorcas roter Erde wird auch das in der Küche so nützliche Ton-
geschirr geformt und gebrannt. Mehr dekorativen Charakter haben die
bunten Wandteller und die vorrangig blauen Fliesen. Diese »**azulejos**«
genannten Kacheln schmückten zur Araberzeit nicht nur die Paläste in
Palma, sie wurden auch exportiert. Eine große Auswahl bieten die Werkstätten in Felanitx und in dem Dörfchen Pòrtol (Marratxí) bei Palma.
Nicht ganz so alt wie das Töpferhandwerk, dafür aber umso zerbrechlicher
sind die Produkte aus den mallorquinischen Glasbläsereien von Gordiola
und Lafior, deren Vorfahren das Kunsthandwerk vor 300 Jahren aus Itali-
en auf die Insel brachten. Auf englischen Webstühlen wiederum wurden
traditionsgemäß die für Mallorca typischen **Zungenstoffe** hergestellt. Ihr
Name »robes de llengües« rührt von ihren rautenförmigen Mustern, die
an Zungen, »llengües« auf Mallorquinisch, erinnern. Früher wurden sie
hauptsächlich zum Beziehen von Sesseln und Sofas, aber auch für Vor-
hänge verwendet. Heute sind sie als originelle Mitbringsel gefragt. Über-
lebt haben von den einst 100 mallorquinischen Webereien ganze drei. Die
bekannteste ist Guillém Bujosa in Santa Maria del Cami.
Von ebenfalls langer Tradition, doch viel feiner als die strapazierfähigen
Zungenstoffe ist die mallorquinische Spitzenstickerei. Ursprünglich für
die Gewänder von Würdenträgern entwickelt, findet man sie heute in
normalen Geschäften, beispielsweise in Palma im Geschäft Mirador.

SCHMUCK, OLIVENHOLZ UND LEDER

Von der Wiederbelebung des alten Handwerks profitieren auch die Gold-
und Silberschmiede. Nach althergebrachten Motiven stellen sie u. a. auch
die »emprendades« genannten schweren Goldketten her, die ursprünglich als Brautschmuck und Mitgift dienten und heute wieder gern getragen werden. Aus altem Olivenholz sind die Objekte, die von den Kunsthandwerkern in Manacor ausgestellt werden.
Aus Manacor kommen auch Mallorcas bekannte Kunstperlen **Majórica**.
Nach einer Flaute und einem Besitzerwechsel erstrahlt das Traditionsun-

ternehmen seit einigen Jahren wieder in neuem Glanz. Die Perlen, herge-
stellt nach einem geheimen Verfahren und viele davon noch in Handar-
beit, sind mit der Mode gegangen. Neben den Klassikern gibt es die
Prachtstücke nun in neuen Formen und ungewöhnlichen Farben – von
Weiß und Rosé über Violett und Grün bis zu Schokoladenbraun.
Groß ist das Angebot an Lederwaren. Am günstigsten seien Jacken und
Schuhe ab Fabrik – das jedenfalls sagen die Veranstalter von Verkaufs-
fahrten, die in den meisten Fällen nach Inca führen. Das Angebot in den
Verkaufshallen, die den Fabriken angeschlossen sind, ist zweifellos riesig.
Wer jedoch dem Einkaufen auch etwas Spaß abgewinnen will, geht besser
in eines der vielen Fachgeschäfte in Inca selbst oder in Palmas Geschäfts-
straße Avenida Jaume III und wählt dort in Ruhe aus.

SÜSSES UND DEFTIGES

Von den tragbaren zu den schmackhaften Mitbringseln: Im Kapitel
»Essen und Trinken« wurden bereits die süßen »ensaïmadas« erwähnt.
Beliebt ist ebenfalls die mit viel Paprikapulver gewürzte Streichwurst Sobrassada. Hergestellt aus dem mageren Fleisch der einheimischen
Schweinerasse Porc negre, gibt es diese Wurstspezialität in der Variation
»normal« oder »picante«. Kurz erwähnt wurde neben der Sobrassada
auch der Kräuterschnaps Hierbas, den es in einer süßen und einer trockenen Version gibt, Anis dulce oder Anis seco. Als Souvenir eignen sich die
Flaschen, in denen Zweige von Rosmarin, Zitronenmelisse und weitere
Inselkräuter zu sehen sind. Dekorativ sind auch die Flaschen mit dem
bittersüßen Aperitif »palo« der Destilería Antonio Nadal. Weil die Firma
früher in Bunyola ansässig war, wo der Zug nach Sóller einen Tunnel
durchqueren muss, bekam der braune Appetitanreger auch den Namen
»Túnel«. So kann man, bei einem Schluck unter Freunden, noch einmal
den letzten Urlaub in Erinnerung rufen.
Fehlt nur noch etwas Inseltypisches zum Naschen, »algo para picar«, wie
die Einheimischen sagen: beispielsweise die grünen, mit frischem Fenchelkraut und einer Pfefferschote eingelegten Oliven, die einen leicht bit-
teren Geschmack haben und daran zu erkennen sind, dass sie gespalten
sind. Oder eingemachte Kapern, die auf den Feldern rund um Campos
gedeihen. Schmackhaft sind auch die zu flachen Broten gepressten einheimischen Feigen. Am besten mundet das mit Mandeln gespickte »pan
de higos«, das sich auch gut als Mitbringsel für die Lieben zu Hause eignet. Zuletzt noch etwas zum Schnuppern: Das Parfüm Flor d'Ametler
wird aus den Blüten des Mandelbaums hergestellt.

BESONDERE EMPFEHLUNGEN
DELIKATESSEN
Colmado Santo Domingo   D 4

Den schönsten Anblick bieten die mit viel Paprika gewürzten Würste vom edlen Fleisch des schwarzen Mallorca-Schweins in Palmas Colmado Santo Domingo. In diesem originellen Laden, der beinahe einer Höhle gleicht, baumeln die diversen Sobrassada-Würste wie Stalaktiten von der Decke. Außerdem gibt es weitere einheimische Köstlichkeiten (▶ Karte Klappe hinten).

Palma | C/. Sant Domingo 1 | www.colmadosantodomingo.com | Mo–Sa 10.30–20 Uhr

KUNSTHANDWERK
Vidrierias de Arte Gordiola   E 5

Auf eine jahrhundertelange Tradition blickt Mallorcas Glasbläserzunft zurück. Von der eher künstlich wirkenden Burg und dem riesigen Parkplatz auf der Straße von Algaida nach Manacor sollte man sich nicht abschrecken lassen. Hier residiert die Familie Gordiola, die seit 1719 eine Glasbläserei betreibt und ebenso lange Glaskunstwerke aus aller Welt sammelt. Der Besucher kann zuschauen, wie die fantasievoll gestalteten Vasen, Gläser und Figuren entstehen, er kann die zerbrechlichen Souvenirs kaufen und überdies die seltenen Stücke aus verschiedenen Epochen im Glasmuseum der Familie Gordiola bewundern.

Algaida | Ctra. Palma–Manacor, km 19 | www.gordiola.com | Mo–Sa 9–19, So 9–13 Uhr | Eintritt frei

MODE
Artesanía Textil Bujosa   D 4

Die Geschwister Maribel und Guillém Bujosa führen die gleichnamige Textilwerkstatt nun schon in der dritten Generation. »Bei uns zählt das Zusammenspiel von Tradition und Design«, sagen sie. Und weil das so ist, nutzen sie weiterhin die alten Webstühle und die Färbetechnik der antiken Handwerkskunst, um aus Baumwolle und Leinen die »robes de llengües« – die Zungenstoffe – zu produzieren, vorzugsweise in traditionellem Blau und strahlendem Gelb auf weißem Grund. An den geometrischen Mustern hat sich im Grunde nichts geändert. Doch inzwischen verwenden junge mallorquinische Modemacher die strapazierfähigen Llengües bei Taschen, Gürteln, Schuhen und sogar bei Kleidung. Kaufen kann man die Zungenstoffe in ausgewählten Geschäften und direkt beim Hersteller.

Santa Maria del Camí | C/. Bernat de Santa Eugenia 53 | www.bujosatextil.com

PARFÜM
Flor d'Ametler   D 4

Dieses Parfüm verspricht nicht den Duft der großen weiten Welt, sondern jenen der Insel. Es wird auf Basis von Mandelblüten hergestellt, und jede Flasche enthält, als Echtheitszertifikat, eine Mandelblüte. Bis zu 20 000 Blüten lassen die Brüder Miquel und Sebastià Benito jedes Jahr im Februar für ihr Parfüm ernten, der Rest der Mixtur bleibt geheim. Verglichen mit anderen internationalen Duftwassern ist das Flor d'Ametler preisgünstig, gleichwohl aber exklusiv, denn es ist nur auf den Balearen erhältlich.

Pont d'Inca, Marratxi, Cami de Can Frontera 73 | www.flordametler.com

Weitere Geschäfte und Märkte finden Sie im Kapitel MALLORCA ERKUNDEN.

SPORT UND STRÄNDE

*Genießen Sie Ihren Urlaub aktiv. Welche sportlichen
Möglichkeiten Mallorca bietet und was Sie in
der Natur erleben können, erfahren Sie hier.
Im Anschluss finden Sie besondere Empfehlungen.*

Als Insel ist Mallorca wie geschaffen für Wassersport aller Art. Es gibt zahlreiche Schulen, die Kurse im Segeln und Windsurfen, im Tauchen und Kitesurfen abhalten. Wasserski ist vielerorts möglich. Dass Mallorca auch ein Paradies für Golfspieler ist, hat sich längst weltweit herumgesprochen. Sechs von Mallorcas insgesamt 24 Plätzen haben es in die Liste der Top 50 der beliebtesten Golfplätze Europas geschafft. Dabei ist Golf auf Mallorca durchaus kein elitärer Sport mehr, dafür sorgt allein schon die sommerliche Ferienatmosphäre.

ZU FUSS ODER MIT DEM FAHRRAD UNTERWEGS

Begünstigt von ihrer abwechslungsreichen Landschaft wird eine weitere Aktivität: das Wandern in seinen verschiedensten Ausprägungen, vom Strandlaufen über ausgedehnte Spaziergänge in der Ebene und das

◀ Badefreuden an der malerischen Platja de Formentor bei Port de Pollença (▶ S. 51).

Durchqueren trockener Flussläufe bis hin zum Bergwandern und Klettern in der Serra de Tramuntana. Nicht zu vergessen der Radsport, der außerhalb der Sommermonate nicht nur Profis anlockt, sondern auch bei ambitionierten Hobbysportlern immer beliebter wird. Während es die Leistungssportler in die Berge treibt, entschließen sich Amateure eher für die leichteren Touren durch die Ebene und das Hügelland.

Außer diesen für Mallorca typischen Disziplinen gibt es auf der Insel fast nichts, was es nicht gibt: vom Minigolf über Tennis und Reiten bis zum sportlichen Tanzen. Eine Tischtennisplatte findet man noch in der kleinsten Pension, Mitspieler für ein Volleyballturnier an vielen Stränden. Und sogar für diejenigen, die sich aus luftiger Höhe einen Überblick verschaffen wollen, ist gesorgt. Es gibt Ballonfahrten und Schulen, in denen man das Fliegen mit Gleitschirmen und Ultraleichtflugzeugen erlernen kann.

BESONDERE EMPFEHLUNGEN
BALLONFAHRTEN
Mallorca Balloons 🚩 J3
Für Schwindelfreie ein beeindruckendes Erlebnis! Der Veranstalter sitzt in Cala Rajada, doch gestartet wird im Landesinneren bei Manacor, und zwar schon in aller Frühe. Die Mitfahrer werden in den Hotels abgeholt, sechs bis zwölf Personen haben im Ballonkorb Platz. Und dann geht es bis auf 800 m Höhe. Zu sehen ist ganz Mallorca, in der Ferne die Nachbarinsel Menorca und tief unten, wie ein Spielzeugauto, der Wagen, der mit dem Ballon über Funk Kontakt hält.
Cala Rajada | C/. Farallo 4 | Tel. 97159 6969 | www.mallorcaballoons.com | Preis ab 160 €

FLYBOARD
»Flüge« bis zu 9 m – wenn auch nur kurzzeitige – über dem Wasser verspricht diese neue Sportart, die durch den Wasserstrahlrückstoß eines Jetskis angetrieben wird. Kurse von 15 Min. kosten 69 €, inkl. 2 Std. auf dem Motorboot und einem Zertifikat; Schutzweste und Helm werden gestellt.

Flyboard Mallorca 🚩 C5
Puerto Portals, Magaluf und Palma Nova | Tel. 654040992 | www.flyboard-mallorca.com

GLEITSCHIRMFLIEGEN
Paragliding-Mallorca 🚩 G2
Wer die Insel wie ein Vogel erleben will, ist hier richtig. Täglich starten bei günstigem Wetter die Paraglider vom Puig de St. Marti. Der Flug von dem Hügel bietet eine großartige Sicht über Alcúdia und Port de Pollença. Als Landeplatz dient eine große Wiese unterhalb des Hügels. Möglich sind auch Tandemflüge mit einem erfahrenen Piloten.
Alcúdia | Tel. 633342843 | www.paragliding-mallorca.com

GOLF

Wer Mitglied im spanischen bzw. balearischen Golfverband werden möchte, kann sich hier anmelden lassen:

Internationaler Golfclub Mallorca
🏴 E 5

Llucmajor | C/. Gracia 48 | Tel. 6 28 62 16 73 | www.international-golfclub-mallorca.com

Nachfolgend finden Sie eine Auswahl von Golfplätzen:

Alcanada
🏴 G 2

Auf der gleichnamigen Halbinsel bei Port d'Alcúdia. Von der Aussicht her der wohl schönste Platz der Insel.
Alcanada | Tel. 971 54 95 60 | www.golf-alcanada.com

Canyamel
🏴 J 3

Anspruchsvoller, abwechslungsreicher Platz in der Nähe von Artà.
Capdepera | Av. d'es Cap Vermell s/n | Tel. 971 84 13 13 | www.canyamelgolf.com

Pollença
🏴 F 2

Auf der Südseite eines Hügels, an der Landstraße nach Pollença. 9 Loch.
3 km vor Pollença | Tel. 971 53 32 16 | www.golfpollensa.com

La Reserva Rotana
🏴 G 4

Inmitten schöner Landschaft bei Manacor. Nur für die Gäste des gleichnamigen Hotels – für diese gratis. 9 Loch.
Manacor | Camí de Bendris, km 3 | Tel. 971 84 56 85 | www.reservarotana.com

Son Vida Golf
🏴 C 4

Mallorcas vornehmster Platz, mit Unterkünften für Wohlhabende.
Urb. Son Vida, nahe Palma | Tel. 971 79 12 10 | www.sonvidagolf.com

Vall d'Or Golf
🏴 G 6

Keine einfache Anlage, dafür aber mit Blick über die Ostküste.
S'Horta | Ctra. Cala d'Or–Portocolom | Tel. 971 83 70 01 | www.valldorgolf.com

KAJAK

Die Küste erkunden, in Buchten paddeln und zwischendurch ins Wasser springen. Auf diese Weise erleben Einzelteilnehmer oder Gruppen die Insel aus einem neuen Blickwinkel.

Grupotel Natur
🏴 G 3

Can Picafort | Ctra. Artá–Port d'Alcúdia, s/n. | Tel. 971 85 28 15 | www.mallorca-transnatur.com

KITESURFING

Da diese Sportart in den letzten Jahren immer größeren Anklang gefunden hat, wird sie inzwischen an zahlreichen Stränden ausgeübt. Besonders gut geeignet ist die Bucht von Pollença. In Kursen von 3 bis 6 Std., so versprechen es die Kiteschulen, würden auch Anfänger die »Drachen« steuern können.

Kitemallorca
🏴 G 1/2

Pollença | www.kitemallorca.com | Tel. 971 89 00 96 oder 6 47 89 11 22

REITEN

Reitschulen und Pferde für den Ausritt gibt es in zahlreichen Ferienanlagen und auch auf Bauernhöfen. Da sich die Umstände natürlich schnell ändern können, sollte man sich vor einer Einmietung vergewissern, ob die Tiere auch gut behandelt werden.

Can Paulino   E 5

Für Feriengäste auf der Finca und Gastreiter. Schöne Natur, gepflegte Pferde. Ausritte ins Umland 70 €/1 Std., zum Strand oder zu den Salinen 180 €/3 Std.
Llucmajor | Cami Vell d'Algaida | Tel. 6643849 24 | www.canpaulino.com

Eddis Reitstall   J 3

Im Angebot sind Tages- und Nachtausritte, der Unterricht findet bei Bedarf auch in deutscher Sprache statt.
Cala Rajada | Straße nach Capdepera | Tel. 626 83 03 99 und 6 30 15 05 51

Es Pas   C 4

Dressurplatz, Pferdeboxen, Unterricht in Deutsch für Anfänger und Sportreiter. Viele Events, auch für Kinder.
Calvià | Ctra. Puigpunyent s/n | Tel. 971 67 06 51 | www.clubespas.com

Rancho Bonanza   J 3

Ausritte und Unterricht, auch für Kinder, unter deutscher Leitung.
Cala Rajada | C/. Can Pastilla s/n | Tel. 6196806 88 | www.ranchobonanza.com

Reiterhof Son Menut   G 5

Komfortabler Reiterhof. Reitschule, Ausritte und Tagestouren.
Felanitx | Cami Son Negre | Tel. 9 71 58 29 20 | www.sonmenut.com

SEGELN UND SURFEN

Die besten Reviere liegen an der Nord- und Ostküste. Bootsverleih von Katamaranen, Segel- und Motorjachten:

Marina Balear   C 5

Port Adriano | El Toro | Tel. 971 23 22 04 und 619 83 36 83 | www.marinabalear.com

Mit dem Heißluftballon über die Insel zu schweben ist ein unvergessliches Ferienerlebnis. Die Agentur Mallorca Balloons (▶ S. 45) in Cala Ratjada hat solche Trips im Programm.

Die unbewohnte Felsinsel Sa Dragonera (▶ S. 91) wurde 1995 zum Naturschutzgebiet erklärt und bietet mit ihren Steilabfällen und wilden Felsformationen hervorragende Tauchgründe.

Sail & Surf 🚶‍♂️ 🏄 G1

Die Segelschule, gegründet von Gottfried und Gisela Möller, verfügt inzwischen über 40 Jahre Erfahrung. Abnahme von A-Schein und BR-Schein; Surfbretter-, Katamaran-, Jollen-Verleih. Der Segel- oder Surfgrundkurs kostet in der Nebensaison 284 €, sonst 315 €.
Port de Pollença | Passeig Saralegui 134 | Tel. 971 86 53 46 | www.sailsurf.de

Wind & Friends 🚶‍♂️ 🏄 G2

Segeln und Windsurfing für Anfänger und Fortgeschrittene, Katamarankurse, A-Schein, Segeln für Kinder.

Port d'Alcúdia | Apartado de correos 178 | Tel. 971 54 98 35 und 6 61 74 54 14 | www.windfriends.com

STEHPADDELN

Bei dieser auf den Balearen neuen Sportart handelt es sich im Grunde um die älteste Art der Fortbewegung auf dem Wasser. Sie wurde von den Polynesiern genutzt, um auf diese Weise zu bis dahin unbewohnten Inseln zu gelangen. Man bewegt sich dabei auf einer Art Surfbrett mit einem Paddel vorwärts. Auf Mallorca kann man so die Küste erkunden.

Watersportsports Mallorca   G 1/2

Einführungsunterricht 70 €, Tageskurs Theorie und Praxis 150 €.

Alcúdia und Port de Pollença | Tel. 6 06 35 38 07 | www.watersports mallorca.com

TAUCHEN

Die besten Tauchgründe liegen im Südwesten und an der Ostküste; das Jagen mit Harpune ist verboten. Von den vielen Tauchschulen eine Auswahl:

Aqua Mallorca Diving   B 5

Das Revier der Tauchschule ist die Steilküste bei Port d'Andratx mit ihren Grotten, Höhlen und zwei kleinen Wracks bis hin zum Naturpark Isla Dragonera. Die Tauchpreise inklusive Transport, Alu-Flasche, Luft und Blei für einen Tag betragen 36 €.

Port d'Andratx | Almirante Riera Alemany 23 | Tel. 9 71 67 43 76 | www.aqua-mallorca-diving.com

Dive & Fun   J 3

Eine der besten Tauchschulen. Für Anfänger und Fortgeschrittene, Tauchkurse für Kinder, deutsche Leitung.

Font de sa Cala | Hotel Beach Club | 3 km südl. von Cala Rajada | Tel. 9 71 81 80 36 | www.mallorcadiving.de

Mero Tauchbasis   J 3

Unterricht in Deutsch; Besuch der Unterwasserhöhlen, UW-Scooter.

Cala Rajada | Cala Lliteras | Tel. 9 71 56 54 67 | www.mero-diving.com

Michaels Diving School   G/H 6

Tauchreviere sind unter anderem die Inseln Cabrera und Dragonera. Ein bis zwei Tauchgänge kosten pro Tag 38 €,

die Lehrgänge (Unterricht in Deutsch) je nach Umfang 250 bis 300 €.

Cala Serena/Cala d'Or | Av. de s'Horta s/n | Tel. 9 71 64 37 15 und 6 25 99 74 00 | www.mds-mallorca.de

TENNIS

Alle großen Ferienanlagen und die meisten großen Hotels haben eigene Plätze; zudem gibt es viele Clubs.

WANDERN

Es gibt dazu viele Möglichkeiten – vom ausgedehnten Strandbummel bis hin zu anspruchsvollen Bergwanderungen. Anregungen und Kartenmaterial für die einzelnen Regionen gibt es bei den örtlichen Touristeninformationen.

Geführte Wanderungen: Nein, keine Allüren, bei Astrid Prinzessin zu Stolberg geht es handfest zur Sache. Sie ist Wanderführerin und begleitet Familien, Gruppen und Einzelpersonen. Ihr weit gefächertes Programm umfasst Ausflüge mit Picknick und Übernachtung in einer Berghütte über Vollmondwanderungen bis zu anspruchsvollen Klettertouren. Auf Fragen zu Flora und Fauna, aber auch zu ihrer Beauty-Serie auf Naturbasis geht sie gerne ein (www.prinzessin-stolberg.com, Tel. 9 71 88 60 44 und 6 26 05 15 01).

Trekking-Touren: Mit Gruppen ab vier Personen marschiert der erfahrene deutsche Wanderführer Werner Veit über Köhler- und Pilgerpfade bis hoch in die Berge und hinein in die Schluchten des Tramuntana-Gebirges.

Mallorca-Trekking Werner Veit   H 6

Portocolom | Residencial Garau Esc. D | Tel. 9 71 82 57 29 und 6 39 75 44 02 | www.mallorca-trekking.de

STRÄNDE

Das Wasser ist überall sauber, selbst an den belebtesten Küstenstrichen. Die Strände jedoch sind sehr verschieden – von weiten Sandbuchten, beliebt bei Familien und Wassersportlern, bis zu den versteckten Calas, wo Zikadengesang und Pinienduft, häufig allerdings auch Kiesstrände das Bild prägen.

Überraschend, aber wahr: Wer lange sucht, wird sogar in den Sommermonaten eine stille Bucht finden. Da sind beispielsweise an der Ostküste südlich von Portocristo die drei eng nebeneinander liegenden Calas Magrana, Pilota und Virgili: 7 km nahezu unberührte Natur warten hier, dazu einige wenige Besucher, die mit einem Boot gekommen sind – oder eben jene, die sich von der umständlichen Zufahrt nicht abschrecken ließen. Gutes Schuhwerk sollte man anziehen und Verpflegung mitnehmen, denn es gibt weder ein Restaurant noch eine Strandbar.

S'Arenal 🏊🏄 D 5

Hochhäuser, Kneipen in Strandnähe, Tretboote, Sonnenschirme: alles, was der Urlauber so braucht, wenn er es denn wünscht. Doch auch derjenige, der auf all das gern verzichtet, ist vielleicht an ein paar Informationen interessiert: S'Arenal ist der östliche Teil eines 6 km langen Strandes, der sich über die Playa de Palma bis Can Pastilla erstreckt. Wo früher Dünen die Bucht von Palma zierten, wurden vor Jahrzehnten zunächst Hunderte Hotels hochgezogen, später legte man eine palmenbestandene Promenade an und unterteilte diese in 15 Balnearios. Einer dieser Balnearios, die Nr. 6, allseits bekannt als »Ballermann«, hat der gesamten Bucht einen recht zweifelhaften Ruf beschert. Wein aus Plastikeimern, lärmende Musik und Alkoholexzesse von jugendlichen Urlaubern machten Schlagzeilen, was wiederum Besucher anzog, die sich dieses Treiben anschauen wollten.

Wer sich heute auf den Weg zur Playa de Palma macht, nur um sich zu gruseln, der wird womöglich enttäuscht sein. Strenge Maßnahmen wie ein Musikverbot nach Mitternacht haben die Szene inzwischen beruhigt, die Alkoholurlauber sind in der Minderzahl, Familien haben das Gebiet für sich zurückerobert. Geblieben sind allerdings die mit den Jahren schäbig gewordenen Hotelanlagen in Strandnähe.

Doch auch hier gibt es neue Pläne. In den nächsten Jahren soll die Bettenzahl stark verringert und die Qualität des Hotelangebots gehoben werden. Statt Sangría-Kübel am Ballermann werden dem Besucher dann Duschkabinen unter Palmen zur Verfügung stehen, und nachts sollen futuristisch anmutende Laternen die neuen Straßenbeläge und frischen Grünanlagen beleuchten – als Computersimulation und in einem Hochglanzprospekt hat sich der Wandel bereits vollzogen.

Badia d'Alcúdia 👫 🏊🏄 G 2/3

Weite Bucht mit langem Sandstrand zwischen Port d'Alcúdia und Can Picafort, dicht bebaut und gut besucht. Alle Wassersportarten und Reiten.

Cala de Deià 🏊🏄 D 3

Die Bucht des Künstlerdorfes an der Nordwestküste. Nur grobe Kieselsteine, aber ausgesprochen idyllisch, was sich herumgesprochen hat; im Sommer schnell von Ausflüglern überlaufen.

Cala Figuera G 1

Diese Badebucht, nicht zu verwechseln mit der gleichnamigen Cala bei Santanyí, liegt im äußersten Norden. Wer auf Sand keinen Wert legt und nicht den weiten Weg über die Halbinsel Formentor scheut, der liegt hier auf flachen Steinplatten goldrichtig. Wenige Besucher, tolles Wasser! Hinter dem Tunnel Es Fumat den Wagen abstellen, dann die Treppe hinunter.

Cala Mesquida J 3

Naturgeschützte Dünenlandschaft mit feinem weißen Sand. Eine große Hotelanlage begrenzt den Strand.

Cala Mondragó G 6

Gilt als schönste Bucht der Insel, von Pinien umgeben und sehr romantisch. Dass sie, wie auch die benachbarte Cala S'Amarrador, nicht zugebaut wurde, ist Naturschützern zu verdanken.

Cala Pi de la Posada G 1

Eine Cala Pi gibt es auch im Inselsüden, doch diese Bucht liegt in der Mitte der Halbinsel Formentor. Beliebt ist der lange Sandstrand bei Wassersportlern, Jachtbesitzern und Romantikern, die mit Blick auf die Isla de Formentor den Sonnenuntergang genießen. Tagsüber finden Badegäste unter den Pinien in Strandnähe ein schattiges Plätzchen. Es gibt Liegestühle, Cafeterias, Bars und einen Bootsverleih – ja, man ist auch auf Besucher eingerichtet, die nicht mit der eigenen Jacht kommen.

Cala Rajada J 3

Diese Bucht im Nordosten ist bei deutschen Urlaubern sehr beliebt. Es gibt viele Hotels, doch das Gesicht eines gewachsenen Ortes blieb erhalten. Gepflegter Sandstrand.

Cala Torta J 3

Die Mühen der etwas umständlichen Anfahrt werden belohnt: ein feiner Sandstrand und außer einer hölzernen Strandbude nur unberührte Natur. Weil sich das inzwischen herumgesprochen hat, lohnt es sich, über die Felsen in die kleinere und ruhigere Nachbarbucht zu klettern.

Port de Pollença G 1

Lange Sandstrände in der gut geschützten großen Bucht und bestes Surfrevier der Insel; ältere Villen zwischen Pinien, dazu neuere Hotels.

Portocolom H 6

Ort mit anheimelnder Hafenatmosphäre und Sandstrand an der Südostküste. Touristischer geht es dann in der Nachbarbucht Cala Marçal zu.

Sa Canova H 3

Dass der Natursandstrand bei Colònia de Sant Pere ab und zu von Seegrasablagerungen bedeckt wird, stört Naturisten wenig, die ihn seit vielen Jahren zum FKK-Baden benutzen. Seit Neuestem gibt es dort sogar ein FKK-Hotel.

Sant Elm B 4

Schöner Strand – teils Sand, teils Kies – im Südwesten der Insel gegenüber dem Felseneiland Dragonera gelegen.

⭐ Es Trenc F 6

3 km langer, flach abfallender Sandstrand an der Südküste. Dünen, zwei Strandrestaurants, ansonsten unbebaut; zum Teil offizielles FKK-Gebiet.

FESTE FEIERN

*»Menjar bé i beure, el demés fa riure« – gut essen und trinken,
das Übrige wird lustig! Dieses mallorquinische Sprichwort ist
beileibe kein schlechtes Motto angesichts der vielen Fiestas,
die meist zu Ehren von Schutzheiligen gefeiert werden.*

Zwei Termine prägen die Feierkultur der Insel: Ostern und das Volksfest
Moros y Cristianos. Das erste Fest ist religiösen Ursprungs – über 90 %
bekennen sich zum katholischen Glauben – das zweite hängt mit dem Sieg
der christlichen Bevölkerung über die maurischen Piraten zusammen.
Ostern ist ohne Zweifel das wichtigste und längste Fest der Insel. Die Semana Santa wird in allen Gemeinden gefeiert, fast an jedem Tag der Kar-
woche gibt es Prozessionen, Tausende Zuschauer säumen Palmas Straßen.
Höhepunkt dieser Umzüge ist der Karfreitag. Dann versammeln sich die
Mitglieder der Bruderschaften vor der Kathedrale, je nach ihrer Ordens-
zugehörigkeit in weiße oder schwarze Kutten gewandet. Dazu tragen sie
hohe Spitzhüte und Kapuzen mit Augenschlitzen, die an die Inquisition
und an den Ku-Klux-Klan erinnern. Begleitet von Trommelschlägen tragen die Kapuzenmänner riesige, mit Blumen geschmückte Heiligenfigu-

◄ »Moros y Cristianos« (► S. 54) in Sóller ist
auch als »Fest der tapferen Frauen« bekannt.

ren durch die engen Gassen. Stunden dauern diese düsteren Umzüge, die nicht nur Kindern einen Schauder über den Rücken laufen lassen. Ein Eindruck, der noch verstärkt wird, wenn Fackeln und Kerzen nach Einbruch der Dunkelheit die Prozessionswege beleuchten. Ganz anders ist dann die Stimmung, wenn die Mallorquiner kurz nach Ostern zu den nächstgelegenen Klosterbergen mit Kapellen und Klausen wallfahren – aus religiösen Gründen oder um ganz weltlich ein Picknick zu veranstalten.

SCHEINGEFECHTE ZWISCHEN CHRISTEN UND MOSLEMS

Regelrecht ausgelassen geht es zu, wenn bei den Veranstaltungen zu Moros y Cristianos der Sieg über die muslimischen Piraten gefeiert wird. Wie damals im Jahr 1561 kommt der Feind von der See. Doch die christlichen Verteidiger sind auf der Hut. Schüsse knallen, Kampfesgeschrei, und dann klirren auch schon die Säbel, es geht Mann gegen Mann. Die Bürger von Sóller wehren sich gegen die maurischen Piraten. Mit Erfolg und viel Spaß. Denn bei dem fröhlichen Gemetzel, bei dem kein Blut, doch hinterher reichlich Wein fließt, gedenkt die Stadt jenes legendären Sieges. Mehrere Tage dauert das Fest, an dem über 1000 Komparsen teilnehmen. Jedes Jahr im Mai werden die angreifenden Mauren zurück ins Meer getrieben. Jedes Mal an derselben Stelle am Strand von Sóller und jedes Mal mit demselben Ergebnis. Weil nichts so schön ist wie ein Schaugefecht, bei dem sich am Schluss Freund und Feind in den Armen liegen.

FESTKALENDER
JANUAR

Los Reyes Magos, Palma
Die Heiligen Drei Könige kommen im Hafen von Palma an, ziehen durch die Straßen und bescheren dann die Kinder.
5./6. Januar

Sant Antoni Abat
Am Vorabend der Feier für den hl. Antonius lodern Freudenfeuer, und als Teufel Maskierte tanzen durch die Straßen von Artà und Manacor; die größte Feier findet in Sa Pobla statt. Am Folgetag werden in vielen Gegenden die Haustiere gesegnet, Sant Antoni ist auch deren Patron. Besonders farbenfroh ist das Spektakel in Palma und Muro, wo geschmückte Tiere prämiert werden.
16./17. Januar

Sant Sebastià, Palma
Am Vorabend des Festes für den hl. Sebastian, dem Schutzpatron von Palma, spielen Kapellen, und die Jugend tanzt und trinkt bis spät in die Nacht. Der nächste Tag ist arbeitsfrei.
19./20. Januar

FEBRUAR

Karneval, Palma

Karneval wird vor allem in Palma gefeiert, mit Umzügen in der Innenstadt und kostümierten Zuschauern.

MÄRZ/APRIL

Ostern

Am spektakulärsten wird die Semana Santa in Palma begangen. Doch auch in den anderen Gemeinden gibt es Prozessionen, bei denen Büßer zentnerschwere Holzkreuze mit sich schleppen. Ist die »Heilige Woche« zu Ende, beginnen die Wallfahrten. Die bekanntesten »romarias« führen am Dienstag nach Ostern zur kleinen Capella de Sant Miquel in der Nähe der Höhlen von Campanet und am Mittwoch nach Ostern zur Einsiedelei Nostra Senyora de Bonany bei Petra. Zu den schönsten Wallfahrtszielen zählen auch die Klause auf dem Berg Alaró und das Santuari de Nostra Senyora de Gràcia auf dem Berg Randa.

MAI

Moros y Cristianos, Sóller

Alljährlich wiederkehrende Schaugefechte zwischen Mauren und Christen gibt es in vielen Gegenden Spaniens. Sie finden im Gedenken an die Reconquista und die Auseinandersetzungen zwischen muslimischen und christlichen Truppen zwischen dem 8. und dem 16. Jh. statt. Das Fest in Sóller, das an ein Ereignis aus dem Jahr 1561 erinnert, wird auch »Ses Valentes Dones«, das Fest der tapferen Frauen, genannt. Bei dem Kampf gegen maurische und türkische Freibeuter hatten sich besonders Sóllers mutige Frauen hervorgetan und damit der christlichen Bevölke-

rung den Sieg gesichert und die Plünderung erspart. Das mehrere Tage dauernde Fest ist höchst beeindruckend.
2. Woche im Mai

JUNI

Sant Joan, Muro

Das Fest des hl. Johannes ist vergleichbar den Johannisfesten in anderen Ländern Europas. Um die Dämonen des Winters zu vertreiben, brennen überall Feuer. In Muro wird der Tag zusätzlich mit Theatervorführungen begangen. Am selben Tag steigt in Sant Joan das »Fest der tanzenden Sonne« (»Festa del sol que balla«), u. a. mit einer Vorführung im Schafescheren.
24. Juni

JULI

Virgen del Carmen

Zu Ehren der Schutzpatronin der Seefahrer und Fischer fahren in den Häfen von Andratx, Pollença und Sóller sowie in Cala Figuera und Cala Rajada in der Nacht bengalisch beleuchtete Boote aufs Meer hinaus.
16. Juli

Nit Mallorquina, Calvià

Die mallorquinische Nacht wird in Calvià mit alten Liedern und Volkstänzen ausgiebig zelebriert.
25. Juli

Santa Catalina Tomás, Valldemossa

Das Fest der einzigen offiziellen Heiligen der Insel wird mit Triumphwagen, szenischen Darstellungen und Gesängen lebhaft gefeiert. Besinnlich sind dafür zum Abschluss die Konzerte im Kloster Valldemossa.
28./29. Juli

AUGUST

Nostra Senyora de los Angeles, Pollença

Prozession zu Ehren der »Muttergottes der Engel«. Wer das Schaugefecht im Mai in Sóller nicht erleben konnte, hat hier nochmals die Gelegenheit, die Christen gegen die Mauren siegen zu sehen und dies gründlich zu feiern.

2. August

Sant Bartomeu

Zu Ehren des hl. Bartholomäus gibt es ein Trabrennen in Capdepera, während zeitgleich in Montuïri die Tanzgruppe Els Cossiers den uralten Kampf zwischen Gut und Böse darstellt.

24. August

Festa de S'Estiu, Sant Joan

Wettkämpfe im Steineschleudern zu Ehren von Sant Joan. Es handelt sich um jene alte Sportart, der die Balearen ihren Namen verdanken.

29. August

SEPTEMBER

Der Herbst naht und mit ihm die Feste, die mit der Ernte und – wie sollte es anders sein – dem Essen zu tun haben.

Festa des Meló, Vilafranca de Bonany

Ein einzigartiges Melonenfest, bei dem auch andere einheimische Produkte zu sehen sind. Höhepunkt ist die Prämierung der schwersten Melone, die meist mehr als 30 kg auf die Waage bringt.

2. Sonntag im September

Festa des Vermar, Binissalem

Weinlesefest mit Musik, Tanz und Wagenumzug. Großzügig gehen die Winzer mit ihrem jungen Wein um, den sie aus dem Dorfbrunnen sprudeln lassen.

Letzter Sonntag im September

OKTOBER

Festa des Botifarró, Sant Joan

Gegrillte Blutwürste, Musik, Tanz und Wein in Sant Joan.

1. Sonntag im Oktober

Festa des Bunyol, Petra

Das Fest hat seinen Namen von den typischen Krapfen, den »bunyols«, die in Petra vor allem nach kulturellen und sportlichen Events aufgetischt werden. 🕐 Wer im Spätherbst seine Finca-Ferien macht, kann vielleicht an einem »matança« genannten Schlachtfest teilnehmen. Zu dieser traditionellen Hausschlachtung zieht es selbst Städter zu ihren Verwandten in die Dörfer – für Fremde ist die Einladung zur »matança« eine große Ehre.

Letzter Sonntag im Oktober

DEZEMBER

Navidad

Weihnachten wird ohne Tannenbaum, aber mit großem Essen (und Trinken) gefeiert. Es gibt nur kleine Geschenke für die Kinder, die großen Gaben folgen am Dreikönigstag.

25. und 26. Dezember

Festa de l'Estendard, Palma

An Silvester erinnert Palma mit dem Fahnenfest an die Eroberung der Stadt durch König Jaume I im Jahr 1229. Nach der Abendmesse begeben sich die Leute auf die Straße, um dort mit Musik, Tanz und Feuerwerk – wie es auch auf der übrigen Insel geschieht – das neue Jahr zu begrüßen.

31. Dezember

MIT ALLEN SINNEN
Mallorca spüren und erleben

Reisen – das bedeutet aufregende Gerüche und neue Geschmacks-
erlebnisse, intensive Farben, unbekannte Klänge und unerwartete
Einsichten; denn unterwegs ist Ihr Geist auf besondere Art und Weise
geschärft. Also, lassen Sie sich mit unseren Empfehlungen auf das
Leben vor Ort ein, fordern Sie Ihre Sinne heraus und erleben Sie
Inspiration. Es wird Ihnen unter die Haut gehen!

◀ Die Delikatessen türmen sich übereinander im Mercat de L'Olivar (▶ S. 57) in Palma.

BESONDERE EMPFEHLUNGEN
SEHENSWERTES
Patios in Palma   ⚓ D 4

Nein, lieblich und einladend wirken die Fassaden der Herrenhäuser nicht. Fenster gibt es nur in den oberen Stockwerken. Die wuchtigen Tore aus Eichenbohlen haben Beschläge aus Eisen oder Bronze und sind so hoch, dass ein Reiter bequem hindurch konnte. Doch hinter den ockerfarbenen Mauern und den abwehrenden Portalen tut sich eine bunte Wunderwelt auf. Palmen und Topfblumen stehen im Licht des Innenhofs. Blühende Pflanzen überranken Ziehbrunnen und Ruhebänke. Die Säulen, die Vorflure und Emporen stützen, sind häufig aus rosafarbenem Marmor. Einfache oder doppelläufige Treppen führen an Skulpturen vorbei zu den Obergeschossen. In den Gesellschaftsräumen dort kann man sich gut ganze Tafelrunden ausmalen und die Schüsseln mit dampfenden Gerichten förmlich riechen. In den Räumen ist es angenehm kühl, wenn draußen die Sonne brennt. Und in manchen Patios riecht es auch ein wenig nach Museum. Denn die Herrschaften sind umgezogen. Ihre Häuser werden als Galerien genutzt, sind zu stilvollen Hotels umgebaut worden oder beherbergen städtische Einrichtungen oder Bankfilialen. Zwei der prächtigsten Stadtpaläste, die Casa Oleza und der Palacio Vivot, befinden sich noch in Privatbesitz. Die wertvolle Einrichtung kann jedoch nur nach telefonischer Anmeldung besichtigt werden. Aber es müssen ja nicht immer die bekanntesten Gebäude sein. Zwei, drei

Dutzend äußerst sehenswerte Häuser mit wunderschönen Innenhöfen gibt es zu entdecken. Adelshäuser, die nun von

mehreren Familien bewohnt werden und die deshalb außer Kühle auch Leben ausstrahlen, wo man staunen kann, wie etwa zwischen Säulen und Freitreppen ein kleiner Seat geparkt wird.

🕐 Zu Fronleichnam sind auch sonst verschlossene Patios zu besichtigen. Tel. 971724268 | www.patisdepalma. es | Führungen (auch Deutsch) und Reservierungen: www.mallorcaxperience. com | Preis 14,50 € | Dauer ca. 2 Std.

EINKAUFEN
Mercat de L'Olivar   ⚓ D 4

Es ist mehr, als nur Lebensmittel zu besorgen: Der Bummel über den Markt ist ein Erlebnis für alle Sinne. Fast schon verwirrend für das Auge sind in ihrer Fülle und Vielfalt die Berge von Obst und Gemüse. Orangen aus Sóller, Trauben aus Binissalem, Kakis, die mit ihrer zarten Schale zum Berühren reizen, grüne und lilafarbene Feigen, Zitronen, die verführerisch duften, weil sie erst kurz zuvor gepflückt worden sind, um nur einige der einheimischen Obstsorten zu nennen. Hat man diese

Stände hinter sich gelassen, kommt ein neuer Geruch in die Nase: In großen, mit Eis gefüllten Schalen liegen Fische und Meeresfrüchte. Passend zu den frischen Austern wird dem Besucher zwei Schritte weiter gekühlter Wein, ein Glas Cava oder Champagner angeboten. Und wem das noch nicht genügt, der kann zuschauen, wie man mit einem Spezialmesser fachgerecht den Schinken von der Keule schneidet. Und dann ist da noch Maestro Pepe, der Schokoladenfondant mit Thymian und Lavendel würzt. Klar, das waren nur Appetitanreger. Doch für den Hunger, der sich mittlerweile eingestellt hat, gibt es an jeder Ecke der Fleischhalle eine Bar, die frisch zubereitete Tapas bereithält.

Palma | Plaça de l'Olivar 4 | www.mercatolivar.com | Mo–Sa 7–14.30 Uhr

AKTIVITÄTEN

Fira de Caragol ⬥ E5

Es gibt nichts Schöneres als Mairegen. Er kann recht heftig sein, dauert aber nicht lange. Die Erde dampft und riecht gut, und in der Sonne glitzern nahe den Hecken und Weinfeldern silbrig die Schneckenspuren. In der Ferne sehen Sie vielleicht Einheimische, die nun mit einer Plastiktüte unterwegs sind. Die Kriechtiere gehören zu den Leibspeisen der Mallorquiner. Aber nicht etwa ein Dutzend Schnecken nach französischer Art mit Kräuterbutter und viel Brimborium – auf Mallorca putzen Arbeiter ein, zwei Portionen am Tresen weg, so im Stehen mit einem Glas Roten in der einen und dem Zahnstocher in der anderen Hand, um damit die Weichtiere aus ihren Häusern zu ziehen. Ein Stück Weißbrot gehört immer dazu, weil die Schnecken scharf und ölig sind.

Stellen Sie sich ruhig dazu. Sie werden ins Gespräch kommen und erfahren, wie die Schnecken zubereitet werden, wie sie in einem Tonkrug mit Löchern zwei Tage lang nur Mehl fressen dürfen oder eben fasten müssen; dass später beim Kochen Fenchelkraut und Peperoni hinzukommen. Ganz sicher aber ist, dass am 19. Mai in Sant Jordi die »Fira de Caragol« stattfindet. Bei der Messe dreht sich alles um die mallorquinischen Schnecken, die, anders als die größeren Weinbergschnecken Mitteleuropas, nicht unter Naturschutz stehen, es gibt Schneckengerichte, Schneckenwettrennen und Musikumzüge.

Sant Jordi

Mandelblüte: Schnee auf den Ästen

Es gibt viele gute Gründe für einen Besuch außerhalb der Saison. Einer könnte mit den Mandelbäumen zu tun haben. Ein paar Millionen stehen auf der Insel, und wenn sie zwischen Januar und März blühen, tauchen sie die Landschaft in ein weißes Blütenmeer. Aus der Ferne betrachtet hat es dann den Anschein, als läge Schnee auf den Zweigen. Wandelt man zwischen den Bäumen, fängt die Nase einen lieblichen Duft ein. Ist die Mandelblüte ein Ereignis, das man nicht verpassen sollte, so hat auch die Mandelernte ihren Reiz. Zwar rütteln in der Mehrzahl Maschinen die reifen Steinfrüchte von den Bäumen, doch immer noch gibt es Bauern, die diese Arbeit mit langen Schilfstangen verrichten. Es versteht sich, dass dabei die ganze Familie mithilft. Interessierte Finca-Gäste oder Besucher, die im September zur Stelle sind, können sicher mitmachen. Wenn der fremde Erntehelfer zwischendurch die

eine oder andere Mandel knackt, wird er feststellen, was die »almendra Mallorquina« so besonders macht: Zugegeben, etwas kleiner ist sie, schmeckt aber sehr viel süßer und aromatischer als ihre Konkurrentin aus Kalifornien.

FESTE FEIERN

Musikfestival Pollença   F2

Der Name der Insel steht für vieles. Dass die Besucher der Sonne und der Sandstrände wegen kommen, ist seit Langem bekannt. Dass sie vermehrt auch Interesse an Mallorcas musikalischer Tradition zeigen, ist nicht zuletzt dem Festival von Pollença zu verdanken. Veranstaltet werden die Festspiele seit nunmehr gut einem halben Jahrhundert, und zwar im August. Zum Programm gehören neben Werken von Mozart, Verdi und Strawinsky auch Kunstausstellungen oder Abende, an denen Filme gezeigt werden, in denen die Musik eine besondere Rolle spielt. Alle Konzerte finden im Kreuzgang des Klosters Santo Domingo statt. Alle? Ein Experiment war es, als der Festivaldirektor Joan Valent sich dazu entschied, mit dem »World Orchestra« ein Konzert auch auf die Straßen von Pollença zu bringen. Die Reaktion fiel dermaßen gut aus, dass dieser Programmpunkt nun wiederholt wird.

www.festivalpollenca.com | Karten bei www.ticketmaster.es | Tel. 9 02 15 00 25 | oder im Festivalbüro (C/. Guillem Cifre de Colonya, Tel. 9 71 53 40 11, E-Mail: info@festivalpollenca.com) | Tickets 20–50 €

Der Kreuzgang von Santo Domingo bildet den besonderen Rahmen für das Internationale Festival für Klassische Musik in Pollença (▶ S. 59). Die gute Akustik der Bühne findet dabei viel Lob.

Die Molí d'en Garleta in Palma (▶ S. 62) beherbergt ein kleines Windmühlenmuseum.

MALLORCA
ERKUNDEN

PALMA

Die »Perle des Mittelmeers« wird von ihren Bewohnern schlicht und selbstbewusst »La Ciutat« – die Stadt – genannt. Besonders in den Abendstunden zeigt sie sich in ihrer ganzen architektonischen Pracht.

Viel gibt es zu sehen in der Inselhauptstadt, die auf eine 2000-jährige Geschichte zurückblicken kann. Palma ist eine richtige Großstadt, aber immer noch gut überschaubar. Schnell gelangt der Besucher von den breiten Zufahrtsstraßen und den sonnigen Plätzen in die anheimelnden Gassen der Altstadt, wo die Sehenswürdigkeiten auf engem Raum stehen.

ZEUGNISSE DER MAUREN

Gegenüber der Kathedrale La Seu erhebt sich der Almudaina-Palast, einstmals Festung der arabischen Herrscher, später Residenz der Mallorquiner Könige. Auch der Bogen eines alten Stadttors und die Arabischen Bäder am Rande der Altstadt sind Überbleibsel der maurischen Vergangenheit. Durch die Gassen mit ihren Geschäften, Wohnungen und Werkstätten weht ein Hauch des späten Mittelalters. Viele der Häuser, meist

◄ Die Plaça Major bildet den Mittelpunkt der Fußgängerzone von Palma (▶ S. 63).

Die großen Buchten im Norden
Serra de Tramuntana
Die ländliche Inselmitte
Palma
Die Hügel und Calas im Osten
Der stille Süden

Stadtpaläste des Adels, wurden im 13. Jh. errichtet. Die Fassaden sind schlicht, doch hinter den wuchtigen Toren verbergen sich die zauberhaften Mallorquiner Patios mit ihren Ziehbrunnen und Palmen.

Von Palmas ältester Kirche Santa Eulària aus dem 13. Jh. ist es nicht weit zum Kloster Sant Francesc, dessen gotischer Kreuzgang als größter und schönster Europas gilt. Und vom klassischen Teatre Principal ist es nur ein Katzensprung zum Jugendstilbau des Gran Hotel an der Plaça Weyler. An der nahe gelegenen Plaça Rei Joan Carles I stoßen die Geschäftsstraßen Avinguda Jaume III und der Passeig des Born zusammen. Die Flaniermeile führt bis zum Hafenrund der Badia de Palma. Am Anfang des Hafenboulevards steht die gotische Warenbörse Sa Llotja aus längst vergangenen Zeiten, als Palma noch die Handelsmetropole des Mittelmeers war. Nun finden sich hier, da nun der Tourismus das Hauptgeschäft ist, viele Bars, Kneipen und Restaurants.

Am Ende der Uferstraße, hoch über der Stadt, erhebt sich das Castell de Bellver. Der runde Festungsbau bietet – seinem Namen alle Ehre machend – die schönste Aussicht auf die »Perle des Mittelmeers«.

🕐 Der ideale Zeitpunkt hierfür ist übrigens frühmorgens, wenn die Gassen der Altstadt besprenkelt wurden und die Luft frisch riecht.

PALMA

 D 4

Stadtplan ▶ Klappe hinten
428 000 Einwohner

SEHENSWERTES

❶ Almudaina

Die Geschichte dieses Palasts ist die Geschichte der Stadt: ehemals Festung der arabischen Herrscher, später Residenz der Mallorquiner Könige, danach Sitz des Inselgouverneurs und schließlich der balearischen Militärkommandan-tur. Vor dem gotischen Bauwerk stehen wuchtige Kanonen, und auf einem der vier Türme hält ein Bronzeengel Wacht. Der kürzlich renovierte Südteil mit dem prächtigen Thronsaal ist zur Besichtigung freigegeben, sofern nicht König Juan Carlos gerade auf Mallorca weilt und den Palast für Empfänge nutzt.

Palacio de la Almudaina | C/. Palau Reial s/n | Tel. 9 71 21 41 34 | April–Sept. Di–So 10–20, Okt.–März 10–18 Uhr | Eintritt 7 €

➋ Banys Àrabs (Arabische Bäder)

Zwölf elegante und malerisch bröckelnde Säulen tragen das Gewölbe, in dem sich im 10. und 11. Jh. ein Dampfbad befand. Angeblich wurden die Bäder, die auch der Reinigung des Geistes dienen sollten, später als Stall benutzt, wofür auch die im unteren Drittel abgenutzten Säulen sprechen würden.

C/. Serra 7 | Tel. 6 37 04 65 34 | Nov.–März 9.30–17.30 Uhr | Eintritt 2,50 €, Kinder frei

Castell de Bellver

▶ Klappe hinten, westl. a 6

Das »Schloss der schönen Aussicht«, Anfang des 14. Jh. erbaut, liegt im Westen der Stadt. Durch Gassen und Gärten der ehemaligen Villengegend El Terreno gelangt man zum 112 m hohen Schlosshügel. Der für ein Kastell ungewöhnliche kreisrunde Bau, von Gräben und Wällen umgeben und mit drei Wachtürmen bewehrt, ist durch eine steinerne Brücke mit dem vierten, außerhalb der Festung gelegenen »Turm der Ehre« verbunden. Besucher können ihn über den Zugang im zweiten Stock erreichen, um von dort aus weit über Palma hinaus ins Land und aufs Meer zu schauen. Im Untergeschoss des königlichen Sommersitzes, der auch über Jahrhunderte als Kerker diente, befinden sich die Räume des **Museums für Stadtgeschichte**. Im Innenhof mit sei-

nen eleganten, verspielten Bogenhallen werden im Sommer Gitarren- und Kammermusikkonzerte veranstaltet.

🕓 Am späten Nachmittag tauchen die Strahlen der untergehenden Sonne Palmas Häusermeer in sanft goldenes Licht.

C/. Camilo José Cela | Tel. 9 71 73 50 65 | Burg Mo 8.30–13, Di–Sa 8.30–20 (Winter bis 18), So, feiertags 10–20 Uhr (Winter bis 18 Uhr), Museum Sa, So geschl. | Eintritt 4 €, Kinder frei

➌ Consolat de Mar

Die Flaggen über der eindrucksvollen Fassade weisen schon auf den offiziellen Charakter des Gebäudes hin. Hier hat der Präsident der balearischen Regierung sein Büro, hier tagen die Parlamentarier mit Blick auf den Hafen und das Meer. Wie passend zum Namen des Hauses, denn einst beherbergte es eine Seefahrerschule, später das Seehandelsgericht. Was sehr praktisch war, wenn es nebenan in der Seehandelsbörse Sa Llotja Streitigkeiten gab. Beide Gebäude stammen aus dem 15. Jh. Der Garten, der sie verbindet, wurde jedoch erst Ende des 19. Jh. angelegt.

Passeig Sagrera | Tel. 9 71 71 60 92

Plaça de Toros de Palma

▶ Klappe hinten, östl. f 1

Nein, Stierkämpfe, dies gleich vorab, finden hier so gut wie gar nicht mehr statt. Abreißen kam nicht infrage, denn die vor ungefähr 100 Jahren vom Architekten Gaspar Bennazar errichtete Arena ist denkmalgeschützt. Also wird sie stattdessen für Großveranstaltungen genutzt – mit Erfolg. Als Musiker wie Joe Cocker und Mike Oldfield auftraten oder als es um »Wetten, dass …?« ging, waren die rund 12 000 Plätze schnell ge-

Can Joan de S'Aigo

Wenn Sie nach einem Spaziergang durch die Altstadt eine Pause machen wollen – dann am besten hier: in Palmas ältester Chocolatería, die seit dem Jahr 1700 existiert (▶ S. 12).

füllt. Und genauso wird es auch sein, wenn hier mal wieder, wie schon geschehen, anstelle von Blut nur Tennisbälle ihre Spuren im Sand hinterlassen.

Av. de l'Arquitecte Gaspar Bennazar 34 (nordöstl. des Zentrums) | Tel. 971751634

④ S'Hort del Rei (Königsgarten)

Als der Almudaina-Palast noch eine arabische Zitadelle war, umspülten die Meereswellen seine Mauern. Viel mehr als ein großer Bogen (Arc de la Drassana Musulmana), durch den die Schiffe fahren konnten, ist aus jenen Tagen nicht geblieben. Dafür wurde der königliche Park durch eine Miró-Skulptur bereichert. Das Werk heißt »Persönlichkeit« (»Personatge«) und hat an der richtigen Stelle eine Öffnung, durch die Spaziergänger gern ihren Kopf stecken.

Av. d'Antoni Maura/Costa de la Seu

⑤ Sa Llotja (La Lonja)

Als Kaiser Karl V. die alte Warenbörse erblickte, die Spitzbogenfenster und die zinnenbewehrten Türme, die Wasserspeier und die Engelsfigur über dem Hauptportal, glaubte er vor einer Kirche zu stehen. Vielen Touristen wird es ebenso ergehen. Doch ein Blick in den großen Saal schafft Klarheit. Die Llotja dient nunmehr als Raum für wechselnde Ausstellungen und festliche Ereignisse. In seiner langen Geschichte wurde das gotische Meisterwerk aus dem 15. Jh. aber auch schon für Karnevalsveranstaltungen genutzt.

Pl. Llotja (am Passeig de Sagrera) | Di–Sa 11–14, 17–21, So 11–14 Uhr | Eintritt frei

Poble Espanyol ▶ Klappe hinten, westl. a 5

Zu diesem bekannten Themendorf ist im Jahr 2009 das Nuevo Pueblo Español

Palmas ehrwürdige Kathedrale La Seu (▶ MERIAN TopTen, S. 66). Mit dem Bau des dreischiffigen Gotteshauses wurde unmittelbar nach der Vertreibung der Mauren im 13. Jh. begonnen.

hinzugekommen, mit Kongressräumen, Restaurants, Cocktailbars und Alhambra-Lounge. An den Bezeichnungen erkennt man schon: Es handelt sich um eine Art Eventdorf. Das alte Poble Espanyol, das »spanische Dorf«, besteht aus einigen Dutzend Nachbauten berühmter spanischer Bauwerke im Kleinformat. Manchmal kann man Kunsthandwerkern bei der Arbeit zusehen.

C/. Poble Espanyol 55 (im Westen von Palma) | Tel. 971737070 | April–Okt. 10–19, Nov.–März 9–17 Uhr | Eintritt 6 €, Kinder 3 €

6 Santa Eulària

Schon früh nach der Eroberung wurde mit dem Bau dieser Kirche begonnen, die Fertigstellung dauerte Jahrhunderte. Der Legende zufolge soll ein verliebter Mann der Dame seines Herzens hoch zu Ross bis zum Altar dieser Kirche gefolgt sein, wo ihm dann eine religiöse Erweckung widerfuhr. Aus besagtem Heißsporn wurde der Gottesdiener und Denker Ramon Llull.

Pl. Eulària

7 Sant Francesc

Der große mallorquinische Gelehrte Raimundus Lullus, so Ramon Llulls latinisierter Name, liegt in dieser Kirche begraben, die wie so viele Gotteshäuser der Insel auf den Fundamenten einer Moschee steht. Das Konvent wurde 1232 gegründet, die gotische Kirche ein halbes Jahrhundert später errichtet. Das Denkmal vor dem reich geschmückten Portal zeigt einen anderen Großen der Insel: Juniper Serra, der von Mallorca nach Kalifornien zog und dort 21 Missionsstationen gründete – aus einer wurde die Metropole San Francisco.

Pl. Sant Francesc

⭐ La Seu (Kathedrale)

Am Anfang dieses herausragenden Beispiels gotischer Architektur stand ein Gelübde, das König Jaume I vor der Schlacht gegen die arabischen Herren der Insel abgegeben haben soll: Ein stolzes Haus wolle er »zur Ehre der Heiligen Jungfrau Maria« errichten. Nach dem Sieg wurde 1230 der Grundstein auf den Ruinen der Hauptmoschee gelegt. Die Fertigstellung der Kathedrale dauerte 300 Jahre. Anfang des 20. Jh. durfte auch Antoni Gaudí, der Genius des katalanischen Jugendstils, Hand anlegen. Seine Änderungen, die mit Überflüssigem »aufräumten«, gaben dem Innenraum Klarheit und Weite. Voll zur Geltung kamen nun die schlanken Säulen, die das 44 m hohe Dach des Mittelschiffs tragen.

Eine weitere Neuerung schuf Mallorcas berühmter Künstler Miguel Barceló, der die Capilla del Santísimo gestaltete. Sein Werk, ein Wandrelief aus Keramik, das die wundersame Vermehrung von Brot und Fisch darstellt, wurde 2007 in Anwesenheit des spanischen Königspaars eingeweiht.

Bewundert wird vor allem die natürliche Beleuchtung des Gotteshauses. Farbenprächtig fallen die Sonnenstrahlen

Das Weihnachtslied der Sibylle

Am 24. Dezember ist in Mallorcas Kirchen vor der Mitternachtsmesse der frühmittelalterliche »Cant de la Sibil·la« zu hören – besonders schön in der Kathedrale La Seu (▸ S. 12).

durch Tausende bunte Einzelscheiben und machen das mächtige Bauwerk zu einer wahrhaftigen Kathedrale des Lichts. Allein das große Rosenfenster besteht aus insgesamt 1236 Glasstücken. Außen wird die schiere Größe – La Seu ist 120 m lang – durch die rippenartigen Strebepfeiler und den warmen Sandton der Steine gemildert. Besonders eindrucksvoll ist der Anblick am Abend, wenn sich die Fassade im Wasser des Parc de la Mar spiegelt.

🕘 Kommen Sie am besten um ca. 10 Uhr, wenn die Sonne durch das große Rosenfenster fällt und den Innenraum mit einem besonderen Licht erfüllt.

Besichtigung durch das Kathedralenmuseum | Pl. de l'Almoina | Mo–Fr 10–18, Sa 10–14 Uhr | Eintritt 6 €, Kinder bis 10 J. frei

MUSEEN UND GALERIEN

Es Baluard – Museu d'Art Modern i Contemporani ▶ Klappe hinten, westl. a 5

Das 2004 eröffnete Kunstmuseum, integriert in der alten Stadtmauer, beherbergt Klassiker der Moderne wie Miró und Picasso, daneben zeitgenössische Meister wie Kiefer und Baselitz. Fantastischer Blick auf den Hafen.

Pl. Porta de Sta. Catalina | www.esbaluard.org | Di–Sa 10–20, So 10–15 Uhr | Eintritt 6 €, Kinder frei

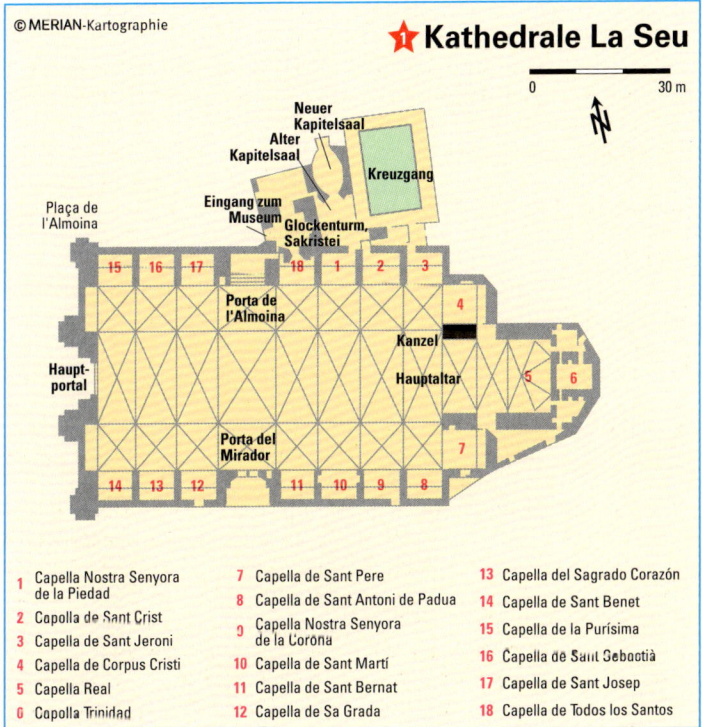

© MERIAN-Kartographie

⭐ **Kathedrale La Seu**

0   30 m

Neuer Kapitelsaal
Alter Kapitelsaal
Kreuzgang
Plaça de l'Almoina
Eingang zum Museum
Glockenturm, Sakristei
Porta de l'Almoina
Kanzel
Hauptportal
Hauptaltar
Porta del Mirador

1	Capella Nostra Senyora de la Piedad	7	Capella de Sant Pere	13	Capella del Sagrado Corazón
2	Capella de Sant Crist	8	Capella de Sant Antoni de Padua	14	Capella de Sant Benet
3	Capella de Sant Jeroni	9	Capella Nostra Senyora de la Corona	15	Capella de la Purísima
4	Capella de Corpus Cristi	10	Capella de Sant Martí	16	Capella de Sant Sebastià
5	Capella Real	11	Capella de Sant Bernat	17	Capella de Sant Josep
6	Capella Trinidad	12	Capella de Sa Grada	18	Capella de Todos los Santos

⑧ Casal Solleric (Palau Morell)

Der Stadtpalast aus dem 18. Jh. mit schönem Innenhof dient als Ausstellungsraum für zeitgenössische Kunst.
Passeig del Born 27 | Di–Sa 11–14, 15.30–20.30, So 11–14.30 Uhr | Eintritt frei

⑨ Centre de Cultura Sa Nostra

Das Kulturzentrum in einem Stadtpalast aus dem 18. Jh. zeigt in wechselnden Ausstellungen Bilder, Schmuck und Fotografien, bildet aber auch den Rahmen für Konzerte, Kongresse und Vorträge.
C/. Concepció 12 | Mo–Sa 11–20 Uhr | Eintritt frei

⑩ Fundació La Caixa

Die Stiftung der Sparkasse befindet sich im Gran Hotel, einem Jugendstilgebäude. Im Obergeschoss hängen die Werke des Malers Hermen Anglada-Camarasa.

Pl. Weyler 3 | Mo–Sa 10–21, So 10–14 Uhr | Eintritt frei

⑪ Fundació Joan March (Museu d'Art Espanyol Contemporani)

Die Sammlung des Mallorquiner Bankiers umfasst Werke der Moderne, darunter von Picasso, Dalí und Joan Miró.
C/. Sant Miquel 11 | Mo–Fr 10–18.30, Sa 10–14 Uhr | Eintritt frei

⑫ Galerie Mensing

Auf Sylt, in München und weiteren Städten gab es sie bereits: die Galerie Mensing. Nun auch auf Mallorca. Die Spanne reicht von Meistern der Moderne wie Dalí und Marc Chagall bis zu Künstlern der 3D-Pop-Art wie dem New Yorker Charles Fazzino.
C/. Colón 8 | www.galerie-mensing.de | Mo–Sa 10–18, So 11–18 Uhr

Das großzügige Terrassencafé des Museums für moderne und zeitgenössische Kunst Es Baluard (▶ S. 67). Die Sammlung ist in einer Eckbastion der Renaissancestadtmauer untergebracht.

13 Museu de Mallorca

Eine Sammlung von archäologischen Funden und Kunstgegenständen aus dem Mittelalter und neuerer Zeit.

C/. Portella 5 | Di–Fr 10–18, Sa 11–14 Uhr | Eintritt 2,50 €

ÜBERNACHTEN

Die meisten Touristen entschließen sich nur zu einem Tagesbesuch und kehren danach wieder zu ihrem Hotel in Strandnähe zurück. Wer die Stadt besser kennenlernen will, findet in folgenden Häusern eine Unterkunft:

14 Born

Nostalgisch mit Innenhof – Das im Zentrum gelegene, attraktive Herrenhaus stammt aus dem 16. Jh.

C/. Sant Jaume 3 | Tel. 971712942 | www.hotelborn.com | 29 Zimmer | €€

15 Ca Sa Galesa

Klein, aber sehr fein – Ehemaliger Stadtpalast mit Innenhof, Dachterrasse und Pool. Die Räume sind mit wertvollen Antiquitäten ausgestattet.

C/. de Miramar 8 | Tel. 971715400 | www.palaciocasagalesa.com | 12 Zimmer bzw. Suiten | ♿ | €€€€

Corona ▸ Klappe hinten, östl. a 6

Für ein alternatives Publikum – Hostal im Vergnügungsviertel El Terreno, bestens geeignet für Nachtschwärmer.

C/. Josep Villalonga 22 | Tel. 971731935 | www.hostal-corona.com | 9 Zimmer | €

16 Hotel San Lorenzo ▸ S. 25

17 Hotel Tres

Cool und geschmackvoll – Designhotel im Zentrum; zum umgebauten Stadtpalast gehören ein netter Innenhof und eine Dachterrasse mit Sauna.

C/. Apuntadors 3 | Tel. 971717333 | www.hoteltres.com | 41 Zimmer | €€€€

Palladium ▸ Klappe hinten, nördl. a 1

Modern und in bester Lage – Solides Stadthotel, in dem auch gern spanische Geschäftsleute nächtigen.

Passeig de Mallorca 40 | Tel. 971712841 | www.hotelpalladium.com | 53 Zimmer | €€€

Stay Catalina 🚩 ▸ Klappe hinten, westl. a 3

Neu und durchdacht – Ein Mittelding zwischen Boutique- und Apartmenthotel im Catalina-Viertel. (▸ S. 17)

C/. Bayarte 14 | Tel. 601182881 | www.staycatalina.com | 5 Zimmer | €€€

ESSEN UND TRINKEN

RESTAURANTS

Es Baluard ▸ Klappe hinten, westl. a 5

Mallorquinische Interpretationen – Küchenchef Joan Torrens kennt und interpretiert die mallorquinische Küche wie kaum ein anderer: gebratene Entenbrust mit Olivensauce, Kaninchenrücken mit Marzipan oder Lammschulter mit Sobrassada und Auberginen. Die Zutaten kommen frisch vom Markt.

Pl. Porta Sta. Catalina 10 | Tel. 871234954 | www.restaurantesbaluard.com | Mo–So 10–24 Uhr | €€€

18 Bon Lloc

Ohne Fleisch, doch mit Stil – Für die Freunde vegetarischer Kost bereitet Juanjo täglich ein Menü, ausgewogen und nur mit Produkten der Insel.

C/. Sant Feliu 7 | Tel. 971718617 | www.bonllocrestaurant.com | Mo–Sa 13–16, Do–Sa 19.30–22.30 Uhr | €€

1986 eröffnete Juanjo Ramírez Barbero mit dem Bon Lloc (▶ S. 69) das erste rein vegetarische Restaurant in Palma. Auf den Teller kommen ausschließlich saisonale Produkte vom Markt.

Can Eduardo ▶ Klappe hinten, westl. a 5

Fisch frisch von der Mole – Seit einem halben Jahrhundert werden hier im ersten Stockwerk der Fischhalle an der Mole Meerestiere zubereitet, etwa Zackenbarsch auf Mallorquiner Art mit Gemüse und Pinienkernen.

Indústria Pesquera 4, Fischermole | Tel. 971721182 | www.caneduardo. com | Mo–Sa 13–23, So 13–15.30 Uhr | €€€

⑲ Can Frasquet

Modernisiertes Bistro – Palmas älteste Confitería ist nun ein Bistro, in dem neben französischer Küche weiterhin einige der hauseigenen Spezialitäten aus alter Zeit angeboten werden. (▶ S. 18)

C/. Orfila 4 | Tel. 971721354 | www. canfrasquet.es | Mo–Sa 11.30–0.30 Uhr | €€

Celler Sa Premsa ▶ Klappe hinten, nördl. d 1

Mallorcas Traditionslokal – Zwischen mächtigen Weinfässern und Stierkampfplakaten wird mallorquinische Hausmannskost aufgetischt.

Pl. Bisbe Berenguer de Palou 8 | Tel. 971 723529 | www.cellersapremsa.com | Mo–Sa 12–16, 19.30–23.30 Uhr | €€

⑳ Es Parlament

Speisen wie die Volksvertreter – Natürlich kommen nicht nur Abgeordnete – die aber auch, denn das Balearen-Parlament liegt gleich nebenan. In den altehrwürdigen Räumen wird eine gute mallorquinische Küche geboten: z. B. Lamm, Spanferkel und Reisgerichte, darunter die »paella negre«, die ihre Farbe dem Tintenfisch verdankt.

C/. Conquistador 11 | Tel. 971726026 | Mo–Fr 13–16, 20–23 Uhr | €€€

Insólito ▶ Klappe hinten, westl. a 5

Exotische Häppchen – Der Name weist darauf hin: »insólito«, ungewöhnlich, ist schon das Ambiente. Neben der klassischen Kombination Tisch und Stuhl gibt es Stehtische und Barhocker. Anders als üblich sind auch die Tapas, mal gehen sie in Richtung Thailand, dann wieder nach Frankreich. Aber wer sagt denn, dass Tapas immer spanisch daherkommen müssen, zumal wenn der Chef aus Paris kommt.

C/. La Barrera de Baix 27 | Tel. 9 71 28 28 83 | Mo–Sa 12–16, 19.30–24 Uhr | €€

La Golondrina 🚩 ▶ Klappe hinten, westl. a 3

Chili sin Carne – Alle Gerichte, Kuchen, Salate und Nachspeisen sind ohne tierische Produkte zubereitet. (▶ S. 18)

C/. Sant Magí 60 | Tel. 9 71 90 25 95 | www.golondrina-palma.com | Mo 19–1, Mi, Do 12–16, 19–1, Fr, Sa 12–1 Uhr | €€

21 La Taberna del Caracol

Leckere Kleinigkeiten – Auf den Tisch kommen nicht nur Schnecken (»caracoles«) Bourguignon mit Kräuterknoblauchbutter gratiniert, sondern auch andere leckere Tapas und Fischgerichte zu angemessenen Preisen. Eine Reservierung wird dringend empfohlen.

C/. Sant Alonso 2 | Tel. 9 71 71 49 08 | www.tabernacaracol.com | Di–Sa 12–15, Mo–Sa 19.30–23 Uhr | €€

Reserva Ibérica 🚩
▶ Klappe hinten, nördl. e 1

Schinken und Champagner – Ja, das passt zusammen, und zwar ganz ausgezeichnet, wenn es sich um frisch von der Keule geschnittenen Jamón Ibérico aus den Regionen Guijuelo und Jabugo des spanischen Festlands handelt. Je-denfalls war das die Idee des Besitzers Antonio Hidalgo. Neben diesen Leckerbissen in Begleitung von Wein oder eben Champagner bietet er normale Tapas sowie ein günstiges Tagesmenü. Kurzum: Mit dem Konzept Schinkenfachgeschäft plus Restaurant schließt Reserva Ibérica eine Lücke in Palmas neuer Feinschmeckermeile.

C/. Blanquerna 8 | Tel. 9 71 78 17 26 | www.reservaiberica-mallorca.com | tgl. 11–15.30, 17–23 Uhr | €€–€€€

22 Simply Fosh

Einfach, aber sehr gut – Namensgeber Marc Fosh nennt sein Konzept »eine abgespeckte und budgetfreundliche Variante der Mittelmeerküche«. Mit anderen Worten: Auf den Gast warten frische, gesunde Speisen, exquisit, doch erschwinglich. Das Restaurant befindet sich im Hotel Convent de la Missió.

C/. de la Missió 7 a | Tel. 9 71 72 01 14 | www.simplyfosh.com | tgl. 13–15, 19.30–22 Uhr | €€€€

CAFÉS UND EISDIELEN

23 Ca La Seu

Alt, richtig alt war der Laden für Korbwaren und sehr beliebt. Doch irgendwann war Schluss. Auferstanden aus den mittelalterlichen Mauern ist Ca La Seu als stimmungsvolles Café und Tapas-Bar. Die Gäste sitzen an Marmortischchen, und ringsum an den Wänden erinnern Körbe aus Espartogras an die frühere Bedeutung des Lokals. Ein perfekter Platz, um sich beim Frühstückskaffee oder bei Bier und Wein plus Tapas am Abend ein wenig in die Stadtgeschichte einzufühlen.

C/. Corderia 17 | Mo–Do 10–1, Fr, Sa 19.30–2 Uhr

24 Can Joan de S'Aigo 👫

Die älteste Chocolatería Palmas existiert bereits seit dem 18. Jh. Das Traditionslokal ist bei den Einheimischen – vor allem bei Familien – sehr beliebt, nicht selten bilden sich lange Warteschlangen vor der Tür.

C/. Can Sanç 10 | Tel. 971710759 | Mi–Mo 8–21 Uhr

25 Giovanni L.

Eis mit Pfiff: Lange hatte Giovanni Lasagna mit neuen Aromen experimentiert. Im Sommer 2013 war es dann so weit. Der mit vielen Preisen ausgezeichnete Eismacher präsentierte seine neueste Kreation: das Sobrassada-Eis. Grundlage ist das ursprüngliche Rezept seines Großvaters. Doch den besonderen Pfiff bringt die Paprikawurst von Mallorcas schwarzen Schweinen.

C/. Jaume II | www.giovannil.de

BARS UND KNEIPEN

26 Bar Ábaco

Wer die Flügeltüren dieses Patrizierpalasts aufstößt, glaubt sich sogleich in eine Filmkulisse versetzt: Berge von Früchten, dazu Blumen, Kerzenschimmer, klassische Musik – und Gäste, die wie Komparsen mit einem Cocktail in der Hand umherwandeln.

C/. Sant Joan 1 | Tel. 971714939 | www.bar-abaco.es | tgl. ab 20 Uhr

27 Bar Bosch

Palmas klassischer Treffpunkt für ein bunt gemischtes Publikum: Geschäftsleute, Studenten und Touristen, und zwar von morgens bis nach Mitternacht. Kaffee trinken, Tapas essen und gucken. Fast unverändert seit mehr als 75 Jahren – so kann es bleiben.

Pl. Rei Joan Carles I | Tel. 971721131 | www.barbosch.es | Mo–Sa 7–2, So 8–1 Uhr

28 Bar Cucú

Hier gibt's Tapas und »pinchos« – Letztere« sind kleine Gerichte, die mit einem Spieß aus Holz zumeist auf einem Brötchen serviert werden. Diese leckeren Häppchen oder eben auch die gewohnten Tapas bietet Massimo Totto hier seinen Gästen an. Üblicherweise nimmt man einen Teller und sucht sich an der Theke das Gewünschte aus. Alle Speisen sind hausgemacht, sehr gut und preisgünstig. Empfehlenswert sind auch der Kaffee und der Cappuccino. Das kleine, aber feine Lokal liegt an der Plaça Major nahe der Treppe zur Rambla.

Plaça Major 3 | Tel. 971712827

29 Café Lirico

100 Jahre alt, von außen eher unscheinbar, doch innen voller Flair und junger Leute. Sehr guter Kaffee.

Av. d'Antoni Maura 6 | Tel. 971721125 | Mo–Sa 7.30–24 Uhr

30 La Bodeguita del Medio

Der berühmten Hemingway-Bar in Kubas Hauptstadt Havanna nachempfunden, hier trinkt man im Flair der Karibik stilgerecht des Meisters Lieblingsdrink »Mojito«. Am Wochenende sehr voll.

C/. Vallseca 18 | tgl. 20–4 Uhr

31 La Rosa Vermutería 🚩

Die etwas andere Tapas-Bar: Das Lokal sieht aus wie eine traditionelle Tapas-Bar und ist doch mehr. Schließlich gibt es hier den Wermut »Yzaguirre« sogar aus dem Zapfhahn. (▶ S. 18)

C/. de la Rosa 5 | Tel. 971778929 | tgl. 12–16, 20–24 Uhr

Der platanenbestandene Passeig des Born (▶ S. 73) ist die zentrale Flanier- und Shoppingmeile der Inselhauptstadt. Ursprünglich befand sich hier der Wassergraben vor der Stadtmauer.

㉜ Lo Divino

Nicht zu verwechseln mit der Diskothek El Divino am Passeig Marítimo. Kleiner, feiner und viel ruhiger geht es in diesem Mix aus Bodega, Bar und Restaurant zu: einen der ausgewählten Weine trinken, dazu Jazzmusik hören – und wenn der Hunger kommt, eine Platte guten Schinken bestellen …
C/. Carme 19 (rechts der Rambla) | Tel. 971726256 | www.lodivino.com | Mo–Sa 12–16, 19–24 Uhr

Shamrock ▶ Klappe hinten, westl. a 5

Wechselnde Livebands, die Soul, Funk und Rock der 1960er- bis 1980er-Jahre spielen. Und weil der Laden Shamrock heißt, hört man gern irische Musik.
Av. de Gabriel Roca 3 (am Passeig Marítimo) | Tel. 971735962 | tgl. 12–5 Uhr, ab Mitternacht Eintritt frei

Wine Industry ▶ Klappe hinten, westl. a 3

Ivan Gonzales bietet eine Auswahl von 100 Weinen, dazu gibt's kleine warme Speisen oder kalte Platten. (▶ S. 18)
C/. de Pou 31 | Tel. 971902179 | www. wineindustry.es | Mi–Mo 18–24 Uhr

EINKAUFEN

Die großen und eleganten Geschäfte liegen an der Avinguda Jaume III und am Passeig des Born, die kleineren in den traditionellen Einkaufsstraßen Sant Miquel und Sindicat, die interessantesten Läden im Treppenviertel zwischen der Plaça Major und der Kathedrale. Vertreten sind darüber hinaus, oft mit mehreren Filialen, die erfolgreichen, aus Barcelona stammenden Marken Custo, Desigual und Mango sowie die galicische Modekette Zara mit dem Ableger Massimo Dutti. So weit, so normal für eine Metropole. Warum aber nicht mal einen Flohmarkt besuchen? Der **Rastrillo** auf dem Freizeitgelände Son Fusteret zieht am Samstagvormittag ein buntes Publikum an. Neben den Ständen mit Kitsch und den üblichen Waren fragwürdiger Herkunft findet der geübte Sammler womöglich Dinge, die einen zweiten Blick wert sind.

BÜCHER
33 Dialog

Deutsche Buchhandlung mit großer Auswahl an Belletristik und Sachbüchern. Besonders umfangreich ist das Angebot an Titeln, die sich mit Mallorca beschäftigen, vom Bildband über das Kochbuch bis zum Wanderführer. Mit angeschlossenem Café.

C/. Santa Magdalena 3 | Tel. 971 66 63 31 | Mo–Fr 11–14, 16.30–20, Sa 10–14 Uhr

DELIKATESSEN
34 Colmado Santo Domingo ▸ S. 43

35 Mallorca Delicatessen Mateu Pons 🚩

Die Marke steht für hochwertige mallorquinische Produkte, die nach überlieferten Rezepten zubereitet wurden. Das Geschäft am Durchgang von der Plaça Major zur Carrer Colón wirkt sehr einladend. Das Sortiment ist groß: Es reicht von Alioli-Saucen über native Olivenöle und Konfitüren bis zu Sobrassada-Würsten von den Porc-Negre-Schweinen. All das wird in geschmackvoller Verpackung präsentiert, was auch für die Feinkostpakete gilt, die man in hellen Holzkisten erwerben kann.

Pl. Marques del Palmer 7 | Tel. 971 22 82 67 | www.mallorcadelicatessen.com | Mo–Sa 9.30–21 Uhr

Mallorquinische Naschkatzen sind sich einig: Die besten Pralinees und Bonbons gibt es in der Bombonieria La Pajarita (▸ S. 75). Schon der Laden selbst ist eine Sehenswürdigkeit.

36 Horno Santo Cristo

Seit über 150 Jahren werden hier »ensaïmadas« gebacken, glaubt man dem Volksmund, die besten der Stadt. Wer sich lieber auf die Brüsseler Bürokraten verlässt: Auch diese Bäckerei, wie viele andere auf Mallorca, darf ihr Produkt mit dem Siegel »Ensaïmada de Mallorca – Consell Regulador Denominació Específica« schmücken. Was bedeutet, dass es ohne die Verwendung von Tiefkühlteig und ausschließlich aus lokalen Zutaten gebacken wurde.

C/. Paraires 2 | Tel. 971712649 | www.hornosantocristo.com

37 La Pajarita

Verlockend angeboten werden hausgemachte Schokolade, Nougat, Bonbons, kandierte Früchte und weitere süße Leckereien. So füllen sich beispielsweise zur Osterzeit die Auslagen mit den »mones des pasqua«. Das können aufwendig gestaltete Osterkuchen oder traditionelle Figuren wie Küken, Hasen oder Eier aus Schokolade sein. Und eine Tür weiter, im Haus Nr. 4, gibt es allerlei salzige Köstlichkeiten, Pasteten und edlen Schinken.

C/. Sant Nicolau 2 und 4 | Tel. 971716986, und 971711844 | tgl. 10–13.30, 17–19 Uhr

Lo Vegano　　▶ Klappe hinten, südl. f 6

Das Sortiment dieses Geschäfts für Veganer, betrieben von Sarah und Patrick Schell, reicht von Käse über Fleisch und Milch bis zu verschiedenen Schokoladensorten – und nichts von alledem enthält tierische Produkte. Für Zeitgenossen, die auf diesem Gebiet noch nicht so firm sind, gibt es auch eine Reihe von Büchern über Veganismus sowie Kochanleitungen.

C/. Caro 34 | Tel. 971725175 | www.love gano.com | Mo–Fr 10–20.30, Sa 10–16 Uhr

MODE

38 Adolfo Domínguez

Die Ausstellungsräume des bekannten spanischen Modedesigners befinden sich in einem der Jugendstilhäuser gegenüber dem Gran Hotel.

C/. de la Unió | Tel. 971213351 | www.adolfodominguez.com

39 Joya Shop

Der »weichste Schuh der Welt«: Um sicherzugehen, dass er auch passt, führt Fitnesstrainerin Ulrike Stümke ihre Kunden zum Scanner, um dort eine medizinische Fußdruckanalyse vorzunehmen. Wer viel laufen oder stehen muss und trotzdem eine gute Figur machen will, sollte hier mal reinschauen.

Rambla 15/Ecke L'Ecce Homo | www.joyashoes.com | Mo–Mi, Fr 10.30–14.30, 16–20, Sa 10.30–15 Uhr

40 Isabel Guarch

Großen Wert legt die Schmuckdesignerin auf den mediterranen Bezug. So ist z. B. ihre Kollektion Formentera an den »emprendada« genannten traditionellen Festtagsschmuck angelehnt.

Pl. del Mercat 16 | www.isabelguarch. com | Mo–Fr 10–20.30, Sa 10–14 Uhr

KULTUR UND UNTERHALTUNG

Palmas Nachtleben konzentriert sich auf zwei Zonen: einmal das traditionelle Ausgehviertel der Touristen mit der Plaça Gomila als Zentrum, dann das besonders bei der einheimischen Jugend beliebte Gebiet rund um die Llotja. In den kleinen Bars und Lokalen sind die Tische auf den Terrassen bereits recht

Von der Badebucht in Cala Major (▶ S. 77) hat man einen schönen Blick auf den Marivent-Palast, das Urlaubsdomizil der spanischen Königsfamilie auf Mallorca.

früh besetzt, in den Discos hingegen beginnt das Leben nicht vor Mitternacht. Eine rasante Entwicklung hat in jüngster Zeit auch das Viertel **Santa Catalina** (▶ S. 19) durchlaufen.

KONZERTE

Blue Jazz Club ▶ Klappe hinten, westl. a 2
Die Musik-Bar befindet sich im Hotel Saratoga. Jeden Donnerstag, Freitag und Samstag präsentiert sie Bands des klassischen Jazz. Angenehmes Ambiente.
Passeig de Mallorca 6 | Tel. 971727240 | Do ab 22, Fr, Sa ab 23 Uhr | Eintritt frei

THEATER

41 Teatre Principal
Nach mehrjähriger Renovierung wird das Opernhaus für seine Akustik immer wieder gelobt. Hier finden auch die meisten Vorstellungen des alljährlichen Festivals Música Mallorca statt.

Pl. Weyler | Tel. 971219696 | www.classictic.com, www.teatreprincipal.com

SERVICE

AUSKUNFT
OIT de Mallorca
www.conselldemallorca.net
– Pl. de la Reina 2 | Tel. 971173990
▶ Klappe hinten, b 4
– Parc de ses Estacions | Tel. 902102365
▶ Klappe hinten, nördl. f 1
– Passeig des Born 27, Casal Solleric | Tel. 902102365 ▶ Klappe hinten, b 3

ANKUNFT/ABFAHRT
Taxi
– Radio Taxi | Tel. 971755440
– Taxi Palma | Tel. 971401414

Ziele in der Umgebung

Streng war einst die Einteilung: entweder Ciutat, also Palma, oder Part Forana, so nannte man den Rest der Insel. Heute verwischen sich die Grenzen. Wer mit dem Auto entlang der Küste fährt, merkt gar nicht, wo Palma aufhört und beispielsweise Cala Major anfängt. Zu den Ausflugszielen der Metropole rechnen wir die Orte innerhalb der großen Bucht von Palma.

◎ CALA MAJOR C 5

In der Frühzeit des Tourismus gehörte Cala Major eher den Deutscchen, heute trifft man hier mehr Engländer und Skandinavier. Nach Cala Major zieht es aber auch Kunstfreunde und Monarchisten. Denn hier steht die Villa Marivent, in der die Königsfamilie ihre Sommerferien verbringt.

7 km südwestl. von Palma

MUSEEN UND GALERIEN
🔶 Fundació Pilar e Joan Miró

»Wenn ich nicht mehr bin, sollen die Ateliers erhalten bleiben«, verfügte Joan Miró vor seinem Tod im Dezember 1983. Und so kann der Besucher nun auch den Arbeitsplatz und einige unvollendete Werke betrachten, als sei der Meister der Moderne nur kurz außer Haus gegangen. Sehenswert – neben den zahlreichen Zeichnungen, Skulpturen und Gemälden – ist auch das an einem Hang gelegene Gebäude, das für wechselnde Ausstellungen, Konzerte und Vorträge genutzt wird.

C/. Joan de Saridakis 29 | Di–Sa 10–19, So 10–15 Uhr | Eintritt 8 €

◎ GÈNOVA C 4/5
3400 Einwohner

Zu diesem Ort oberhalb von Cala Major fahren insbesondere die Freunde der »cuina mallorquina«. Doch nicht

zum Essen allein: Kenner schwärmen von dem »Rio-Blick« bei Sonnenuntergang – allerdings fehlt der Zuckerhut.

10 km westl. von Palma

SEHENSWERTES
Coves de Gènova

Die Anfang des letzten Jahrhunderts entdeckten Tropfsteinhöhlen sind verglichen mit anderen »coves« der Insel klein, aber einen Besuch wert.

C/. Barranc 45 | 10.30–13.30, 16–18.30 Uhr | Eintritt 8 €, Kinder 4 €

ESSEN UND TRINKEN
Can Pedro

Deftig und familiär – Fleischesser werden begeistert sein, die Portionen sind groß und preiswert. An den Wochenenden, wenn einheimische Familien vorbeischauen, ziemlich voll.

C/. Rector Vives 14 | Tel. 971 70 21 62 | tgl. 12.30–24 Uhr | €€

Na Burguesa

Hausmannskost – Spezialitäten sind Spanferkel und, vom Speisesaal aus, die spektakuläre Aussicht auf Palma.

Cami Na Burguesa s/n | Tel. 971 40 09 01 | Mo, Di, Fr 12–24 Uhr (Juni–Aug. Mo, Di, Fr 18–1, Sa, So 12–1 Uhr) | €€

◎ MAGALUF UND PALMA NOVA
 C 5

3400 Einwohner

Ein Manhattan am Meer, das Gegenstück zu S'Arenal auf der anderen Seite der Bucht von Palma. Geboten wird, was vor allem das englische Urlauberherz begehrt. Nein, nicht nur Fish & Chips. Es gibt auch vieles, was mallorquinische und deutsche Gäste anzieht: eine Superdisco, ein Show-Restaurant, die beiden Freizeitparks **Marineland** und **Aqualand** sowie die vor einiger Zeit neu gestaltete Uferpromenade. Sie ist ein Beispiel dafür, dass es durchaus möglich ist, einen wenig attraktiven Küstenbereich in einen ansprechenden Boulevard zu verwandeln.

17 km südwestl. von Palma

Wollen Sie's wagen?

Tauchen mit den Haien: Im Big Blue genannten, 8,50 m tiefen Becken des Palma Aquariums leben zehn große Haie, die natürlich hin und wieder gefüttert werden müssen – von Profis versteht sich. Jedoch nicht von denen allein. Also, wenn Sie den Mut haben, zusammen mit den Tauchern die Haie zu besuchen, dann rein in den Neoprenanzug, der übrigens gestellt wird. Voraussetzung für Sie ist ein Taucherschein. Ja? Dann sollten Sie sich mindestens einen Tag vorher bewerben! Und Ihre Freunde sollten die Kamera schussbereit halten.

◎ PLATJA DE PALMA   D 5

11 000 Einwohner

Das größte Ferienzentrum Europas erstreckt sich am ungefähr 6 km langen, flachen Sandstrand im Südosten von Palma und besteht aus den Abschnitten **Can Pastilla**, **Las Maravillas** und **S'Arenal**. Es ist viel über diesen Strand geschrieben und geschimpft worden. Teils zu Recht, teils zu Unrecht. Dass dies kein touristischer Leckerbissen ist, weiß jeder. Weitere Kritik an den Bettenburgen wäre wenig originell. Wer einen Schnellimbiss betritt, erwartet keine hohe Kochkunst, sondern will für wenig Geld satt werden. Vorbereitungen auf Land und Leute erübrigen sich, Speisen, Sprache und Umgangston sind vertraut. Die Frage wäre höchstens, ob überhaupt Massentourismus, doch die ist längst entschieden. Was wäre die Alternative? S'Arenal mit seinen Hunderten von Hotels, all den Andenkenläden, Bierschwemmen und Schunkelschuppen über die Insel verteilt? Lieber nicht! Immerhin ist einiges in den letzten Jahren besser geworden. Der Verkehr fließt nun abseits der Uferzone, die zur Promenade umgestaltet wurde.

Bus Nr. 15 ab Pl. de la Reina (alle 8 Min.), Nr. 26 ab Pl. Espanya (alle 15 Min.)
13 km südöstl. von Palma

ÜBERNACHTEN

Pure Salt Garonda

Eins der besten Häuser – Hotel direkt am Strand zwischen Balneario 4 und 5. Ctra. de S'Arenal 28 | Tel. 971 01 40 40 | www.puresaltgaronda.com | 133 Zimmer | €€€

ESSEN UND TRINKEN

Cas Cotxer

Abseits der deutschen Küche – Inmitten von »Schlemmerkrippen« und »Pizza-Hütten« hält dieses Restaurant mit seiner lokalen Küche die Stellung. Ctra. de S'Arenal 31 | Tel. 971 26 20 49 | Mi–Mo 13–16, 19–24 Uhr | €€

KULTUR UND UNTERHALTUNG

Von den vielen Bars, Tanzlokalen und Amüsierbetrieben seien nur diese erwähnt: die Riesendiscos **Riu Palace** und **Joy Palace** sowie die Schunkelschuppen **Almrausch** und **Oberbayern**, die gern von Deutschen besucht werden.

SERVICE

AUSKUNFT
OIT Platja de Palma
Pl. Maravelles s/n | Tel. 9 02 10 23 65

ANKUNFT/ABFAHRT
Bus
Die Busse Nr. 15, 23 und 26 von Palma nach S'Arenal verkehren alle paar Minuten

◎ PORTALS NOUS ⚑ C 5
2650 Einwohner

Ein Ort aus der Retorte, aber durchaus ansehnlich. Ein »Puerto Banús à la mallorquina«, sagt man in Anlehnung an den Glitzerort in Südspanien. In der Ferienzeit gut besucht; doch beileibe nicht alle, die im Sporthafen vorbei-schlendern, haben sich ihre Sonnen-bräune auf dem eigenen Boot geholt.

12 km südwestl. von Palma

ÜBERNACHTEN

H10 Punta Negra
Komfort in exponierter Lage – Hotel auf einer Landzunge inmitten von Pi-nien, mit Tennisplätzen und zwei Ba-debuchten nur für Gäste.
Ctra. d'Andratx s/n, km 12 | Tel. 9 71 68 07 62 | www.hotelh10puntanegra.com | 136 Zimmer, 28 Suiten | ♿ | €€€€
2 km westl. von Portals Nous

ESSEN UND TRINKEN

Tristán
Das Spitzenrestaurant – Für viele Feinschmecker das beste der Insel. Der Michelin-Stern ist jedoch inzwischen abhanden gekommen. Doch nach wie vor ist das Speisen dort ein Erlebnis.
Puerto Portals | Local Nr. 1 | Tel. 9 71 67 55 47 | www.tristanportals.com | Di–So 20–23 Uhr | €€€€

Exklusive Geschäfte und mondäne Gastronomiebetriebe säumen die Flaniermeile am Jacht-hafen von Portals Nous (▶ S. 79). Alles, was Rang und Namen hat, strömt regelmäßig hierher.

Im Fokus
Alte und neue Architektur

Zyklopische Mauern, schmucke Jugendstilfassaden:
In den Bauwerken der Insel – dazu gehören auch die
spektakulären Hochbrücken der Bahnstrecke von Palma
nach Sóller – spiegeln sich viele Epochen.

Mallorcas erste Architekten schichteten riesige Quadersteine aufeinander. So schufen sie vor knapp 3500 Jahren jene Talaiots genannten Wachtürme, die der Besucher bei Artà besichtigen kann. Von den Römern, die bis ins 5. Jh. die Insel beherrschten, zeugen die Ausgrabungen bei Alcúdia. Die nächsten Inselherren, die Mauren, hinterließen die Terrassen von Banyalbufar, das ausgeklügelte Bewässerungssystem der Norias und wunderschöne Gartenanlagen wie jene von Alfàbia. Von den Bauwerken der Mauren sind wenig mehr als die Arabischen Bäder geblieben, denn wo einst ihre Moscheen standen, errichteten die christlichen Eroberer ihre Kirchen, allen voran die Kathedrale **La Seu**. Eine weitere Perle gotischer Baukunst ist die im 15. Jh. konstruierte Seehandelsbörse Sa Llotja.
Auch viele Häuser in Palmas Altstadt wurden bereits im Mittelalter erbaut und in späteren Jahrhunderten im Renaissance- und Barockstil umgestaltet. Die Fassaden dieser Herrenhäuser, mit kleinen Fenstern und wuchtigen Holztoren, sind schlicht. Doch hinter den abwehrenden Porta-

◄ Palmas schönste Bäckerei Forn des Teatre
(► S. 82) glänzt mit üppigem Jugendstildekor.

len tut sich eine Wunderwelt auf, Palmen stehen im Licht der Innenhöfe, Blumen überranken Ziehbrunnen und Steinbänke. Die Säulen, die Emporen stützen, sind nicht selten aus Marmor. Angenehme Kühle herrscht in den Räumen, und in manchen riecht es auch nach Museum. Denn viele von Palmas Stadtpalästen, einst Wohnungen des Adels und des Großbürgertums, werden heute als Bildergalerien benutzt oder beherbergen städtische Einrichtungen und Banken.

Sofern die in ihrer Art einmaligen Prachtbauten nicht in öffentliche Gebäude umgestaltet wurden, bleiben sie Besuchern allerdings verschlossen. Zu besichtigen sind die Innenhöfe vieler Patrizierhäuser jedoch an speziellen Tagen im Jahr. So bietet die Inselregierung regelmäßig zu Fronleichnam Rundgänge durch zwei, drei Dutzend der schönsten Patios an. Wer zu diesem Zeitpunkt nicht auf der Insel ist, muss sich mit einem Blick durch die schmiedeeisernen Tore einiger Herrenhäuser in den Gassen Morey und Sant Jaume begnügen.

Herrschaftliche Wohnungen schuf der Adel auch auf dem Land. Das heutige Museum Son Marroig und das Hotel La Residencia sind ehemalige Landsitze. Wie man nach Gutsherrenart lebte, kann sich der Besucher am besten auf dem Herrensitz Sa Granja oder in der zu einem Museum umgebauten Finca **Els Calderers** vorstellen. Je nach Art der landwirtschaftlichen Betätigung gehörten zu einem Landgut auch Räume, in denen Wein gekeltert, Oliven gepresst oder Korn gemahlen wurde. Manche Fincas haben sogar einen eigenen Verteidigungsturm und eine Kapelle.

JUGENDSTIL À LA MALLORCA

Einen völlig neuen Baustil läuteten die Architekten des Modernisme ein. Namhafter Vertreter dieser katalanischen Spielart des Jugendstils war Lluis Domènech i Montaner, der 1902 mit dem Gran Hotel in Palma das erste modernistische Gebäude der Insel schuf. Das Bauwerk spiegelt auch die neuere Geschichte der Insel wider. Wie es sich für ein Gran Hotel gehört, beherbergte es zunächst zahlungskräftige Gäste, später dann italienische Legionäre, die der Spanische Bürgerkrieg auf die Insel gebracht hatte, und Jahre danach Justizbeamte. Zwar gehörte der Bau mit der imposanten Fassade inzwischen dem Staat, doch der wollte ihn wieder loswerden. Nicht um jeden Preis und nur zu bestimmten Bedingungen. Die katalanische Sparkasse La Caixa hatte die vielen Millionen Peseten. Sie wurde der neue

Besitzer, und das Gran Hotel fand schließlich 1993, nach jahrelanger Restaurierung, als Kulturzentrum seine neue Bestimmung. Seither sind im ersten Stock die spätimpressionistischen Werke des katalanischen Malers Anglada Camarasa zu bewundern. Die anderen Etagen dienen wechselnden Kunstausstellungen und informieren über die mallorquinische Variante des Jugendstils. Im Café zu ebener Erde aber kann sich der Besucher bei einer Tasse Kaffee in die Zeit hineinträumen, als hier vor 100 Jahren das erlesene Publikum des frühen Tourismus ein- und ausging.

Das war auch die Zeit, als der katalanische Baumeister Antoni Gaudí mit den Renovierungsarbeiten an der Kathedrale begann, während sein Schüler Joan Rubió Aufträge in Sóller annahm und u. a. die Casa Prunera mit einem prächtigen Treppenhaus ausstattete. Das wohl erstaunlichste Erbe des mallorquinischen Jugendstils, die Casa Forteza-Rei mit ihrer bunten Mosaikfassade, steht in Palma nahe der Plaça Marquès. Und nur wenige Schritte weiter, an der Plaça Weyler, trifft man bei einem Stadtspaziergang auf die Bäckerei Forn des Teatre, deren üppig geschmückter Eingang förmlich nach einem Fotoapparat schreit. Nach Barcelona besitzt Palma die meisten Gebäude im Stil des Modernisme.

WINDMÜHLEN UND NATURSTEINMAUERN

Was sonst gibt es an bemerkenswerten Bauwerken zu sehen? Wachtürme, die im 16. Jh. entlang der Küste errichtet wurden. Windmühlen, die früher Getreide mahlten, sowie jene Windräder, die für Mallorca so typisch sind, dass der Besucher sie oft schon beim Landeanflug erkennt.

Auf eine andere architektonische Leistung stößt der Reisende später sozusagen auf Schritt und Tritt: Es handelt sich um Mallorcas Natursteinmauern, die Wegränder, Felder und Terrassen begrenzen sowie den Ackerboden vor Erosion schützen. Sehr nützlich, aber nicht allzu spektakulär! Oder etwa doch? Aneinandergereiht sollen diese kunstvoll geschichteten Bruchsteinbauwerke sogar länger als die Chinesische Mauer sein. So sagt man – wer es nicht glaubt, so sagt man auch, der kann es ja überprüfen …

TUNNEL UND HOCHBRÜCKEN

Überprüfen oder besser noch erleben kann der Besucher gleich mehrere spektakuläre architektonische Bauwerke während einer Fahrt mit dem »Tren de Sóller«. Nicht weniger als 13 Tunnel und viele gewagt konstruierte Hochbrücken, gebaut vor mehr als 100 Jahren, passiert die alte Schmalspurbahn. Im Jahr 1912 wurde die Strecke in Betrieb genommen, mit einer Dampflokomotive. Knapp zwei Jahrzehnte später besorgte Siemens die Elektrifizierung, und aus dieser Zeit stammt auch der Sonderzug, der um 10.50 Uhr Palma verlässt. An vergangene Zeiten erinnert schon der Bahnhof am Parc de les Estacions. Das Stationsgebäude aus Naturstein besitzt grüne Fensterläden, und den Bahnsteig überspannt der schmiedeeiserne Schriftzug »Ferrocarril de Sóller«. Die Wände der Waggons sind aus Holz, die Lampen aus poliertem Messing, die Lokomotive könnte aus einem Museum stammen.

Mit viel Tuten rattert der Zug durch Palmas Vororte, durchquert Getreidefelder, Baumkulturen und Terrassengärten, die schon von den Mauren angelegt wurden. Es geht bergauf, die Obstbäume machen Pinien Platz, der antik anmutende Bahnhof von Bunyola taucht auf, klein und verträumt. Jedoch menschenleer, denn die überwiegende Mehrzahl der rund 1 Mio. Fahrgästen sind Touristen, und die wollen nun mal die ganze Strecke befahren. Über die zuvor genannten Hochbrücken und zeitweise im Kriechtempo nähert sich der »Rote Blitz«, so sein freundlich gemeinter Spitzname, der Serra d'Alfàbia, die sich schroff und steil wie eine Wand vor den Gleisen erhebt. Es wird dunkel, es wird hell – der erste Tunnel ist durchfahren, zwölf weitere folgen. Der längste ist 3 km lang, mehr als ein Fünftel der Gesamtstrecke von 27 km liegen im Berg.

Kritiker von Palmas Metro lästern, die Fertigstellung der nur 8,5 km langen U-Bahn-Linie mit modernsten Maschinen habe länger gedauert als das Durchstoßen der Felsen und der Bau der dreimal so langen Bahnstrecke vor über einem Jahrhundert mit einfachem Werkzeug und viel Muskelkraft. Zudem sei die Metro von 2007 auch noch viel störanfälliger …

ÜBER DEN MIRADOR DEL PUJOL DES BANYA NACH SÓLLER

Doch was ist das? Zur Überraschung der Bahnreisenden gibt es einen Halt auf freier Strecke. Nein, keine Störung. Im Gegenteil, den Fahrgästen wird am Mirador del Pujol des Banya Zeit gegeben, ein paar Fotos zu schießen und einen Blick auf die roten Dächer von Sóller zu werfen. Umgeben von Mallorcas höchsten Gipfeln liegt die Stadt in einem Talkessel. Man glaubt, die Orangen dort unten leuchten zu sehen, ja sie fast riechen zu können, und versteht, warum die Araber die Stadt »Suliar«, Muschel, nannten.

Pfeifen, Anruckeln – und abwärts geht es. Einzelne Häuser, dann läuft der Zug in den schmucken Bahnhof ein. Die umliegenden Gebäude zeugen vom einstigen Wohlstand Sóllers. Mit dem Geld, das sie durch den Handel mit Orangen erwirtschafteten, gönnten sich die Bürger prachtvolle Häuser im Stil des Modernisme, darunter auch die zuvor erwähnte Casa Prunera, die heute ein Museum für die Kunst des Jugendstils beherbergt.

SERRA DE TRAMUNTANA

*Romantische Bergdörfer, Wachtürme und Klöster: der wohl
reizvollste Teil der Insel. Vorbei an alten Terrassengärten geht es
über kühne Passstraßen an die zerklüftete Küste im Norden,
die schroffe Schönheit der Gebirgskette bezaubert viele.*

Die Serra de Tramuntana ist Mallorcas Schutzwall im Nordwesten: 88 km
lang, rund 15 km breit und bis zu 1445 m hoch. Im Windschatten dieses
eindrucksvollen Bergmassivs erstrecken sich zwei Gartenlandschaften:
die Horta d'Andratx und die Horta de Sóller. Während auf den 1000 m
hohen Bergspitzen im Januar Schnee liegt, reifen in den geschützten Tä-
lern die Orangen, blühen im Inselinneren die Mandelbäume.
Oft waren die Dörfer und Kleinstädte der Serra del Norte das Ziel von Pi-
ratenangriffen. Die Wehrtürme, die im Mittelalter gebaut wurden, krönen
heute noch die Klippen. Doch die wildromantische Landschaft hat stets
auch Fremde angezogen, die in friedlicher Absicht kamen. Zu ihnen gehörten der Komponist Frédéric Chopin und seine Geliebte George Sand, die
den wohl griffigsten Slogan über Mallorca der Nachwelt hinterließ: »Eine
grüne Schweiz unter blauem Himmel« nannte sie den gebirgigen Teil.

◀ Valldemossa (▶ MERIAN TopTen, S. 101) mit
den Kirchen Sant Bartomeu und Real Cartuja.

Ludwig Salvator, ein Verwandter des österreichischen Kaisers Franz Joseph, fuhr mit seiner Dampfjacht »Nixe« drei Jahrzehnte später entlang dieser Küste und gründete in den Folgejahren hier sein eigenes Reich (▶ S. 102). Nach ihm kamen viele, hauptsächlich Maler, Musiker und Dichter. Und der Strom der Bewunderer reißt nicht ab. Das Gebirge im Westen und Norden bietet berauschende Ausblicke auf Steilklippen, Schluchten und Dörfer, die man manchmal über kühn angelegte Passstraßen erreicht, die aber häufig nur durch Staubwege miteinander verbunden sind.

DER »BÖSE GRAF« VON GALATZÓ

Es sind Landschaften, um die sich viele Legenden ranken: etwa die von Don Ramon Burgués Zaforteza i Fuster, Graf von Santa Maria de Formiguera, der als Comte Mal in die Geschichte einging. Den Namen »böser Graf« hatte sich der Gutsherr von Galatzó verdient, weil er Widersacher zunächst foltern und anschließend töten ließ. Eine Legende, wie gesagt, doch tatsächlich wurden bei Ausgrabungen auf den einstigen Besitzungen des Gutsherrn nahe Puigpunyent ein Dutzend Gräber gefunden. Der Inhalt: Knochen und Kalk. Die Entdecker gehen davon aus, dass der böse Graf seine Opfer dort verscharrt und sie anschließend mit Kalk bestreut hat, um die Folterspuren zu vertuschen. Und ist er damit durchgekommen? Nein, denn folgt man der Legende, dann muss der Comte Mal zur Strafe in kalten Winternächten für immer und ewig auf grünem Pferd und von Flammen umlodert durch die Bergwelt von Galatzó reiten.
Der Besucher wird im Sommer per Auto unterwegs sein oder diese Region im Herbst oder Frühjahr wandernd durchstreichen. Er wird viel unberührte Natur sehen, aber auch uraltes Ackerland mit verwilderten Obstbäumen und Klatschmohnwiesen. So einladend der Höhenzug zum Land hin wirkt, so abweisend zeigt er sich in Richtung Meer. Nur zwei Öffnungen erlaubt sich Mallorcas natürlicher Schutzwall: Da ist zum einen der Hafen von Sóller im mittleren Teil des Gebirges und zum anderen der Hafen von Andratx in den südwestlichen Ausläufern der Serra de Tramuntana.

ANDRATX & PORT D'ANDRATX
B 4 und B 5

11 920 Einwohner

Das Landstädtchen ist von seinem Hafen Port d'Andratx, der sich längst zu einem schicken Jachthafen entwickelt hat, nur 5 km entfernt – und scheint doch in einer ganz anderen Welt zu liegen. In den winkligen Gassen hinter den rustikalen Gemäuern ist alles beim Alten geblieben. Nach wie vor bewachen zwei Bauten den Ort: die wehrhafte Pfarrkirche **Santa Maria** aus dem 13. Jh., von deren Vorplatz man eine wunderbare Aussicht genießt, und das Landgut **Son Mas**, das ursprünglich eine maurische Festung war, sich dann in privatem Besitz befand und seit 1998 als Rathaus von Andratx dient. Hin und wieder werden hier auch Bilder und Skulpturen ausgestellt.

Der **Friedhof** oberhalb der ehemaligen Wehrkirche ist inseltypisch und wirkt überhaupt nicht düster. Die Toten ruhen hier in mehrgeschossigen Grabkammern, die häufig eine Fotografie des Verstorbenen zeigen, und immer sind sie mit Plastikblumen geschmückt. Giebelkreuze krönen die Totenhäuser, die in alten Schmugglertagen zu Beginn des 20. Jh. auch schon mal zweckentfremdet wurden – als Versteck für unverzollten Tabak.

Wein und Musik: eine glückliche Mischung

3

Neben den Weinproben, die die Bodega Santa Catarina übers Jahr organisiert, veranstaltet die Chefin in den stimmungsvollen Gewölben auch Weihnachtskonzerte (▶ S. 13).

Übernachten kann man in Andratx, doch die meisten Besucher werden wohl ein Hotel in Port d'Andratx wählen. Die Alten oben im Dorf haben noch im Gedächtnis, dass der herrlich gelegene Naturhafen mit all den Jachten und Häusern über Jahrhunderte hinweg nur eine Ansammlung von Fischerhütten und Bootsunterständen war. Sie wissen auch warum: je näher der See, desto näher den Seeräubern! Ja, damals – inzwischen ist die Nähe des Meeres sozusagen das Hauptkapital. Und das brachte die betuchten Besucher aus dem Norden. Scharenweise besiedelten vor allem Deutsche und Engländer die Hänge über der Nachbarbucht **Cala Llamp**. Den Prominenten, unter ihnen einstmals auch Claudia Schiffer, folgten bald Zeitgenossen, die zwar weniger bekannt, aber finanziell ebenso gut bestückt waren. Und bald verdrängten in dem alten Fischerhafen glitzernde Jachten die traditionellen bunt bemalten Fischerboote. An der Hafenpromenade mit ihren zahlreichen Cafés und Restaurants geben sich viele deutsche Urlauber, die nicht selten ihren Zweitwohnsitz in den Hügeln ringsum haben, ein Stelldichein.

ÜBERNACHTEN

Brismar

Einfach, zweckmäßig, preiswert – Gepflegtes Haus mit angeschlossenem Restaurant am Fischerhafen.
Port d'Andratx | Almirante Riera Alemany 6 | Tel. 971 67 16 00 | www.hotel brismar.com | 56 Zimmer | €€

Villa Italia

Moderne Luxusunterkunft – Herrschaftliches Haus am Osthang des Ha-

Wie die Ränge eines riesigen steinernen Amphitheaters öffnen sich die kunstvollen, von Trockensteinmauern gestützten Terrassen von Banyalbufar (▶ S. 87) zum Meer hin.

fens. Angeschlossen sind drei Restaurants und eine Tanzbar.

Port d'Andratx | Cami de Sant Carles 13 | Tel. 971 67 40 11 | www.hotelvillaitalia. com | 10 Zimmer, 6 Suiten | €€€€

ESSEN UND TRINKEN

La Gallega

Für Freunde der Schalentiere – Die Atmosphäre ist etwas nüchtern, doch der Fisch ist ausgezeichnet.

Port d'Andratx | C/. Isaac Peral 52 | Tel. 971 67 13 38 | www.restaurantelagallega. com | tgl. 13–16, 18.30–24 Uhr | €€€

EINKAUFEN

Bodega Santa Catarina

Etwas außerhalb bietet diese Kellerei Weine aus den Tramuntana-Bergen an. Sonntags wird dort von 12 bis 14 Uhr eine kostenlose Weinprobe organisiert.

Ctra. Andratx–Capdellà, km 4 | Tel. 971 23 54 13 | www.santa-catarina.com | Mo–Fr 10–18 Uhr

4 km östl. von Andratx

Ziele in der Umgebung

◎ BANYALBUFAR ⚑ C3

590 Einwohner

Der Name ist aus dem arabischen »buniola al bahar«, »kleiner Weingarten am Meer«, entstanden. Doch mit wie viel Mühe hat sich Banyalbufar diese Bezeichnung verdient! Wie viel Karstland musste abgetragen, wie viele Steine mussten geschichtet werden, damit die fruchtbare Erde nicht wegschwemmte. Kilometerlange Steinrinnen waren nötig, um die Terrassenfelder bewässern zu können. Diese aufopfernde Arbeit wird oft den Arabern zugeschrieben. Den christlichen Nachfolgern blieb nun die Arbeit, diese Kunstwerke zu erhalten. Neben Wein gedeihen hier Gemüse und Südfrüchte. Und so wie die Obstbäume krallen sich auch die Häuser in den Bergrücken.

25 km nördl. von Andratx

SEHENSWERTES
Torre de Ses Animes

Der alte Wachturm steht auf einer Felsnase 200 m über dem Meer und bietet einen herrlichen Fernblick aufs Wasser und entlang der schroffen Küste. Nachdem 1550 muslimische Piraten Andratx, Valldemossa, Alcúdia und Pollença zerstört hatten, ließ Felipe II entlang der gesamten Inselküste eine Kette von 85 Wachtürmen errichten. Kam ein Piratenschiff in Sicht, gaben die Posten Signale, die dann von Turm zu Turm bis zum damaligen Hauptquartier im Almudaina-Palast in Palma weitergeleitet wurden. Von den Wachtürmen ist ein Drittel erhalten, die Torre de Ses Animes ist einer der schönsten.

ÜBERNACHTEN
Mar i Vent

Ein Haus mit gutem Service – Außer »Meer und Wind«, so der Name, ist der Gast auch dem Himmel nah und genießt eine wunderbare Aussicht, vom Hotelfenster oder vom Schwimmbad aus. 500 m sind es bis zum Kieselstrand. C/. Major 49 | Tel. 971 61 80 00 | www.hotelmarivent.com | 23 Zimmer, 6 Suiten | ♿ | €€

ESSEN UND TRINKEN
Son Tomás

Reis zu fairem Preis – Geführt von einem spanisch-deutschen Paar. Paella

Von der Torre de Ses Animes (▶ S. 88) auf einer Felsnase in der Nähe von Banyalbufar genießt man einen fantastischen Ausblick auf das Meer und die schroffe Küste.

und Service sind ausgezeichnet, es steht sogar eine Gemüsepaella auf der Karte.
C/. Baronia 17 | Tel. 971 61 81 49 | tgl. außer Mo abends und Di 12.30–16, 19.30–22.30 Uhr | €€

◎ CALVIÀ   C 4
52 450 Einwohner

Eine der größten Gemeinden der Insel, die sich in den letzten Jahren durch die Ansiedlung wohlhabender Ausländer auch zu einer der reichsten entwickelt hat. Der Ort selbst wird von Pinienwäldern umrahmt. Zur Gemeinde gehören die Feriensiedlungen **Magaluf**, **Palma Nova** und **Portals Nous** sowie die Urlaubsorte **Peguera** und **Santa Ponça**.
6 km östl. von Andratx

◎ ESTELLENCS   C 4
400 Einwohner

Wie in Banyalbufar (▶ S. 87) kleben die Häuser an der Steilküste. Im Hintergrund erhebt sich der Puig de Galatzó, Mallorcas 1026 m hoher, von Legenden umrankter Gipfel. Eine erzählt vom Grafen Comte Mal, der auf einem grünen Pferd reitend das Gebiet unsicher gemacht haben soll (▶ S. 85).
18 km nördl. von Andratx

ÜBERNACHTEN

Maristel

Komfort mit Meerblick – Familienhotel mit Swimmingpool am Ortseingang.
Eusebi Pascual 10 | Tel. 971 61 85 50 | www.hotelmaristel.com | 52 Zimmer, 5 Suiten | Dez. geschl. | ♿ | €€€

ESSEN UND TRINKEN

Montimar

Traditionelle Landesküche – In einer freundlichen Atmosphäre ist neben

den Reisgerichten auch besonders der Schweinerücken mit Kohl zu empfehlen. Um Reservierung wird gebeten.
Pl. de Constitució 7 | Tel. 971 61 85 76 | Di–So 12–15.30, 19–22.30 Uhr | €€

◎ GALILEA   C 4
425 Einwohner

Liegt es an dem biblischen Namen, der Ruhe ausstrahlt, an dem malerischen Dorfkern mit der Kirche der Unbefleckten Empfängnis oder am fotogen aufragenden Berg Galatzó im Hintergrund? Jedenfalls haben sich viele Ausländer in und vor allem um Galilea niedergelassen. Sie malen und schreiben oder leben einfach nur hier. Ein Drittel der Einwohner sind Fremde.
8 km nordöstl. von Andratx

◎ PEGUERA   P 5
3400 Einwohner

Der Ort ist heute fest in deutscher Hand. Selbst die Kellner und Verkäuferinnen in den vielen Bars und Boutiquen antworten auf gebrochenes Spanisch in flüssigem Deutsch. Der Ort wirkt aufgeräumt, der Sand ist feinkörnig. Beim Bau der Hotels wurde auf Bettenburgen wie an der Platja de Palma verzichtet. Die Apartmentanlage in der angrenzenden **Cala Fornells**, deren wabenartige Wohneinheiten vom Meer den Hang hochklettern, wird sogar als beispielhaft hervorgehoben.
Und typisch sind sie auch: Schon von Weitem erkennt man sie als Werk des Stararchitekten Pedro Otzoup. Die einzelnen Häuser, zwischen Pinien und Vorgärten angelegt, obwohl in Farbe und Material einheitlich, unterscheiden sich in ihrer Größe und der Aufteilung, sodass sie nicht den üblichen

Feriensiedlungen, sondern am ehesten mexikanischen Pueblos gleichen.

Neben weiteren Apartmentdörfern auf der Insel tragen auch einige bemerkenswerte Villen die Handschrift des Baumeisters, der in Russland geboren wurde, in Berlin studierte und später die meiste Zeit bis zu seinem Tod im Jahr 2000 in Spanien lebte.

5 km südl. von Andratx

ÜBERNACHTEN

Reina Paguera

Hotel in deutscher Hochburg – Solides, komfortables Mittelklassehotel, etwa 300 m vom Sandstrand.

C/. Mallorca 1 | Tel. 9716863 50 | www. valentinhotels.com | 237 Zimmer | €€

ESSEN UND TRINKEN

La Gran Tortuga

Schlemmen in der Schildkröte – Von der Terrasse aus sogar mit Blick aufs Meer. Chefkoch Antonio Soriano weiß, was seine Gäste mögen: Das beginnt mit köstlichen Kleinigkeiten, die den »1r Premio Nacional de Tapa Mediterránea« erhielten, dem beispielsweise seine Spezialität, ein in Salzkruste gebackener Fisch, folgen könnte, dazu ein guter spanischer Wein und dann zum Schluss der hausgemachte Nachtisch, ungewöhnlich und sehr empfehlenswert, das Carpaccio aus Ananas.

Ctra. Cala Fornells 23 | Tel. 9716860 23 | wwwlagrantortuga.net | Di–So 13–15.30, 19.30–23.30 Uhr | €€€–€€€€

KULTUR UND UNTERHALTUNG

Es gibt, wie von einem Touristenort nicht anders zu erwarten, eine Menge Cafés, Tanzlokale und Discos und zudem einen Treff für Jazz-Freunde:

Rendezvous

Eine Mischung aus Restaurant und Tanzbar plus Biergarten mit Palmen und Blick auf das Meer hinaus.

Av. Peguera 42 | Tel. 9716864 42 | www.rendezvous.es | in der Saison tgl. 22–6 Uhr

SERVICE

AUSKUNFT

OIT Peguera

C/. Ratolí 1 | Tel. 9716870 83

◎ PUIGPUNYENT ⚑ C4

1970 Einwohner

Ein Straßendorf wie viele andere, und doch gibt es eine Besonderheit: Der Ort, am schönsten zur Zeit der Mandelblüte und im Frühjahr, wenn die Wildblumen blühen, ist ein exzellenter Ausgangspunkt für Wanderungen.

12 km nordöstl. von Andratx

SEHENSWERTES

La Reserva de Puig de Galatzó 👫

Wenngleich nur ein Teil des 2,5 km^2 großen Naturschutzgebiets zugänglich ist, so gibt es doch eine Menge zu sehen: Felsen, Grotten, Vögel, wilde Esel, Strauße und Pfauen sowie die zum Teil recht seltenen Pflanzen der Bergwelt. Der zweistündige Rundweg führt zu einem Picknickplatz. Feuerholz zum Grillen von mitgebrachtem Proviant liegt bereit, und zweimal täglich finden Greifvogelvorführungen statt.

Es gibt auch einen Abenteuerbereich! Mutige können an einem stählernen Seil über Schluchten gleiten, auf Hängebrücken ihren Gleichgewichtssinn erproben oder eine Steilwand erklettern (die Ausrüstung wird gestellt). Den Abschluss der schweißtreibenden Tour

Am Strand von Sant Elm (▶ S. 91) kann man neben Sonne, Sand und Meer auch den Blick auf die unbewohnte Dracheninsel Sa Dragonera im äußersten Westen Mallorcas genießen.

könnte eine Dusche unter einem künstlichen Wasserfall bilden. Das Abenteuer inkl. Naturpark hat seinen Preis.

Tel. 9 71 61 66 22 | www.lareservaaventur. com | tgl. 10–18 Uhr | Eintritt 14 €, Kinder 12 €, die Attraktionen kosten extra

◎ SANTA PONÇA ⚓ C 5
8190 Einwohner

Um die schöne Bucht liegen Hotels, Geschäfte und Gaststätten, etwas abseits die Villen und zwei Golfplätze. Neben der Hafeneinfahrt erinnert ein mächtiges Kreuz an König Jaume I, der mit seinen Truppen hier 1229 zum ers-

ten Mal an Land ging. Reliefs zeigen Szenen aus seinem Leben.

9 km südöstl. von Andratx

◎ SANT ELM UND SA DRAGONERA ⚓ A/B 4
340 Einwohner

Die kleine Ortschaft an der Westspitze von Mallorca ist ruhig und auch heute noch so etwas wie ein Fischernest. Daran ändern auch die beiden Hotels und die Ferienwohnungen nichts. An den Wochenenden wird es lebhafter, dann kommen viele einheimische Familien. Sant Elm oder San Telmo, wie die meis-

1913 wurde die erste elektrische Straßenbahn zwischen Sóller und Port de Sóller (▸ S. 92) eingeweiht, und noch heute zuckeln die altehrwürdigen Triebwagen durch die Stadt.

ten sagen, ist ein idealer Ausgangspunkt für Wanderungen (▸ S. 160).

Oder für eine Bootsfahrt, z. B. hinüber zur Insel Sa Dragonera, die bei Sonnenuntergang tatsächlich einem schlafenden Drachen ähnelt. Einst diente die unbewohnte Insel Piraten als Unterschlupf, nun steht sie unter Naturschutz.
6 km westl. von Andratx

ESSEN UND TRINKEN
Cala Conills
Fisch auf vorgeschobener Klippe – Der Weg zu dem Lokal in der Nachbarbucht von Sant Elm lohnt. Die Fische sind frisch, die Salate knackig, die kleinen frittierten Tintenfische (»chipirones«) einen Versuch wert.
C/. Cala Conills s/n (in der Bucht am Ende der Straße) | Tel. 971239186 | www.cala conills.com | Di–So 13–23 Uhr | €€

SÓLLER & PORT DE SÓLLER
D 3 und D 2
14 150 Einwohner

Die Horta von Sóller ist neben der von Andratx die zweite fruchtbare Gartenlandschaft der Insel. Besonders gut gedeihen im goldenen Tal (»Vall d'Or«) von Sóller die Orangen. Da die von hohen Gebirgszügen umgebene Stadt vor der Bahnverbindung mit Palma vom Rest Mallorcas isoliert war, suchten sich die Bewohner einen anderen Markt. Sie brachten Apfelsinen und getrocknete Feigen übers Meer nach Frankreich.

Der Handel florierte. Vom Erlös bauten die Bürger aufwendige Häuser und legten sich eine schmucke Straßenbahn zu. Das war Anfang des 20. Jh., und die Bürgerhäuser mit ihren schönen Balkonen und die alte Tramvía bestimmen noch heute das Straßenbild.

Stark verändert hat sich mittlerweile die Anfahrt von Palma. Seit Februar 1997 können Autofahrer den **Sóller-Tunnel** benutzen. Dadurch ist die Strecke schneller geworden, hat aber auch einiges von ihrem Reiz eingebüßt. Und Mautgebühren sind auch fällig: Motorradfahrer zahlen 1,90 €, Autofahrer müssen gar 5 € pro Durchfahrt berappen. Wer sparen will und Zeit hat, sollte die alte Passstraße nehmen.

Neben Andratx ist Sóller die zweite Stadt des Nordwestgebirges, die einen einige Kilometer entfernten Hafen hat. **Port de Sóller** liegt etwa 4 km nördlich von Sóller. Das Hafenrund ist sowohl Endstation aller Besucher, die mit der nostalgischen Straßenbahn gekommen sind, als auch Schlusspunkt der Autoreisenden. Port de Sóller ist aber auch ein beliebter Ausgangspunkt für einen Ausflug per Boot entlang der Küste, beispielsweise zur Cala de Sa Calobra. Abfahrt zur Felsschlucht nahe dem Torrent de Pareis (▶ S. 100) ab 10 Uhr etwa stündlich, die Fahrt dauert rund eine Stunde und kostet 12 €.

Mit dem berühmten Strand von Sa Calobra ist der zwar fast 1 km lange, aber sehr schmale Sandstrand von Port de Sóller nicht zu vergleichen. Straßencafés, Restaurants und Souvenirläden säumen die fast kreisrunde Hafenbucht. Am Ende der Uferpromenade, nach einer Reihe von Geschäften und halbhohen Hotelbauten, erhebt sich ein weißer Leuchtturm.

Der Wachturm hoch oben auf der nördlichen Landspitze **Punta Grossa** wurde nach dem großen Piratenüberfall von 1561 errichtet. Zur Erinnerung an den Abwehrkampf feiert Sóller im Mai ein buntes Fest (▶ S. 54).

Gesang am Strand

Im September findet an der Playa d'en Repic in Port de Sóller die Trobada d'Havaneres statt. Bei dem Festival hört man Seemannslieder, dargeboten von mallorquinischen Gesangsgruppen (▶ S. 13).

SEHENSWERTES

Es Faro

Besonders schön am Abend – Dann schickt der nahe Leuchtturm seine Strahlen weit über das Meer. Doch spektakulär ist der Rundumblick von der Klippe auf das Wasser, die Felsen und den Hafen von Sóller auch tagsüber. Allerdings sollte man nicht allein deshalb kommen – und auch nicht, um nach dem Aufstieg nur ein Getränk zu bestellen. Denn die Restaurantleitung wird davon ausgehen, dass der Neuankömmling sich an einen der fein eingedeckten Tische setzt und ein komplettes Essen bestellt. In der Speisekarte findet der Gast neben Meeresfrüchten und fangfrischem Fisch, der meistens nach Tagespreis berechnet wird, auch inseltypische Gerichte. Eine rechtzeitige Reservierung wird empfohlen, zumal die Plätze in der ersten Reihe der langen Terrasse sehr begehrt sind.

Port de Sóller | Cap Gros de Moleta | Tel. 971 63 37 52 | www.restaurantesfaro.es | tgl. 12–16, 19–22 Uhr (im Winter andere Zeiten) | €€€–€€€€

MUSEEN UND GALERIEN

Museu Balear de Ciencies Naturals

Naturkundemuseum und Botanischer Garten. In den Ausstellungsräumen werden geologische Fundstücke ge-

Zitrusplantage in Sóller 5

Nicht weniger als 2000 Zitrusbäume wachsen auf der Plantage Eco Vinyassa. Sie blühen prächtig, sehen wunderschön aus, verströmen einen unwiderstehlichen Duft und reizen zum Naschen (▶ S. 14).

zeigt, während der Garten die Pflanzenvielfalt der Insel widerspiegelt.
Ctra. Sóller–Port de Sóller (auf Hinweisschild »Jardi Botànic« achten) | Tel. 971 634064 | www.museucienciesnaturals.org | Di–Sa 10–18, So 10–14 Uhr | Eintritt 5 €, Kinder frei

Museu del Casal de Cultura
Eines der zahlreichen schönen Patrizierhäuser beherbergt dieses Lokalmuseum mit Möbeln, alten Gemälden, Küchenutensilien und bäuerlichem Gerät.
Sóller | C/. de sa Mar 13 | Tel. 9763 1465 | Mo–Fr 11–13, 17–20, Sa 11–13 Uhr | Eintritt 2 €, Kinder frei

Museu Modernista Can Prunera
Die ehemalige Textilfabrik von Sóller, ein Gebäude im Stil des Modernisme von 1911, zeigt Kunstgegenstände aus dem Epoche des Jugendstils, darunter Werke von Miró, Magritte und Munch.
Sóller | C/. de Sa Lluna 86 | Tel. 97163 8973 | www.canprunera.com | tgl. 10.30–18.30 Uhr | Eintritt 5 €, Kinder frei

ÜBERNACHTEN
Boutique Hotel Ca's Xorc ▶ S. 23

Ca N'Ai
Die orangefarbene Versuchung – Das herrschaftliche Gut mit Pool liegt in-

mitten einer Orangenpflanzung. Ein Restaurant mit fantasievoller Mittelmeerküche rundet diese Stätte mallorquinischer Gastlichkeit ab.
Cami Son Sales 50 (zwischen Sóller und Port de Sóller) | Tel. 971632494 | www.canai.com | 17 Suiten | €€€€

Gran Hotel Sóller ▶ S. 25

Es Port
Zimmer im Wehrturm – Das wuchtige Steinhaus aus dem 17. Jh. steht inmitten einer großzügigen Gartenanlage. Die Aufenthaltsräume und eine Bar befinden sich in der rustikalen ehemaligen Finca, drei Gästezimmer belegen den angebauten, beeindruckenden Wehrturm. Großzügige Maße weist auch das Schwimmbecken in diesem Drei-Sterne-Haus auf.
Port de Sóller | C/. Antonio Montis s/n | Tel. 971631650 | www.hotelesport.com | 156 Zimmer | €€€

ESSEN UND TRINKEN
RESTAURANTS
Ca's Xorc
Edel in abgeschiedener Lage – Doch der Weg zu dieser aufwendig restaurierten alten Ölmühle lohnt sich. Geboten wird mallorquinisch-mediterrane Küche à la carte sowie abends ein Degustationsmenü aus sechs Gängen (66 €). Wer nicht nur zum Speisen kommt, wird sich auch in dem stilvoll eingerichteten Finca-Hotel wohlfühlen. Es verfügt über zwölf Zimmer mit Blick auf den nahen Olivenhain und die fernen Berge der Tramuntana.
Sóller | Ctra. de Deià, km 56,1 | Tel. 971 638280 | www.casxorc.com | Mi–Mo 13–15.30, 20–22.30 Uhr | €€€€

El Guía

Nicht nur für Wanderer – Einst ein Gasthof, in dem sich Wanderführer für eine anständige Mahlzeit trafen. Mehr oder weniger ist es in dem Haus aus dem 17. Jh. so geblieben: Es gibt landestypisches Essen – und wohnen kann man in den einfachen Zimmern auch.

Sóller | C/. Castanyer 3 | Tel. 971 63 02 27 | www.hotelelguia.com | tgl. 12–15, 20–22 Uhr | €€

EISDIELEN

Sa Fàbrica de Gelats

Das Erfolgsgeheimnis dieser Bio-Eismanufaktur liegt darin, dass hier ausschließlich natürliche Zutaten verwendet werden, und bei dem beliebten »helado de naranja« stammen diese sogar aus dem nahen Orangental.

Sóller | Pl. del Mercat | tgl. 9–21 Uhr

SERVICE

AUSKUNFT

OIT Sóller

Sóller | Pl. Espanya 15 (im Rathaus) | Tel. 971 63 80 08

OIT Port de Sóller

Port de Sóller | C/. Canonge Oliver 10 | Tel. 971 63 30 42

Ziele in der Umgebung

◎ ALARÓ   🚩 E 3

5440 Einwohner

Über eine Gebirgsstraße geht es von Sóller nach Alaró. Viel hat sich rund um die Kirche Sant Bartomeu nicht verändert. Die Bewohner pflegen ihr Brauchtum und sind schon aus Tradition gegen alle Änderungen. Das **Castell d'Alaró**, die Hauptsehenswürdigkeit, ist dafür ein untrüglicher Beweis.

Ein gepflasterter Fuß- und Wanderweg führt zum Castell Alaró (▶ S. 95) hoch oben auf dem 825 m hohen Puig d'Alaró. Die Burg war Schauplatz mehrerer denkwürdiger Belagerungen.

Ein blühendes Erbe der Araber: Die üppigen Gärten von Alfàbia (▶ S. 96) wurden einst vom maurischen Vizekönig der Insel als Vorgeschmack auf den Garten Eden angelegt.

Mehr als 700 Jahre ist es her, da Gefolgsleute von König Jaume II die Felsenfestung gegen die gierige Verwandtschaft aus Aragonien verteidigten, die einen großen Teil der Insel schon an sich gerissen hatte. Cabrit und Bassa, zwei Hauptleute, wollten nicht aufgeben und verspotteten obendrein die Angreifer. Das hatte Folgen: Nachdem der aragonesische König Alfonso III das Kastell eingenommen hatte, ließ er die beiden Königstreuen bei lebendigem Leib verbrennen. Die grausame Tat sollte den Widerstandswillen der Bevölkerung brechen, bewirkte jedoch das genaue Gegenteil. Cabrit und Bassa wurden in der Folge zu Volkshelden. Das Castell d'Alaró befindet sich 7 km außerhalb von Alaró. Zuletzt muss man einen steilen Fußweg nehmen.
10 km östl. von Sóller

◎ BUNYOLA   ⚑ D3
6230 Einwohner

Bekannt wurde dieser Ort, weil hier ganze 100 Jahre lang die Destilería Antonio Nadal den inseltypischen Aperitif »Palo Tunel« sowie den Kräuterschnaps »Hierbas« hergestellt hat.
8 km südl. von Sóller

SEHENSWERTES
Gärten von Alfàbia

Die Anlage stellt ein Musterbeispiel der maurischen Gartenbaukunst dar: Laubengänge und Teiche, Alleen aus Dattelpalmen und Terrassenfelder bilden mit dem schlossartigen Landgut ein wundervolles Gesamtkunstwerk.
www.jardinesdealfabia.com | April–Okt. tgl. 9.30–18.30 Uhr (im Winter andere Zeiten) | Eintritt 6,50 €, Kinder bis 10 J. frei
3 km nördl. von Bunyola

ÜBERNACHTEN

Landhotel L'Hermitage

Luxus in himmlischer Umgebung – Traumhaft ruhig liegt dieses Hotel in einem Hochtal der Serra de Tramuntana. Mit viel Liebe wurde das ehemalige Landgut, das für eine Weile als Kloster diente, in eine Idylle verwandelt. Trotz des historischen Mauerwerks aus dem 17. Jh. braucht der heutige Gast auf Komfort wie Zentralheizung und Satellitenfernsehen nicht zu verzichten. Zur Ausstattung gehören ein Schwimmbad, eine Sauna, zwei Tennisplätze sowie ein hauseigenes Restaurant. Der Ziehbrunnen im Innenhof, ein großer Garten, die alte Olivenpresse und das antike Mobiliar verleihen dem Haus seine besondere Atmosphäre. Hinzu gesellen sich die Aussicht auf eine der schönsten Landschaften der Insel und das schöne Gefühl, sich an einem Ort zu entspannen, wo einstmals russisch-orthodoxe Mönche in meditative Ruhe versanken.
Orient | Ctra. Alaró–Bunyola | Tel. 9 71 18 03 03 | www.hermitage-hotel.com | 24 Zimmer | €€€€

ESSEN UND TRINKEN

Moli des Torrent ▸ S. 28

EINKAUFEN

Artesanía Textil Bujosa ▸ S. 43

◎ DEIÀ/LLUC-ALCARI   ◤ D3
750 Einwohner

Warum gerade Deià? Es gibt ein Dutzend Bergdörfer auf Mallorca, ebenso schön, mit rötlichen Häusern am Hang, gekrönt von einer Kirche, umgeben von Orangengärten und Olivenhainen – aber immer musste es Deià sein. Für die Maler Joan Miró, Ernst Fuchs und Arik Brauer, die Literaten Anthony Burgess und Jakov Lind, die Musiker Eric Clapton und Mike Oldfield. Vor allem aber für den Schriftsteller Robert Graves, der seit den 1940er-Jahren in Deià lebte und dort »Ich, Claudius, Kaiser und Gott« sowie weitere Erfolgsromane schrieb. Sein Ruhm war es, der weitere Künstler anlockte. Am Ende war es ihm wohl selbst zu viel. Einem Maler, der sich in Deià niederlassen wollte, riet er mit den britisch humorigen Worten ab: »Da oben bei der Kirche schießen die Leute aufeinander.«
Auch im 3 km von Deià entfernten **Lluc-Alcari** haben sich einige Künstler eingenistet, im wahrsten Wortsinn, denn die wenigen Häuser samt Wehrturm und Kirche kleben wie Schwalbennester an der Steilküste.
7 km westl. von Sóller

MUSEEN UND GALERIEN

Son Marroig

Fotografien, Bilder und Manuskripte in dem Herrenhaus erinnern an Erzherzog Ludwig Salvator (▸ S. 102). Einmalig ist der Ausblick auf den weißen Marmorpavillon und das blaue Meer. Im Frühling und Sommer werden hier klassische Konzerte gegeben (Informationen unter Tel. 9 71 63 91 58).
Landstraße nach Valldemossa | www. sonmarroig.com | Mo–Sa 9.30–19, im Winter 10–18 Uhr | Eintritt 4 €, Kinder frei

ÜBERNACHTEN

Costa d'Or

Goldene Ruhe – Dieses kleine, feine Vier-Sterne-Hotel erfreut sich wahrlich einer traumhaften Lage. Für Familien mit Kindern unter 14 Jahren ist es allerdings nicht geeignet.

Lluc-Alcari (etwa 2 km von Deià) | Tel. 971 63 90 25 | Buchungen unter: www.hoposa.es oder E-Mail: costador @hoposa.es | 41 Zimmer | €€€€

La Residencia

Übernachten wie im Paradies – Die beliebte Fernsehserie »Hotel Paradies« wurde zum großen Teil hier gedreht. Das hat Deià noch ein paar Touristen mehr gebracht, der Qualität des Hauses, einem ehemaligen Landpalast, jedoch keineswegs geschadet. Auch das Hotelrestaurant El Olivo gilt nach wie vor als eines der besten der Insel.
Son Canals s/n | Tel. 971 63 90 11 | www. hotel-laresidencia.com | 59 Zimmer | ♿ | €€€€

ESSEN UND TRINKEN

Es gibt zwei Strandrestaurants in der Cala de Deià, und der Tintenfisch dort, so behaupten Kenner, sei der beste der ganzen Insel. Der Weg dorthin ist umständlich, aber schön.

◎ FORNALUTX/BINIARAIX D3

700 Einwohner insgesamt

»Die schönsten Weiler Mallorcas«, so werden die benachbarten Dörfer genannt. Da sind die aus Natursteinen gebauten Mauern und Gassen, und da ist die malerische Lage mit den leuchtenden Orangen im Vorder- und den Bergen im Hintergrund. Rund ein Drittel der Einwohner sind Ausländer, vor allem Deutsche und Engländer, die dem Reiz des Bilderbuchdorfs erlegen sind und von den Alteingesessenen akzeptiert werden. Eher zurückhaltend verhalten sie sich den Tagesbesuchern gegenüber. Es sind ihnen wohl zu viele.
3 km nördl. von Sóller

ESSEN UND TRINKEN

Can Antuna

Zartes Schweinefleisch – Zünftigen Hunger darf der Wanderer schon mitbringen. Die Portionen sind großzügig und deftig. Besonders empfehlenswert sind Zicklein, Spanferkel und die Paella. Zu empfehlen ist auch eine rechtzeitige Reservierung. Schließlich zählt Can Antuna zu den bevorzugten Ausflugslokalen. Und besonders begehrt sind selbstredend die Plätze auf der Terrasse mit Blick über die Zitronen- und Olivenbäume hinunter ins Tal.
C/. Arbona Colom 8 | Tel. 971 63 30 68 | Di–So 12.30–16, Di–Sa 19.30–22.30 Uhr | €€

◎ MONESTIR DE LLUC E2

Eine kleine Statue war einstmals der Anlass zur Errichtung von Mallorcas größter Klosteranlage. Der Legende zufolge hatte die lediglich 60 cm große Marienfigur ein maurischer Hirtenjunge gefunden. Zunächst brachte man »La Moreneta«, »die kleine Braune«, zur Kirche von Escorca, doch als sie von dort auf wundersame Weise immer wieder an ihren Fundort zurückkehrte, baute man für sie eine eigene Kapelle. Das letzte Wunder, das die verehrte Marienfigur vollbrachte, erzählen sich die Einheimischen wie folgt: Ein eifer-

---

Gorg Blau 6

Das Wasser des Stausees schimmert wunderbar blau – dieses Wort gibt's auch im Katalanischen. Der Anblick wird Sie nach langem Marsch zu einer Pause verleiten (▶ S. 14).

süchtiger Ehemann hatte seine Gattin zu einer Pilgerreise nach Lluc überredet – mit bösen Absichten. Denn bei günstiger Gelegenheit wollte er sich ihrer entledigen. Gedacht, getan. An einem Abgrund stieß er sie in die Tiefe und setzte seinen Weg fort. Seine Zufriedenheit wich Entsetzen, als er die Totgeglaubte in der Wallfahrtskirche vor der Madonnenfigur knien sah. Nachdem sich sein Schrecken gelegt hatte, erfuhr er aus dem Mund seiner Frau von der wundersamen Rettung. Ein Wind, ohne Zweifel von der braunen Jungfrau geschickt, hatte die Röcke der Stürzenden wie einen Fallschirm aufgebauscht und sie bis zum Kloster getragen.

Was die Legende lehrt: Der Mann hatte seine Gattin zu Unrecht verdächtigt, weite Röcke sind das rechte Kleidungsstück für eine treue Frau, und Mord ist

Sa Calobra: ein Ereignis für Ohren und Augen

Alljährlich findet im Juli an der Mündung der im Sommer trockenen Wildwasserschlucht Torrent de Pareis ein kostenfreies Konzert statt. Sollten Sie zu der Zeit in Sóller sein, bietet sich eine Bootsfahrt nach Sa Calobra an (▶ S. 14).

keine Lösung für Eheprobleme. Und an der Landstraße von Lluc in Richtung Selva trägt ein Aussichtspunkt den Namen »El Salt de la Bella Dona«, »der Sprung der schönen Frau«.

Die erste Kapelle des Santuari de Lluc wurde 1230 gebaut, die jetzige Klosterkirche und die meisten heutigen Gebäude stammen aus dem 17. und 18. Jh.

Den Mittelpunkt des 500-Seelen-Örtchens Fornalutx (▶ MERIAN TopTen, S. 98) bildet die kleine, von Natursteinhäusern umrahmte Placa d'Espanya, an der sich einige Bars befinden.

Die Klosteranlage des Monestir de Lluc (▶ S. 98) ist der bedeutendste Wallfahrtsort der Insel. Sie birgt die hoch verehrte Madonnenstatue »La Moreneta« aus dem 13. Jh.

Längst ist aus dem Ort der Besinnung ein beliebtes Ausflugsziel geworden, zu dem sich Speisewirtschaften und Werkstätten, Stallungen und ein kleines Museum gesellt haben. Wer will, kann in den Zellen auch übernachten.
15 km nordöstl. von Sóller

◎ TORRENT DE PAREIS/ SA CALOBRA ✦ E 2

Den auf vielen Ansichtskarten abgebildeten Strand Sa Calobra erreicht man über eine der eindrucksvollsten Passstraßen Europas. Gewaltige Höhenunterschiede müssen dabei überwunden werden. Dazu waren unzählige Schleifen und Kehren notwendig, Serpentinen, die von oben buchstäblich einem Schlangenknäuel gleichen. Doch Einsamkeit sollte man am Ende der Tour nicht erwarten. Zumindest über die Mittagszeit stehen hier viele Reisebusse. Jene Besucher, die einen Hauch von Abenteuer schnuppern möchten, begeben sich durch einen engen Tunnel zur Mündung des **Torrent de Pareis** (▶ S. 14) und wandern eine Weile im Flussbett des Wildbachs, der während der Sommermonate ausgetrocknet ist. Zu bewundern sind Naturmonumente aus Kalkstein, geschaffen vor allem durch die Kraft des Wildwassers, das bizarre Steilwände, Strudellöcher und Geröll hinterlassen hat. Wagemutige beginnen mit der Schluchtwanderung oben auf der Straße bei Escorca. Voraussetzung für die Klettertour sind gute Ausrüstung, Gesundheit, Proviant – und Wetterkenntnis: Ein Gewitterregen genügt, um die Schlucht in ein reißendes Flussbett zu verwandeln!
12 km nördl. von Sóller

◎ VALLDEMOSSA  ⚓D3

2010 Einwohner

»Es ist der schönste Ort, den ich je bewohnt habe«, schwärmt George Sand in ihrem Mallorca-Buch. Viele Besucher, die sich dem Häusergewirr am Fuße des 1062 m hohen Teix nähern, werden ihr gerne zustimmen. Es sind nicht gerade wenige, die an schönen Sommertagen mit Reisebussen und Autos kommen, und die meisten wollen das Kartäuserkloster besichtigen, in dem George Sand und Frédéric Chopin den Winter 1838/1839 verbrachten.

Bewohnt war das fruchtbare Hochtal schon von frühgeschichtlichen Siedlern, dann von Römern und Arabern. Die christlichen Eroberer gründeten im 13. Jh. die Kirche Sant Bartomeu, um die sich heute die Häuser aus ockerfarbenem Naturstein scharen. Und in einem davon, im stilleren Teil der Ortschaft, wurde 1531 Catalina Tomás, Mallorcas Volksheilige, geboren. Die Wandkacheln, die Szenen aus ihrem Leben zeigen, sind schlicht, das Interesse der Besucher ist mäßig. Sie alle pilgern zielstrebig zum Kartäuserkloster.

10 km südwestl. von Sóller

SEHENSWERTES

Cartoixa (Kartause)

Auch königliche Kartause genannt, denn die Anlage besteht aus der Kirche, dem angebauten Kloster und dem Palast des Königs Sanxo. Hier lebten die Kartäusermönche in der Zeit von 1399, als Martí der Gütige ihnen den Besitz vermachte, bis zum Jahr 1835, als alle Klöster enteignet wurden.

Natürlich richtet sich das Hauptaugenmerk der Besucher auf jene Zelle Nr. 4, in der das berühmte Paar drei Jahre später Unterkunft fand. Da steht das mallorquinische Klavier, an dem, wie man sagt, Chopin das »Regentropfenpräludium« komponierte, da liegen Zeichnungen, Briefe und das Manuskript des Klassikers »Ein Winter auf Mallorca«. In den benachbarten Zellen zeigt das Städtische Museum Erinnerungsstücke an Ludwig Salvator (▶ S. 102), Druckwerkzeuge aus vergangenen Tagen und zeitgenössische Kunstwerke. Interessant ist auch die hübsch eingerichtete Klosterapotheke neben der Kirche.

Pl. de la Cartoixa | Tel. 971612106 | www.valldemossa.com | Mo–Sa 9.30–17.30, So 10–13 Uhr | Eintritt 8,50 €, Kinder 4 €

ÜBERNACHTEN

Hotel Valldemossa

Schönster Blick auf das Kloster – Diese Edelherberge, 2005 in zwei Steinhäuser aus dem 19. Jh. integriert, ist ein gelungenes Beispiel für eine luxuriöse Agroturismo-Unterkunft.

Ctra. Vieja de Valldemossa s/n | Tel. 971 612626 | www.valldemossahotel.com | 12 Zimmer und Suiten | ♿ | €€€€

ESSEN UND TRINKEN

Hostal Ca'n Mario

Einfach, gut, authentisch – Zu den traditionellen Gerichten von Schwein, Lamm und Fisch gehört auch das bekannte vegetarische »tumbet mallorquí«. Speisesaal im ersten Stock.

C/. Uetam 8 | Tel. 971612122 | www.hostalcanmario.net | Di–So 13–16.30, 20–22.30 Uhr | €€

SERVICE

AUSKUNFT

OIT Valldemossa

Av. de Palma 7 | Tel. 971612019

Im Fokus
Ludwig Salvator

*Von ihm stammt das umfangreichste Werk über die
Balearen, nach ihm sind Schulen, Wanderwege und Gassen
benannt. Er ist Mallorcas höchstverehrter Ausländer:
Sie nennen ihn »Arxiduc Lluís Salvador«.*

Was Ludwig Salvator, Erzherzog von Habsburg-Lothringen und Bourbon, sein wollte, ist nicht ganz klar. Dritter war er in der österreichischen Thronfolge, geboren 1847 in Florenz. Vielleicht wollte er ja nicht warten oder sich zwischendurch mal umsehen. Jedenfalls lässt sich der 20-Jährige von seinem Vater Großherzog Leopold II. mit einem Schiff ausstatten und geht unter dem Decknamen Ludwig Graf Neudorf auf die Suche nach seinem eigenen Reich. Das findet er an der Küste bei Valldemossa. Das Land dort gehört anderen, doch mit denen wird er schnell einig. Mit sicherem Gespür erwirbt er von den Bauern die schönsten Flecken Erde sowie Gebäude von historischem Wert, unter ihnen das Herrschaftshaus Miramar, wo der mallorquinische Gottesdiener Ramon Llull 1276 eine Missionsschule gegründet hatte. In seinen Besitz wechseln die Güter Son Marroig, Son Moragues, S'Estaca und viele mehr. Bald gehört ihm die halbe Küste zwischen Valldemossa und Deià. Wo ihm die Landschaft von Natur aus noch nicht vollkommen scheint, hilft er nach. Er lässt, wie bei Son Marroig, einen Pa-

◄ Ludwig Salvator ist heute vor allem durch
seine landeskundlichen Studien bekannt.

villon aus Marmor errichten und Fußwege anlegen, die zu den schönsten
Ausblicken führen. Einer seiner Lieblingsplätze ist die Halbinsel Na Fo-
radada, die einem Drachen gleicht. Verstärkt wird die Vorstellung noch
durch ein Loch im Kopf des steinernen Fabelwesens. Bei sehr guter Sicht
soll diese Öffnung im Fels als Umriss der Insel Mallorca zu erkennen sein.

GROSSES HERZ FÜR MENSCH UND TIER

An eben dieser romantischen Stelle sollen sie sich zum ersten Mal getrof-
fen haben, der Prinz aus der Toskana und die schöne Tochter eines Tisch-
lers aus Valldemossa. Er hing seinen melancholischen Gedanken nach,
und sie sammelte das Salz, das die Gischt in den Felsmulden hinterlässt.
Nur Gerede? Jedenfalls wurde Catalina Homar des Prinzen große, wenngleich nicht einzige Liebe. Doch sie ist es, die er mit auf seine ausgedehnten Mittelmeerreisen nimmt. Mit ihm, der ein Dutzend Sprachen beherrscht, lernt Catalina, die von zu Hause aus nur Mallorquinisch kann,
neben dem Kastilischen auch Deutsch, Französisch und Italienisch. So
gebildet und welterfahren, nimmt der Erzherzog sie mit zur Wiener Hof-
burg. Die Verwandtschaft schüttelt den Kopf. Sie versteht den Exzentriker
nicht, der sich seinerseits ja auch viel lieber mit seinen neuen Landsleuten
befasst. Der die Bauern und Handwerker, die Schafhirten und Köhler be-
fragt. Was er dabei an Brauchtum und Gewohnheiten erfährt, schreibt er
in ein Notizbuch, dazu macht er Skizzen von Gerätschaften und Gebäu-
den, zeichnet Menschen, Pflanzen und Tiere. Sein Wissensdurst scheint
unerschöpflich. Und immer wieder reist er nach Menorca, Ibiza und Formentera, zu den griechischen Inseln und nach Nordafrika. Mit dabei an
Bord der »Nixe« ist auch Catalina, die jedoch von einer Reise ins Heilige
Land direkt nach Mallorca zurückkehrt. Während Ludwig Salvator weiter
ruhelos das Mittelmeer durchkreuzt, schreibt sie ihm Briefe. Doch in keiner ihrer Mitteilungen erwähnt Catalina, dass sie schwer erkrankt ist. Als
er durch ein Telegramm von ihrem kritischen Zustand erfährt, macht er
sich auf den Heimweg. Doch bei seiner Ankunft im April 1905 ist Catalina Homar bereits tot. Den Ärzten zufolge ist sie an der Lepra gestorben,
mit der sie sich auf ihrer Afrikareise infiziert hatte.

Den Erzählungen der Leute zufolge soll der Erzherzog, als Arxiduc Lluís
Salvador hoch verehrt, ein Mann mit großem Herzen gewesen sein. Er
liebte die Natur, die Kunst, die Wissenschaft. Wen wunderte es da, dass er

seine Menschenliebe nicht nur auf eine Person, auf ein Geschlecht beschränkte. Von Neigungen zu seinem Privatsekretär Antoni Vives ist die Rede, von hübschen arabischen Seeleuten auf seiner Jacht sowie von vielen Kindern, die er angeblich mit verschiedenen Töchtern des Landes zeugte. Großes Herz, wie gesagt, und eben Gerede.

AXTSCHLÄGE RUND UMS ERZHERZÖGLICHE ANWESEN

Andere Gewohnheiten stießen bei der bäuerlichen Bevölkerung auf weitaus mehr Unverständnis. So durfte auf seinem Besitz kein Tier gejagt und kein Olivenbaum beschnitten werden, mit dem Ergebnis, dass die Bäume keine Früchte mehr trugen. Eines Tages drangen Axtschläge an sein Ohr, aus einer Zone, die ihm nicht gehörte. Ludwig Salvator sah einen Bauern, der dabei war, einen der uralten Olivenbäume zu fällen. Ohne zu zögern, zahlte er dem erstaunten Mann den erstbesten Preis, den dieser für das Überleben des alten Baumes verlangte. Am anderen Tag, Zufall oder nicht, hallten rings um das erzherzögliche Anwesen die Axtschläge.

AN BORD DER »NIXE« SIND ALLE GLEICH

Legendär war außer seiner Liebe zu Mensch, Tier und Natur auch sein vernachlässigtes Aussehen. Mit seiner Jacht »Nixe«, umgeben von Künstlern, Freunden und allerlei Bordtieren, darunter einem Schimpansen, bereiste er das Mittelmeer. Eines Tages lief das Schiff in einem Hafen ein, wo der Bürgermeister schon zum Empfang des hohen Besuchs bereit stand. Der Alcalde sah einen dickbäuchigen, schmuddeligen Mann an der Reling, hielt ihn für einen Küchenhelfer und rief, er habe gehört, da reise ein Prinz an Bord. Das könne nicht sein, rief der Erzherzog zurück, hier an Bord seien alle gleich. Bei einer der seltenen Gelegenheiten, da er sich in Wien sehen ließ, erschien Ludwig Salvator vor den Augen des Kaisers in einer abgetragenen Uniform. Die Mottenlöcher in der Jacke hatte er mit Medaillen bedeckt. Sein Äußeres passte damit durchaus zu dem Bild, das man sich am Hofe von ihm machte. Die Verwandtschaft hielt ihn für einen harmlosen Anarchisten. Nur die Kaiserin Sisi hegte eine gewisse Bewunderung für den weisen Narren der Familie und besuchte ihn zweimal auf Mallorca.

Für einen »Aussteiger« arbeitete Ludwig Salvator jedoch erstaunlich viel. Wenn er nicht durch die Weltgeschichte reiste, dann schrieb und forschte er. Das Ergebnis dieser Arbeit, sein siebenbändiges Werk »Die Balearen in Wort und Bild«, erschien zwischen 1869 und 1891 in Leipzig und wurde auf der Pariser Weltausstellung mit einer Goldmedaille ausgezeichnet. Die Wälzer, die der Autor später zu einer zweibändigen Ausgabe bündelte, enthalten viele Zeichnungen und genaueste Aufzeichnungen über nahezu jeden Quadratmeter Inselerde, über Fauna, Flora und Folklore. Seine Bücher und sein persönliches Werben für die Balearen brachten so etwas wie einen Edeltourismus in Schwung. Da es damals kaum Fremdenzimmer gab, kaufte er das Landgut Ca Madó Pilla und machte es zu einer Herberge, wo jeder Reisende drei Tage umsonst wohnen konnte. Er selbst begab sich auf eine Reise nach Mitteleuropa. Ob aus gesundheitlichen Gründen oder auf Befehl des Kaisers, ist nicht geklärt. In Europa standen alle Zeichen auf Sturm. Der Erste Weltkrieg brach aus, und Ludwig Salvator sollte Mallorca nicht wiedersehen. Er starb 1915 auf seinem Schloss Brandeis in Böhmen. Begraben ist er nicht dort, wo er fast 50 Jahre gelebt, geliebt und gearbeitet hatte, sondern in der Kapuzinergruft im ungeliebten Wien.

IN WIEN VERGESSEN, AUF MALLORCA HOCH VEREHRT

Noch einmal überrascht der ungewöhnliche Mann die Nachwelt: Er hinterlässt seine Besitztümer seinem langjährigen mallorquinischen Freund und Privatsekretär Antoni Vives. Warum er so gehandelt hat, darüber mögen sich die Geschichtsschreiber streiten. Einig werden sie sich darin sein, dass es wohl die Balearen sind, die ihrem Arxiduc am allermeisten verdanken: nämlich sein Werk. Er war es, der die Flora und Fauna des Archipels, seine traditionsreiche Volkskultur bis ins kleinste Detail beschrieben hat.

In Wien ist mit dem Untergang der Donaumonarchie sein Name bald in Vergessenheit geraten. Lebendig geblieben ist hingegen sein Andenken bei den Mallorquinern. Sie verehren ihren Ludwig Salvator. Nach ihm sind Schulen, Geschäfte und in vielen Orten Gassen benannt. Seinen Spuren zu folgen ist leicht. Von dem Herrenhaus Formiguera, wo er anfangs in Palma wohnte, über den erzherzöglichen Wanderweg »cami de S'Arxiduc«, der zum Berggipfel Teix führt, bis zu seiner ehemaligen Residenz Son Marroig, das heute ein Museum ist. Darüber hinaus hat zwischen Valldemossa und Deià nahezu jeder Stein, jeder Olivenbaum etwas mit dem adligen Aussteiger zu tun, der Mallorca für die übrige Welt entdeckte. Und der weltweit viele Verehrer hat. Einer von ihnen ist Hollywoodstar Michael Douglas, der 1990 den Landsitz S'Estaca kaufte und für das Kulturzentrum »Costa Nord« in Valldemossa die Schirmherrschaft übernahm. Die Einrichtung möchte den Mallorca-Besuchern jenen Landstrich nahebringen, mit dem sich Erzherzog Ludwig Salvator so stark verbunden fühlte. 2002 wurde die zweibändige Ausgabe von »Die Balearen in Wort und Bild« als Reprint herausgegeben. Die Bände, 940 Seiten Goldprägung, enthalten teils farbige Illustrationen und kosten je nach Anbieter um die 100 €.

DIE GROSSEN BUCHTEN IM NORDEN

Diese vielfältige Region umfasst von Cap de Formentor bis zum Cap des Freu weite Buchten und Berge, alte Städte und fruchtbare Ebenen von den Ausläufern des Tramuntana-Gebirges bis zum Massís de Artà im Nordosten.

Die Verbindungsstraße zwischen den Hauptorten des Nordens ist gerade und bequem. Doch man sollte sich Zeit lassen, denn es gibt viel zu sehen. Auf die zerklüftete Küste der Halbinsel Formentor folgen die sanft geschwungenen Buchten von Pollença und Alcúdia mit kilometerlangen Sandstränden. Das Sumpfgebiet der Albufera macht der Garigue rund um Santa Margalida Platz; und hinter dem rauen Cap de Ferrutx reihen sich die malerischen Buchten der Cala Torta und Cala Mesquida.

So abwechslungsreich wie die Landschaft ist auch ihre Geschichte. Bei Alcúdia gingen einst die Römer an Land, bauten Häuser, Paläste und ein Freilichttheater – dort wo sich heute das zweitgrößte Touristenzentrum der Insel ausbreitet. Andere sehr bekannte Ziele wie Can Picafort entstan-

◄ Eine schöne Wanderung führt von Artà (▶ S. 117) zur Talaia Moreia an der Küste.

den an Orten, die bis zur Mitte des 20. Jh. nur aus Fischerhütten bestanden. Und auf der Halbinsel Artà lebten schon lange vor den Römern in den mächtigen Steinanlagen von Ses Païsses Mallorcas Urbewohner. Pollença ist für viele die schönste Landstadt Mallorcas. Die Berge und das Meer sind nah, eine fruchtbare Ebene liegt unmittelbar vor der Haustür. Das Klima ist hier beständiger, der Himmel blauer als im Westen der Insel, wo sich die Regenwolken in den hohen Gipfeln festkrallen. Und als sei das der Vorzüge noch nicht genug, sagt man diesem Teil Mallorcas auch noch die beste Küche nach. Ein Grund mehr also, um sich Zeit zu lassen.

POLLENÇA & PORT DE POLLENÇA ⚑ F 2 und G 1

16 115 Einwohner

In Pollença länger zu bleiben wird dem Besucher nicht gerade leicht gemacht: Es gibt kaum Unterkünfte. Auf jeden Fall sollten Sie die engen Gassen durchstreifen. Die Häuser sind dicht beieinander gebaut, um im Sommer tagsüber den Hitzeeinfall und im Winter den nasskalten Nordwind abzuwehren. Verspielte Balkongitter mildern den etwas düsteren Eindruck der Fassaden.

Ein freundlicher Platz ist auch das Café Espanyol an der Plaza. Durch die Platanen schimmert das bunte Rundfenster der Kirche, schräg gegenüber befindet sich der kleine überdachte Markt. Eher schlicht, aber einen Blick wert ist die römische Brücke am Ortsausgang.

Tradition hat das **Internationale Musikfestival** von Pollença, das seit dem Jahr 1962 im August und September im Kreuzgang des Dominikanerklosters stattfindet und im Lauf der Jahre Musikfreunde aus aller Welt angelockt hat. Weltbekannte Musiker, unter ihnen Wilhelm Kempff und Swjatoslaw Richter, folgten der Einladung zum Festival de Pollença. Schirmherrin des Ereignisses ist Königin Sophia von Spanien.

Das vornehme Flair der Stadt hat auch Vertreter der leichteren Muse und des Geldadels angelockt, die sich vorwiegend außerhalb von Pollença niedergelassen haben. Schön ist die Aussicht vom Kalvarienberg, doch die beste Übersicht bietet der Hausberg **Santa Maria**. Dort oben schweift der Blick über das Flüsschen Sant Jordi bis hin zur weiten Bucht Badia de Pollença.

Im Vergleich mit dem würdevollen Landstädtchen Pollença ist der 5 km nordöstlich gelegene Hafen **Port de Pollença** nur ein Touristenklecks in schöner Landschaft. Gemessen mit anderen

Gesucht, gefunden: Gottesauge

An den Stränden im Norden können Sie manchmal auch ein »Gottesauge« finden: den Gehäusedeckel einer Schneckenart, der fingernagelgroß und recht selten ist (▶ S. 14).

Urlaubsorten schneidet der ehemalige Fischerhafen jedoch gut ab. Das liegt an der Uferpromenade mit Palmen und Kiefern und Villen, die schon bessere Tage gesehen haben. Bei einigen kann man sich vorstellen, dass Agatha Christie sie bei ihren Recherchen in näheren Augenschein genommen hat. Immerhin residierte die weltbekannte britische Krimiautorin am Anfang des 20. Jh. mehrmals in Pollença. Die Umgebung

und sicher auch die Besucher inspirierten sie zu ihrer 1935 erschienenen Kurzgeschichte »Problem at Pollensa Bay«. Der Ort wächst, aber noch wuchert er nicht. Die gut geschützte Bucht verfügt über einen 3 km langen Sandstrand.

5 km nordöstl. von Pollença

SEHENSWERTES

Puig de Calvari (Kalvarienberg)

Der Weg beginnt beim alten Rathaus in Pollença, führt über eine zypressenbeschattete Treppe mit 365 Stufen und endet bei einer Kapelle (18. Jh.) auf dem Puig de Calvari. Weiter Blick auf die Gebirgskette in der Ferne.

Puig de Maria

Der Aufstieg auf Pollenças Hausberg (300 m) beginnt am südlichen Stadtrand und dauert anderthalb Stunden.

Abseits vom Touristentrubel laden in den Seitengassen von Pollença urwüchsige Restaurants zur Einkehr. Das La Fonda (▶ S. 109) überzeugt mit exzellenter Qualität und fairen Preisen.

MUSEEN UND GALERIEN

Museu Martí Vicenç

Hier wird die Geschichte der mallorquinischen Zungenstoffe (»robes de llengües«) dargestellt. Die Ausstellung ist dem Künstler und Weber Martí Vicenç Alemany gewidmet. Zu sehen sind außer den Stoffen alte Webstühle.

Pollença | C/. Calvari 10 | www.martivicens.org | Mi–Mo 10–13, 15–18 Uhr | Eintritt frei

Museu de Pollença

Das Museum ist in dem Teil des Dominikanerklosters untergebracht, der als Kulturzentrum dient. Außer einer recht umfangreichen Gemäldesammlung aus unterschiedlichen Epochen werden archäologische Funde gezeigt, darunter ein Holzsarkophag aus vorchristlicher Zeit, der mit einem Stierkopf geschmückt ist.

Pollença | C/. Guillem de Cifre de Colonya s/n | Di–Sa 10–13, 17.30–20.30, So 10–13 Uhr | Eintritt 2 €, Kinder bis 12 J. frei

ÜBERNACHTEN

Finca Can Cap de Bou 🏊

Bestens für Selbstversorger – Das Anwesen liegt in der Bucht von Pollença, nicht weit vom Strand, inmitten eines Vogelschutzgebiets. Mit Schwimmbad.

Port de Pollença | C/. Cami de Almadrava s/n | Tel. 971272159 | www.cancapdebou.net | 2 Häuser, 4 Apartments | €€–€€€

Illa d'Or

Nicht nur für Krimifreunde – Agatha Christie ließ sich hier zu ihren Mordgeschichten inspirieren.

Port de Pollença | Passeig des Colón 265 | Tel. 971865100 | www.hotelillador.com | 119 Zimmer | €€€

Juma

Klein und freundlich – Das familiär geführte Hotel liegt im Ortszentrum.

Pollença | Pl. Major 9 | Tel. 971535002 | www.hoteljuma.com | info@pollensahotels.com | 7 Zimmer | €€€

ESSEN UND TRINKEN

La Llonja

Fisch auf der Mole – Mit dem Hafen wurde auch das Lokal renoviert, das für seine Fischgerichte und den Langusteneintopf »caldereta de llagosta« bekannt ist. Vom Speisesaal hat man einen tollen Blick auf die Fischerboote.

Port de Pollença | Moll Vell s/n | Tel. 971 868430 | www.restaurantlallonja.com | tgl. 12–16, 19–23 Uhr | €€€

La Fonda

Wörtlich ein Gasthof – Das Restaurant ist in einem alten Stadthaus nahe der Plaça untergebracht. Mallorquinische Küche laut Karte. Fragen Sie auch nach den Tagesspezialitäten.

Pollença | C/. Antoni Maura 32 | Tel. 971 534751 | Di–So 13–15.30, 19–22.30 Uhr | €€

SERVICE

AUSKUNFT

OIT Port de Pollença

Port de Pollença | C/. Passeig Saralegui s/n | Tel. 971865467

Ziele in der Umgebung

◎ CALA SANT VICENÇ 🚩 F1

255 Einwohner

Ein Ferienort mit drei Sandbuchten, sauberem Wasser und eindrucksvoller Felskulisse. Dass zumindest die kleineren Nebenbuchten trotz ihrer Schönheit nicht überlaufen sind, liegt wohl am beschwerlichen Weg zu den Kies-

und Sandstränden. Außerdem wartet Cala Sant Vicenç am Ortseingang mit Grabhöhlen aus der Bronzezeit auf.

4 km nördl. von Pollença

ÜBERNACHTEN

Los Pinos

Familiäres Ambiente – Nette Pension in der Cala Molins, zwischen Pinien. 150 m vom Strand. Wem der Weg zu weit ist, der kann das Schwimmbad im großen Garten benutzen.

Cala Molins | Tel. 971531210 | www. hostal-lospinos.com | 20 Zimmer | €€

ESSEN UND TRINKEN

Ca'L Pató

Mit Blick auf die Bucht Clara – Große Auswahl an frischen Fischen und Meeresfrüchten. Warum nicht beides zusammen in einer Kasserolle? Die Bedienung ist aufmerksam und berät den Gast gern. Wer auf der Terrasse mit Blick auf die Bucht speisen möchte, sollte vorab einen Tisch bestellen.

Cala Clara | Tel. 971533899 | €€

◎ CASTELL DEL REI F1

Am Ortsausgang von Pollença verweist ein Schild auf Ternelles. Einen Teil der Strecke (8 km) kann man mit dem Wagen zurücklegen, den Rest zu Fuß – zurzeit ist das jedoch nur bedingt möglich, weil der Weg über das Anwesen der Familie March nur an bestimmten Tagen für 20 Personen geöffnet wird. Zwingend notwendig ist es daher, erst die Webseite www.ajpollenca.net des Rathauses von Pollença aufzurufen. Mit einem Klick auf die Schaltfläche »Visites a Ternelles« erscheint ein Kalender, in dem verzeichnet ist, an welchen Tagen wie viele Plätze frei sind;

dann füllt man ein Formular aus. Das alles klingt nicht sehr einladend. Außerdem kann diese Regelung jederzeit geändert werden. Wer eine positive Antwort erhalten hat, wandert durch Felder und Steineichenwälder, die nicht mehr ihre ursprüngliche Dichte haben, aber immer noch genügend Schatten bieten. Am Ende eines Saumpfades, hoch über dem Steilabfall zum Meer, steht die Ruine des Bollwerks. Das Kastell, ein mit Mauern verstärkter Naturfelsen, war 1230 das letzte Refugium der Araber. Ein Jahrhundert später, König Jaume III war bei Llucmajor gefallen, verschanzten sich hier die königstreuen Mallorquiner gegen die Festlandstruppen. Nach dem Kampf war die Königsburg als Festung nicht mehr zu gebrauchen. Geblieben ist der Rundblick auf die Nordküste bis hin zum Cap Formentor. Sofern Sie das bürokratische Hindernis überwunden haben, sollten Sie für die Wanderung 2 bis 3 Stunden einplanen.

4 km nördl. von Pollença

EINKAUFEN

Solytierra

Das Spitzenerzeugnis heißt Balsam Crema Zarzamora, eine Mischung aus Balsamico mit Brombeersaft und Dattelsirup: passt zu Salaten, Früchten, Fleisch und Joghurt. Aus eigener Herstellung sind auch Zitronen- und Aprikosensenf. Andere Produkte wie Öle, Honig, Marmeladen, die Leberpaté mit Trüffelpilzen und diverse Chutneys von mild bis scharf kommen aus kleinen örtlichen Manufakturen. Alle Produkte werden ohne künstliche Zusätze hergestellt.

Pollença | C/. Calvari 11 | Tel. 971531105 | www.solytierra.eu | Mo–Fr 11–18, So 11–16 Uhr

Großartiges Panorama am Mirador de Sa Creueta: Die wildromantische Steilküste am Cap de Formentor (▶ MERIAN TopTen, S. 111) markiert das nördliche Ende Mallorcas.

◎ FORMENTOR ⭐ 🔺 G1

Am stilvollsten wäre es natürlich, sich dieser großartigen Landschaft vom Meer aus zu nähern. Doch auch auf der Straße hat das seinen Reiz. Ab Port de Pollença schlängelt sich das Asphaltband Richtung Cap de Formentor in die Berge. Nach 5 km, am **Mirador Es Colomer**, hält jeder an, um einen Blick auf die senkrechten Felswände und das tosende Meer zu werfen. Wen dieser Anblick »süchtig« gemacht hat, der fährt, radelt oder wandert weiter über den Rücken der Halbinsel, durch Pinienwälder und die untertunnelte Fels-

nase des 334 m hohen **Puig Fumat** bis zum Leuchtturm. Dort, im äußersten Norden Mallorcas, herrschen Brise und Brandung. Auf der Strecke liegen paradiesische Buchten wie die Cala Murta und das berühmte Hotel Formentor.
15 km nordöstl. von Pollença

ÜBERNACHTEN

Formentor

Glanzvolle Vergangenheit – Bis Ende der 1920er-Jahre war die Halbinsel nur reine Natur, dann wurde sie zum Ereignis. Der deutschstämmige Argentinier Adán Diehl baute hier ein Luxushotel.

Diehl rief, und die Prominenten kamen – Politiker, Poeten und Philosophen. Graf Keyserling brachte seine Gedanken zur »Woche der Weisheit« mit, Winston Churchill seine Zigarre; Charlie Chaplin, Grace Kelly … Das ist wohl ein paar Tage her, doch noch immer zieht das Hotel berühmte Gäste an.

Platja de Formentor s/n | Tel. 971 89 91 00 | www.hotelformentor.net | 127 Zimmer | €€€€

ALCÚDIA & PORT D'ALCÚDIA  G2

19 800 Einwohner

Wie eine Hand greift die Halbinsel Victòria ins Meer hinaus und trennt die Badia de Pollença von der sichelförmigen Badia d'Alcúdia. An der Handwurzel liegt Alcúdia, umgeben von einer mittelalterlichen Mauer. Besiedelt war das Gebiet schon in frühgeschichtlicher Zeit: 100 Jahre vor Christi Geburt gründeten die Römer hier eine Stadt, die sie **Pollentia** nannten. Die Ruinen liegen außerhalb der Stadtmauern.

Die heutige Bezeichnung geht auf eine Neugründung der Araber zurück: »al-kudia«. Dazwischen lag ein Besuch der Vandalen, die so hausten, wie es sprichwörtlich geworden ist. Im 14. Jh. erhielt Alcúdia als Schutz gegen Seeräuber jene Stadtmauern, die zum großen Teil im 20. Jh. abgerissen und später, als man den Wert der historischen Stätten für den Fremdenverkehr erkannte, wieder aufgebaut wurden. Am eindrucksvollsten sind die Stadttore Porta de Sant Sebastià und die Porta de Xara. In die Stadtbefestigung mit einbezogen ist auch die hübsche Kirche Sant Jaume. Der Tourismus unserer Tage, der sich hauptsächlich an den langen Sandstränden der Bucht abspielt, machte Alcúdia zu einer wohlhabenden Stadt. Doch besonders stürmisch geht es nicht zu innerhalb der Stadtmauern, denn die meisten Besucher kommen nur für eine kurze Besichtigung und fahren anschließend weiter.

Für Segler und Freunde schneller Motorboote ist der 2 km südlich gelegene Hafen **Port d'Alcúdia** ein guter Anlegeplatz, der schon von den Frachtschiffen der Römer geschätzt wurde – Hafenatmosphäre trotz des starken Fremdenverkehrs. Ansonsten bestimmen ganz klar die vielen Läden, Speiselokale und Hotelbauten – zum Teil noch aus den früheren Tourismusjahren – das Bild dieses Ferienorts. Von Port d'Alcúdia legen auch die Fähren nach Menorca ab. Das Naturschutzgebiet **Ermita de la Victòria** rund um die Einsiedelei lässt sich am schönsten zu Fuß oder per Fahrrad erkunden (▶ S. 162).

SEHENSWERTES

Can Torró 👫

Die Bibliothek in dem restaurierten Stadtpalast hat sich zu einem Kulturzentrum entwickelt, in dem Kinder malen und Theater spielen und die Alten ihre Scheu vor Büchern überwinden.

C/. Serra 15, Ecke C/. de l'Hostal | Di–So 10–14, Di–Fr 17–21, im Winter Di–So 16–21 Uhr | Eintritt frei

MUSEEN UND GALERIEN

Museu Monogràfic de Pollentia

Gefäße, Münzen, Schmuckstücke, dazu Werkzeuge und eine Statue des Gottes Merkur. Andere Relikte der Römer kann der Besucher unter freiem Himmel bewundern: Das **Teatre Romà** und die freigelegten Siedlungsreste Pollentia liegen außerhalb der Stadtmauern an der Straße nach Port d'Alcúdia.

Alcúdia | C/. Sant Jaume 30 | April–Okt. Di–Fr 10–18, Sa, So 10.30–14 Uhr | Eintritt 3 €

ÜBERNACHTEN

Can Simó

Mit Dorfgefühl – Das kleine Hotel befindet sich im nordwestlichen Teil der Altstadt. Die dicken Mauern des jahrhundertealten Hauses halten den Lärm und, in den Sommermonaten, auch die Hitze draußen. Zum Inventar gehören ein Hallenbad, eine Sauna und ein Fitnessraum. Zum Strand sind es 2 km.

Alcúdia | C/. Sant Jaume 1 | Tel. 9 71 54 92 60 | Buchungen unter: www.finca hotels.com/fincahotels/detail/can-simo-petit-hotel | 7 Zimmer | €€

Vanity Hotel

Adults only – Das Haus wirbt mit dem Motto »nur für Erwachsene« und bietet statt Kinderanimationen vermehrt Trips für Gäste mittleren Alters an, darunter nicht wenige junge Eltern. (▶ S. 17)

Port d'Alcúdia | Ctra. Artà 13 | Tel. 9 71 89 24 26 | www.vanityhotels.com | 117 Zimmer | €€€

ESSEN UND TRINKEN

Can Costa

Mallorquinisch klassisch – In diesem Familienbetrieb in einem einstigen Stadtpalast genießt man lokale Speisen nach traditionellen Inselrezepten. Serviert wird in Räumen mit vielen Antiquitäten oder auf der Terrasse.

Alcúdia | C/. Sant Vicenç 14 | Tel. 9 71 54 53 94 | www.cancostaalcudia.com | tgl. 12.30–15, 18.30–23.30 Uhr | €€

Die Altstadt von Alcúdia (▶ S. 112) auf dem Bergsattel zwischen der Bucht von Pollença und der Bucht von Alcúdia wird von einer mächtigen Wehrmauer mit Türmen und Toren umgeben.

Der knapp 2000 ha große Parc Natural de S'Albufera (▶ S. 115) ist frei zugänglich. Das angeschlossene Besucherzentrum informiert anschaulich über Fauna und Flora des Feuchtgebiets.

Mesón Dulcinea

Gemütliches Ambiente – Emilio González Mata serviert vor allem Tapas und Fleischgerichte.

Port d'Alcúdia | C/.Mariners 7 | Tel. 971 547841 | www.mesondulcinea.com | Di–So 12.30–24, im Winter Di–So 13–16, 19–24 Uhr | €€

EINKAUFEN

In den letzten Jahren haben in Alcúdias Altstadt Galerien, mehrere kleine Läden und Werkstätten aufgemacht; darunter auch ein deutscher Goldschmied in der Carrer L'Hostal.

SERVICE

AUSKUNFT

OIT Alcúdia

C/. Major 17 | Tel. 971 897113

OIT Port d'Alcúdia

Passeig Maritim s/n | Tel. 971 892615

Ziele in der Umgebung

◎ CAN PICAFORT   ⚑ G3

6750 Einwohner

Es waren einmal ein paar Fischerhütten – und eine davon soll einem besonders kräftig zuschlagenden Mann mit Namen Picafort gehört haben. Der schöne Sandstrand war schon da, viele Hotels kamen in der Folgezeit hinzu. So entstand das ausgedehnte Feriengebiet Can Picafort, das nun auch ganz schön »draufhaut«, nämlich auf die umliegende Natur. Die vielen deutschen Urlauber lassen sich in ihrem Vergnügen nicht stören. Bars, Boutiquen und Bowlingbahnen – alles ist da.

10 km südöstl. von Alcúdia

SERVICE

AUSKUNFT
OIT Can Picafort
Pl. Gabriel Roca 6 | Tel. 9 71 85 03 10 | www.canpicafort.es

◎ COLÒNIA DE SANT PERE ⚑ H 3
480 Einwohner

Das Fischerdorf erstreckt sich am östlichen Ende der weiten Bucht von Alcúdia. Und weil es außer einem kleinen Hafen hier auch eine Sandbucht gibt, werden mehr Ferienunterkünfte gebaut, als dem gewachsenen Ortskern gut tut. Colònia ist ein guter Ausgangspunkt für Wanderungen entlang der Küste zum Cap de Ferrutx. Auf halbem Weg liegt die Einsiedelei von Betlem.

18 km südöstl. von Alcúdia

ESSEN UND TRINKEN

Sa Xarxa
Romantisches Abendessen – Ob mit »café con leche« und hausgemachtem Käsekuchen am Nachmittag oder Fisch im Salzmantel am Abend, wenn die Sonne hinter den Bergen der Tramuntana versinkt: Die mallorquinischen Gerichte mit deutschem Einschlag sind auch bei den Einheimischen beliebt.
Passeig de Mar s/n | Tel. 9 71 58 92 51 | www.sa-xarxa.com | tgl. 12–23 Uhr | €€€

◎ MURO ⚑ F 3
6970 Einwohner

Außer der Kirche **Sant Joan Baptista** mit dem frei stehenden Glockenturm gibt es eine Menge hübscher Häuser im ländlichen Stil. In einem davon ist das Völkerkundemuseum untergebracht.

15 km südl. von Alcúdia

MUSEEN UND GALERIEN

Museu de Muro
Sammelstücke und Darstellungen vermitteln ein Bild vom Leben auf dem Lande. Wer sich für Mallorcas Kultur interessiert, ist hier genau richtig. Zwar bieten die Landgüter Sa Granja und Els Calderers ein größeres Programm, doch dafür ist dieses ethnologische Museum nicht so stark kommerzialisiert.
C/. Major 15 | Sept.–Juli Di–Sa 10–15, Do 17–20 Uhr | Eintritt frei

◎ NECRÒPOLIS DE SON REAL ⚑ G 3
In der Nähe von Can Picafort liegen direkt an der Bucht von Alcúdia Grabfelder aus dem 7. bis 4. Jh. v. Chr. Sie wurden aber auch später noch genutzt. Im Haupthaus des Gutshofs Son Real sind Exponate aus alter Zeit ausgestellt. Dass sie im Zusammenspiel mit modernen Techniken präsentiert werden, macht das Museum besonders sehenswert.
Ctra. Can Picafort, km 17,7 | tgl. 10– 17 Uhr | Eintritt frei

28 km südöstl. von Alcúdia

◎ PARC NATURAL DE S'ALBUFERA 👤👤 ⚑ G 2/3
Unmittelbar hinter der Durchgangsstraße beginnt Mallorcas ausgedehntestes Feuchtgebiet. Alte Entwässerungskanäle und Wege zeugen davon, dass von 1851 bis 1871 Briten dieses Sumpfgebiet

trockenlegen wollten. Heute ist S'Albufera ein Naturpark. Doch die Gefahr für die dort heimischen Schildkröten und 200 Vogelarten ist nicht gebannt. Die Resorts von Port d'Alcúdia und Can Picafort wachsen, das Duschvergnügen geht auf Kosten von Fischadlern und Falken, Wasserhühnern und weißen Sumpfblüten. Der Nationalpark eignet sich ideal für Wanderungen und Radtouren. Autos dürfen nicht hinein.

Ctra. Alcúdia–Artà | April–Sept. tgl. 9–18, Okt.–März tgl. 9–17 Uhr | Eintritt frei

4 km südl. von Alcúdia

◎ SA POBLA ⚑ F 3

12 881 Einwohner

Die vielen Windmühlen in der bäuerlichen Gemeinde sind Nachfahren der »norias«, der Schöpfräder der Araber. Im 19. Jh. übernahmen windgetriebene Mühlen diese Arbeit, bis sie wiederum durch Motorpumpen ersetzt wurden. Ein Verein der Windmühlenfreunde sorgt nun dafür, dass die charakteristischen Bauwerke nicht verfallen. Neben anderen Gemüsesorten werden in der Gegend vor allem Kartoffeln angebaut. Der Ort selbst bietet touristisch wenig, und das ist vielleicht seine Stärke. Ganz in Ruhe kann der Besucher von der Plaça Major aus seinen Blick vom alten Baumbestand zu den Patrizierhäusern und weiter zur Pfarrkirche Sant Antoni Abat aus dem 14. Jh. schweifen lassen. Und sollte er an den Festtagen des Ortsheiligen Sant Antoni am 16. und 17. Januar zugegen sein, dann hat er die Gelegenheit, eine örtliche Spezialität zu probieren: »empanadas«, gefüllt mit Gemüse und kleinen Aalen aus dem nahe gelegenen Feuchtgebiet S'Albufera.

Die Windmühlen in der Umgebung von Sa Pobla (▶ S. 116) heißen den Besucher schon von Weitem willkommen. Lange dem Verfall preisgegeben, werden sie nun wieder restauriert.

MUSEEN UND GALERIEN

Casa Museu de Sa Rondai

María Isabel Sanchos Märchenmuseum Artartà macht mithilfe von Figuren aus Ton, Kunstharz und Pappmaschee mit den als »rondaies« bekannten Volksmärchen vertraut. (▶ S. 17)

C/. Antoni Blanes 19 | Tel. 971 83 59 39 | www.artarta.es | Mo–Fr 10–21, Sa 10–16 Uhr | Eintritt 4, Kinder 2 €

Spielzeug- und Kunstmuseum Can Planes

Hier gibt es für die ganze Familie etwas zu sehen. Die Erwachsenen werden sich wohl zuerst im Erdgeschoss die Skulpturen und Bilder anschauen. Die meisten Werke stammen von Mallorquinern oder Künstlern, die auf der Insel tätig waren. Im ersten Stock werden dann die Augen aller Kinder und die der Nostalgiker leuchten, nämlich beim Anblick der historischen Spielzeuge wie Modellautos und Puppen. Insgesamt gibt es etwa 3000 Exponate, darunter auch Brettspiele und Comics.

C/. Antoni Maura 6 | Di–Fr 10–12 Uhr, Aug. geschl. (im Winter andere Zeiten) | Eintritt 2 €, Kinder frei

◎ SANTA MARGALIDA ⚑ G 3

11 720 Einwohner

Die **Kirche** auf der leichten Anhöhe ist in der flachen Landschaft schon von Weitem zu sehen. Im Innenraum des Gotteshauses kann man den wertvollen Hochaltar bewundern und von der Kirchenterrasse einen Rundblick über die schachbrettartig angelegten Äcker genießen. Einigen Feldern ist hier unschwer anzusehen, dass sich die Landwirtschaft nicht mehr lohnt.

16 km südl. von Alcúdia

ARTÀ ⚑ H 3

7550 Einwohner

Solide alte Bürgerhäuser, enge Gassen und einige nette Lokale an der Hauptstraße bestimmen das Bild des Städtchens, das fast nur von Tagestouristen besucht wird. Die schauen sich kurz die Wehrkirche **Transfiguració del Senyor** mit der schönen Holzkanzel an, dann geht es weiter auf einem von Zypressen gesäumten Weg zur Wallfahrtskirche **Sant Salvador**, die im Jahr 1825 neu erbaut wurde. Das alte Gotteshaus war fünf Jahre zuvor während der großen Pest als Lazarett genutzt worden, anschließend hatte man es abgebrannt.

Ein lohnendes Ausflugsziel von Artà sind auch die **Coves d'Artà**, die 11 km östlich von Artà an der Küste liegen.

SEHENSWERTES

Talaiot de Ses Païsses

Die Ruinen dieser prähistorischen Siedlung sind leicht zu finden. Gleich nach dem Kreisverkehr bei dem restaurierten Bahnhof von Artà erkennt man ein Hinweisschild. Ein ca. 1 km langer Weg führt zu der in einem Wäldchen gelegenen Ausgrabungsstätte, wo ein Kiosk und Informationstafeln auf den Besucher warten. Am meisten beeindruckt an dieser frühgeschichtlichen Siedlung – bewohnt wurde sie wohl um 1000 v. Chr. bis zur Römerzeit – das Eingangstor. Die mächtigen Steinquader sind tonnenschwer und sauber aufeinandergefügt. Mit welchen Mitteln sie einstmals errichtet wurden, das verraten auch die Erklärungstafeln nicht. Durch die Anlage führt ein gekennzeichneter Rundweg.

Mo–Sa 10–13, 14.30–18.30 Uhr | Eintritt 2 € 2 km südöstl. von Artà

Auf der Spitze des Hügels über Artà (▶ S. 117) thront die Wallfahrtskirche Santuari de Sant Salvador. Sie beherbergt eine romanische Holzstatue der Jungfrau Maria aus dem 13. Jh.

ÜBERNACHTEN

Jardi d'Artà

Frühstück im Garten – Das kleine Hotel mit dem verwunschenen Garten wurde in einem alten Stadthaus eingerichtet. Trotz umfangreicher Modernisierung bietet es Authentizität.

C/. Abeurador 21 | Tel. 971 83 52 30 | www. hotel-arta.com | 12 Zimmer | €€€–€€€€

ESSEN UND TRINKEN

Es Serral

Uriges Finca-Restaurant – Am Ende der etwas mühsamen Anfahrt wartet auf Liebhaber der authentischen Inselküche ein Idyll. Gekocht wird in dem Familienbetrieb nach alten Rezepten: »pollo feliz«, gefüllter Lammbraten oder mariniertes Rebhuhn. Soweit es die Saison zulässt, werden Gemüse und Kräuter aus eigenem Anbau verwendet.

Dazu ein offener Hauswein aus dem Tonkrug. Reservierung empfohlen.

Cami a la Cala Torta (am Ortsausgang Richtung Capdepera der Beschilderung folgen) | Tel. 971 83 53 36 | Di–So 12–15, 18.30–22.30 Uhr, So nur abends | €€
2 km nordöstl. von Artà

Ziele in der Umgebung

◎ CALA RAJADA ⚑ J3
5650 Einwohner

Der Name »Rochenbucht« verweist auf den Fischfang. Seit den 1960er-Jahren wurde der Tourismus zur größten Einnahmequelle. Doch die Boote, die blauen Netze, der Geruch nach Fisch und Salzwasser sind noch da, durchmischt mit dem Duft nach Sonnenöl, der von den nahen Stränden Cala Guya und Platja de Son Moll herüberweht.

10 km östl. von Artà

SEHENSWERTES

Casa March

Hoch über dem Fischerhafen steht dieses dreistöckige Prachthaus. In der einstigen Villa des mallorquinischen Bankiers Juan March hängen Gemälde von Künstlern wie Rembrandt, Picasso, Chagall und Goya. Den kleinen Park (Jardines de Sa Torre Cega) bevölkern unzählige Statuen und Plastiken, u. a. von Henry Moore und Auguste Rodin. ⏰ Jeden Donnerstag im Juli finden Sommerkonzerte statt. Allerdings ist auch hier wie für den Park und die Gärten Sa Torre Cega eine Anmeldung erforderlich. Tel. 6 89 02 73 53 | Führungen Mi–Fr 10.30–12, Sa, So 11–18 Uhr | Eintritt 4,50 €, Kinder frei

ESSEN UND TRINKEN

Ses Rotges

Beste französische Küche – Besitzer Gérard Tétard war Mallorcas erster Koch, der im Jahr 1977 einen Michelin-Stern auf die Insel holen konnte. Obwohl der Franzose aus Lyon die Auszeichnung vor ein paar Jahren freiwillig zurückgegeben hat, weil er »wieder nach eigenen Regeln leben« wollte, ist die hohe Qualität der Speisen geblieben. Damit er das Niveau auch weiterhin halten kann, kocht er zusammen mit seinem Sohn William stets lediglich für maximal 25 Gäste. Zum Restaurant gehört ein kleines Hotel. C/. Rafael Blanes 21 | Tel. 971 56 31 08 | www.sesrotges.com | Mo–Sa 19.30– 22.30 Uhr | €€€€

KULTUR UND UNTERHALTUNG

Das Nachtleben spielt sich im sogenannten Bermudadreieck in der Hafenregion ab. Kneipen reihen sich dort an Schnellimbissläden und Gartenlokale. Tonangebend ist die Disco **Physical** mit der angeblich besten Lasershow Mallorcas, während das nebenan gelegene **Bolero** mit Livebands punktet. Dass sich in beiden Clubs das jüngere Partyvolk trifft, und zwar meist weit nach Mitternacht, versteht sich eigentlich von selbst.

SERVICE

AUSKUNFT

OIT Cala Rajada

Av. Cala Agulla 50 | Tel. 971 81 94 67

◎ CAPDEPERA　　🏴 J3

11 860 Einwohner

Die hübsche Ortschaft wird von der mittelalterlichen Festungsanlage **Castell de Capdepera** überragt. Schon die Römer hatten den Burghügel befestigt, und die Araber sowie der christliche König Jaume II bauten das Kastell weiter aus. Am höchsten Punkt der Festung steht die Kapelle **Sant Joan**. Verehrt wird dort die Marienfigur Nostra Senyora de l'Esperança (Muttergottes der Hoffnung), der die Legende eine wundersame Rettung zuschreibt: Als Piraten der Festung schon sehr nahe gekommen waren und die Bewohner ihre letzte Hoffnung auf die Muttergottes setzten, da soll ganz plötzlich dichter Nebel aufgezogen sein und die Bürger von Capdepera vor der bevorstehenden Plünderung gerettet haben.

Castell Capdepera | www.castellcapdepera.com | Mo–Fr 10–17, Sa 10– 14 Uhr | Eintritt 2 € 7 km östl. von Artà

ÜBERNACHTEN

Cases de Son Barbassa ▸ S. 24

DIE HÜGEL UND CALAS IM OSTEN

Malerische Buchten an der Küste, sanfte Hügel und beschauliche Dörfer im Landesinneren. Beherrscht wird die Region von den Städten Manacor und Felanitx, an der Küste finden sich alte Fischerhäfen wie Portocristo oder Portocolom.

Die Serres de Llevant, das Ostgebirge, ist eigentlich nur ein sanftes Hügelland. Markant sind jedoch die fjordartigen Einschnitte an der Ostküste. Die unzähligen Buchten sind, bis auf einige wenige Ausnahmen, mit Feriensiedlungen gut bestückt. Da es am Meeresufer aber nur wenige gewachsene Orte gibt, ist das Angebot an einfachen Hotels und Lokalen, wo auch Einheimische speisen, recht gering. Die Mehrzahl der Urlauber wird dies, weil pauschal versorgt, freilich nicht stören. Die Tagesbesucher interessieren sich mehr für die im Landesinneren gelegenen Kleinstädte, die zwischen den Hügeln verstreut sind. Meist steht hoch oben ein Kloster, immer bietet sich ein wunderschöner Panoramablick auf den Küstenstrich und auf die zentrale Ebene.

◀ Auf dem Weg zum Santuari Sant Salvador (▶ S. 122) begegnet man diesem Steinkreuz.

FELANITX ⚑ G 5

18 480 Einwohner

Die großen Buchten im Norden

Serra de Tramuntana

Die ländliche Inselmitte

Palma

Die Hügel und Calas im Osten

Der stille Süden

Die Ortschaft liegt am Fuße der Serres de Llevant. Schön ist Felanitx rund um den Kirchplatz, und besonders rege geht es am Sonntag zu, wenn hinter der Kirche der Wochenmarkt stattfindet. **Sant Miquel**, das Gotteshaus aus goldfarbenem Sandstein, stammt zwar aus dem Jahr 1248, doch im Lauf der Zeit kam immer wieder Neues hinzu: so das Renaissanceportal, das prächtige Rosenfenster und der Barockgiebel. Felanitx ist auch der Geburtsort von Guillermo Sagrera, dem Baumeister der Lotja in Palma. Bekannt war die Stadt bereits zur Zeit der Araber durch die Herstellung von »azulejos«. Zu kaufen gibt es sie u. a. in der Carrer Major mitten in der Stadt und etwas außerhalb in der Carrer Sant Agusti. Vielen ist Felanitx auch als Weinstadt ein Begriff. Im Gegensatz zur Weinregion Binissalem, die ihre Reputation den guten Roten und Rosados verdankt, wachsen in der fruchtbaren Ebene um Felanitx vor allem weiße Qualitätsweine.

Nicht unerwähnt soll bleiben, dass Miquel Barceló, Spaniens derzeit wohl berühmtester Künstler, 1957 in Felanitx geboren wurde. Seine meist großformatigen Gemälde, Skulpturen und Keramiken sind in den renommiertesten Galerien und Museen zu finden. Mit einer seiner letzten Arbeiten gab er der Kuppel im Sitzungssaal des Menschenrechtsrates der UNO in Genf ein neues und ungewöhnliches Gesicht. Dennoch: Höhepunkt seiner bisherigen Karriere war zweifellos der Auftrag, die Kapelle del Santísimo in Palmas Kathedrale zu gestalten. Sein Archiv befindet sich im Kulturzentrum Na Batlessa in Artà, ebenfalls auf Mallorca.

SEHENSWERTES

Castell de Santueri

Der Anblick der Burgruine macht klar, warum König Jaume I die Araberfestung ein Jahr lang belagern musste. Auch später spielte die Burg eine Rolle, vor allem in den Kriegen gegen Thronräuber und Korsaren. Kein Asphaltband, sondern eine Staubstraße voller Schlaglöcher führt dem Ziel entgegen. Am Wegesrand wachsen Mandeln und Aprikosen, Weinreben und Ohrenkakteen wuchern über Steinwälle. Die Spur wird schmaler und schlechter und endet an einem Plateau, dem 408 m hohen Tafelberg Puig de Santueri.

Darüber, unmittelbar an den Felsen gesetzt, ragen die Burgmauern auf. Einige Wachtürme und ein stattlicher Eingang – sehr viel mehr ist von der einst so mächtigen Verteidigungsanlage nicht geblieben. Spätestens jetzt fällt einem aber auf, dass vor der Pforte ein dickes Schloss baumelt. Der private Burgeigentümer und die Denkmalbehörde,

Jeden Sonntagvormittag wird vor der sandsteinfarbenen Kirche Sant Miquel, die das Zentrum des Städtchens Felanitx (▶ S. 121) beherrscht, ein viel besuchter Wochenmarkt abgehalten.

die die Ruine 1949 unter Schutz gestellt hatte, konnten sich, wieder einmal, nicht einigen. Bis auf Weiteres bleibt es also ungewiss, wann Besucher das Burginnere besichtigen können. Doch vielleicht genügt ja schon, was man von außen sieht: außer dem teilweise überwucherten Gemäuer nämlich die schöne Landschaft ringsum. Da ist der große Flickenteppich der Ebene, goldgelb, ockerfarben, braun und grün. Da sind

Sternschnuppennacht 9

Wenn Sie Mitte August in einer klaren Nacht in den nächtlichen Himmel schauen, werden Sie so viele Sternschnuppen sehen, dass Sie mit dem Wünschen gar nicht mehr hinterherkommen (▶ S. 15).

die nahen Hügel der Ostküste und die fernen Berge im Nordwesten, da ist das Meer so weit das Auge reicht, an klaren Tagen bis zur Insel Cabrera.

7 km südöstl. von Felanitx

Santuari Sant Salvador

Klosterburg und Kirche sind als Wallfahrtsort schon seit dem 14. Jh. bekannt und gehen auf König Pere IV von Aragón zurück, der den Auftrag für den Bau gab. Die heutige Kirche wurde 1716 errichtet, die 7 m hohe Christusstatue erst im 20. Jh. Für regen Besucherverkehr sorgt die gut ausgebaute Zufahrtsstraße, die in Serpentinen zum Gipfel des Puig de Sant Salvador auf 509 m Höhe führt. Es tut sich allerhand dort oben, ganz besonders an den Wochenenden. Draußen vor der Kirche mit dem Ziehbrunnen fotografieren sich die Leute oder genießen den Panoramablick über weite Teile der Insel. Bis zum Jahr 1992 wurde das Kloster von Mönchen verwaltet, seitdem steht es unter der Leitung zweier mallorquinischer Familien, die hier ein Restaurant und ein kleines Hotel betreiben. Die zwölf Zimmer sind spartanisch oder sagen wir zweckgerecht einrichtet, die Preise entsprechend günstig (Tel. 9 71 51 52 60, www.santsalvadorhotel.com).

7 km östl. von Felanitx

ÜBERNACHTEN

Finca Sa Posada d'Aumallia

Herrensitz am Klosterberg – Gastfreundschaft und die Liebe zur klassischen Musik zeichnen dieses sympathische Landhotel aus. Die Mitglieder der Familie Marti, die in den 1960er-Jahren diesen alten Bauernhof kauften, sind für ihre Konzerte bekannt, die sie in den Sommermonaten auf der blumenumrankten Terrasse und an kühleren Abenden am Kaminfeuer geben. Für das leibliche Wohl der Besucher sorgt Doña Catalina. Der einstige Herrensitz mit Tennisplatz und Swimmingpool liegt in einem Tal unweit des Klosterbergs Sant Salvador.

Cami Son Prohens 1027 | Tel. 9 71 58 26 57 | www.aumallia.com | 14 Zimmer | ♿ | €€€

ESSEN UND TRINKEN

Can Moix

Mischung aus Kaffeehaus und Bar – Can Moix ist ein angenehmer Platz, um mal eine Pause einzulegen – die auch ruhig länger sein kann, etwa bei einer zweiten Tasse Kaffee.

C/. Guillem Timoner 1 | Mo–Sa ab 8, So ab 15 Uhr

Ziele in der Umgebung

◎ **CALA FIGUERA** G 7
750 Einwohner

Eine Menge Kneipen und Musikbars haben sich zwischen die alten Fischerhäuser gedrängt. In früherer Zeit diente Cala Figuera als Hafen für das Landstädtchen Santanyí (▶ S. 127), und nicht selten nutzten Seeräuber die fjordartige Bucht als Einfallstor. Die jüngste Invasion, die der sonnenhungrigen, meist jungen Eindringlinge aus dem Norden Europas, hat die Ortschaft bislang recht gut verkraftet. Noch kann man sagen: Die Mischung stimmt.

15 km südl. von Felanitx

◎ **CALA D'OR** G/H 6
3800 Einwohner

Lang, lang ist's her, da war die Cala d'Or, wie so viele Buchten an der Ostküste, ein richtiges Kleinod: hübsche Sandstrände vor malerischer Kulisse und das Wasser so türkisfarben und klar wie am Schöpfungstag. Die unberührte Natur lockte Künstler an, Leute, die schlicht reich, und Leute, die reichlich schlicht waren. Diese Wegbereiter stellten ihre Ferienhäuser recht geschmackvoll in die schöne Landschaft und begründeten somit Cala d'Ors Ruf vom romantischen Refugium – ein fataler Ruf. Bald ragten neben den blumengeschmückten Villen weiß getünchte Hotels und Reihenbungalows in den Himmel.

Cala d'Or wurde, wie es heißt, ein aufstrebendes Ferienzentrum. Wer auf dem Hinweg die verschlafenen Dörfer S'Horta und Calonge passiert hat, befindet sich auf einem protzigen Zubringer, sieht plötzlich strahlend weiße Häuser und Apartmentanlagen, dazu Boutiquen, Blumengärten, Supermärkte und

Das Städtchen Portocolom (▶ S. 125) mit seinen alten Fischerhäusern rund um die Anlege-bucht. Der Hafen von Felanitx konnte seinen ursprünglichen Charme weitgehend bewahren.

teure Boote im mondänen Jachthafen mit Hunderten Liegeplätzen. Cala d'Or ist künstlich, aber komfortabel.

12 km südl. von Felanitx

ÜBERNACHTEN

Cala d'Or

Königlich in goldener Bucht – Das Vier-Sterne-Hotel ist Mitglied der Ver-einigung »Reis de Mallorca« (Könige von Mallorca) und erhebt sich direkt an der Bucht mit dem feinen Sand-strand. In der Nachbarschaft gibt es ei-nen Golfplatz mit speziellen Konditio-nen für Hotelgäste.

Av. de Bélgica 33 | Tel. 971 65 72 49 | www.hotelcalador.es | 95 Zimmer | €€€

Sa Tanca des Garbelló

Finca mit Frühstück in der Mühle – Als der Bauernhof in ein Feriendomizil umgewandelt wurde, legte man großen Wert darauf, den ursprünglichen Stil des Hauses zu wahren. Geblieben sind die Feigen- und Orangenbäume – und bis zur schönen Cala Mondrago ist es auch nicht weit. Gefrühstückt und ge-gessen wird in der zum Hof gehören-den alten Windmühle.

Ctra. Calonge–Cala d'Or, km 2,8 | Tel.
66 80 05 43 | www.finca-satanca.com |
8 Zimmer | €€€–€€€€

ESSEN UND TRINKEN
Botavara

Gute Dorade – Auf den Tisch kommen
internationale und mallorquinische
Gerichte, insbesondere fangfrischer
Fisch, und der Gast genießt einen
schönen Blick über den Hafen.
Av. Cala Llonga, Porto Cari 17 |
Tel. 9 71 65 80 35 | tgl. 12.30–15.30, 18.30–
23.30 Uhr | €€

SERVICE
AUSKUNFT
OIT Cala d'Or
C/. Perico Pomar 10 | Tel. 9 71 65 74 63

 CALAS DE MALLORCA H5
850 Einwohner

Der Sammelname Calas de Mallorca
steht für die Feriensiedlungen der **Cala
Domingos**, **Cala Murada** und einige
weitere kleine Buchten. Hier ist zusam-
mengewachsen, was nie zusammenge-
hörte. Nur winzige Sandbuchten, doch
zum Glück sind auch die Hotels und
die Apartmentbauten nicht zu groß.
8 km östl. von Felanitx

ÜBERNACHTEN
Son Josep de Baix
Weites Land bis zum Meer – Zur Finca
gehören Weiden, auf denen noch fried-
lich die Schafe grasen, Obstgärten und
Pinienwäldchen, insgesamt ein Gelände, das sich bis zur kleinen Bucht Caló
des Serral erstreckt. Die Apartments
für zwei bis vier Personen befinden
sich in den verschiedenen Nebengebäuden des Bauernhofs. Die Einrich-

tung entspricht dem Standard der
ländlichen Unterkünfte Mallorcas, verfügt aber außerdem über einen Pool.
Ctra. Portocristo–Portocolom, km 8,4 |
Tel. 6 36 41 09 79 | www.sonjosepdebaix.
com | 6 Apartments | €€€

Wollen Sie's wagen?

*Ohne Seil und über dem Wasser: Es
nennt sich »Deep Water Soloing« und
wurde von Extremsportlern entdeckt.
Man klettert an Felsklippen ohne Seil,
und wenn die Kraft ausgeht, lässt man
sich ins Wasser fallen. Hört sich einfach an, ist es aber nicht. Mut gehört
dazu und viel Übung, also etwas für
Profis. Eigentlich. Doch im Südosten
der Insel gibt es viele kleine Grotten,
sogar in der Nähe der Badebuchten,
wo man es bei günstigem Wellengang
schon mal wagen könnte. Nur wenige
Meter über dem Wasserspiegel und
doch mit voller Konzentration – sonst
geht man baden. In Cala sa Nau, südlich von Portocolom, und in Cala
Varques südlich von Portocristo.*

 PORTOCOLOM H6
3600 Einwohner

Ein Geheimtipp ist der Ort natürlich
nicht mehr. Doch von dem ursprünglichen Charakter des Fischerdorfs ist
ein Teil noch erhalten. Die alten Häuser gruppieren sich rund um den Ha-
fenbogen der fast kreisrund geschlossenen Bucht. Am Ufer liegen Kähne
vor bunt gestrichenen Unterständen,
weiter draußen ankern Segeljachten.
Der Grund, warum vom touristischen
Leben hier nicht allzu viel zu spüren

ist: Es gibt keine Bademöglichkeit – nur am Ortsrand Cala S'Algar und Cala Marçal. Dafür kommen Mallorquiner und Fremde, die gern Fisch essen.

8 km östl. von Felanitx

ESSEN UND TRINKEN

Celler sa Sínia

Fischplatte im Weinkeller – Fisch und Meerestiere werden auf den Punkt zubereitet und in einem urigen »celler« (ehemaligen Weinkeller) serviert. Da Kenner insbesondere für die Fischplatte weite Wege auf sich nehmen, ist eine rechtzeitige Reservierung angebracht. Probieren sollte man im Celler sa Sínia einen Weißwein aus der Region.

C/. Pescadors 25 | Tel. 971 82 43 23 | Di–So 13–15.30, 20–23.30 Uhr | €€€

Restaurante Colón ▸ S. 29

◎ PORTOPETRO 🚩 G 6
500 Einwohner

Hier zeigt sich, dass der Fremdenverkehr nicht in jedem Fall die Orte zerstört. Erste Voraussetzung ist der Wille der Bewohner, den Raubbau nicht zuzulassen. Zweitens sollte kein Sandstrand vorhanden sein. Beides trifft bei Portopetro zu. Zwar hat der Hafen längst eine gemauerte Mole, wo kleinere Jachten dümpeln, doch Portopetro ist ein Fischernest geblieben, beschaulich, ein wenig langweilig, eben fast noch eine Idylle. Noch beschaulicher geht es in der südlichen Nachbarbucht **Cala Mondragó** zu, die unter Naturschutz steht.

Es war wohl die Ruhe abseits der Küstenlinie, die viele Kunsthandwerker bewogen hat, sich in den landeinwärts gelegenen, eher unscheinbaren Dörfern **Cas Concos**, **Carritxó** und **Calon-**

Paradies in Türkis: Die Cala Mondragó (▸ S. 51) steht seit 1992 unter Naturschutz und ist nur mit dem Boot oder über einen 500 m langen Fußmarsch vom Parkplatz am Berg zu erreichen.

ge niederzulassen. Dies wiederum hat dazu geführt, dass in den genannten Orten einige geschmackvoll eingerichtete Galerien, Boutiquen und auch Gaststätten wie beispielsweise das viel gelobte Restaurant Viena in Cas Concos eröffnet wurden.

13 km südl. von Felanitx

ESSEN UND TRINKEN

La Caracola

Schnecken und mehr – Wie der Name des Lokals vielleicht schon vermuten lässt, gibt es hier Speisen, die dem Inselgeschmack entsprechen. Das heißt, sie sind eher einfach zubereitet, doch schmackhaft und werden in großzügigen Portionen serviert.

C/. des Port 40 | Tel. 971 65 70 13 | tgl. 8–23 Uhr | €

Viena

Mit dem Schnitzel fing es an – Doch auch nach dem Tod seines Gründers Rainer Fichtel, der in den 1990er-Jahren die Idee mit dem Verkauf der »Schnitzelaktien« hatte, konnte das Restaurant seinen Charakter bewahren: entspannt speisen in netter Atmosphäre.

Cas Concos | Medge Obrador 13 | Tel. 971 84 22 90 | Mi–Mo 18–23 Uhr | €€€

◎ SANTANYÍ ⚑ G 6
13 095 Einwohner

Leicht könnte man das Landstädtchen übersehen, und eben das macht seinen Charme aus. Von der ehemaligen Befestigungsanlage ist nur die **Porta de Sa Murada** geblieben, von der ersten Kirche nur ein Teil, der dann in den Neubau der **Església Sant Andreu Apòstol** aus dem 18. Jh. integriert wurde.

Im Ort selbst gibt es ein paar einfache Läden und einige nette Lokale. Außerhalb wachsen viele Mandelbäume – kein Grund, warum sich daran was ändern sollte. Am Strand der Cala Santanyí herrscht weitgehend Ruhe.

12 km südl. von Felanitx

MUSEEN UND GALERIEN

Galería Sailer

Eröffnet wurde diese Galerie 2004 in einem Bürgerhaus aus dem 17. Jh. Seither ist hier zu sehen, was das Ehepaar Sailer zuvor schon in Salzburg und Wien ausgestellt hatte: antike Textilkunst aus Persien und Anatolien, aus Indien und Südamerika. Neben den edlen Webarbeiten bilden die meist farbenfrohen Bilder und Skulpturen zeitgenössischer Künstler einen schönen Kontrast zu den Natursteinmauern der Ausstellungsräume.

C/. Bisbe Verger 6 | Tel. 971 16 34 38 | www.galeriasailer.com | Di–Fr 10–13, 17–20 Uhr oder nach Vereinbarung

ÜBERNACHTEN

Santanyí

Wohnen mitten im Ort – Das ungefähr 300 Jahre alte Haus befindet sich in einer Straße neben dem Marktplatz. Die Zimmer mit Fenstern zur Front vermitteln mittwochs und samstags die Atmosphäre des Wochenmarkts. Die übrigen Räumlichkeiten weisen zum lauschigen Innenhof hin, in dem ein Wasserfall plätschert. Das hoteleigene Restaurant ist Mittwoch bis Montag 12–14 und 18–22.30 Uhr geöffnet. Auf der Karte stehen internationale Gerichte.

Pl. de Constitició 7 | Tel. 971 64 22 14 | www.hotel-santanyi.com | 7 Zimmer | €€€

MANACOR

🚩 G 4

40 870 Einwohner

Nicht architektonische Schönheit, sondern die Arbeitskraft ihrer Bewohner hat diese Stadt bekannt gemacht. Viele arbeiten in Fabriken, die Möbel im lokalen Stil herstellen. Eine betriebsame Siedlung war Manacor schon unter den Arabern. Doch von maurischer Baukunst fehlt jede Spur, und an den Königspalast, den Jaume II im 14. Jh. errichten ließ, erinnert nur noch die **Torre de Palau**. Die wenigen architektonischen Perlen wird man nahe der Kirche **Dolors de Nostra Senyora** entdecken, die mit ihrem 84 m hohen Glockenturm nicht zu übersehen ist. Schwieriger ist das **Dominikanerkloster** mit seiner schönen Rosenkranzkapelle an der Plaça del Convento zu finden. Das archäologische Museum **Torre dels Enagistes** zeigt vor allem Ausgrabungsfunde, aber auch moderne Kunst (Ctra. Cales de Mallorca s/n; Mo, Mi–Sa 10–14, 17–19.30 Uhr; Eintritt frei).

Nicht zu übersehen sind an der Hauptstraße die großflächigen Werbeplakate, die auf die Möbelfabriken hinweisen. Wer sich einen Überblick verschaffen will, muss gar nicht die Schauräume der Fabriken besichtigen, es genügt eine Fahrt über die von Möbelausstellungen gesäumte Straße nach Artà. Ebenfalls an der Hauptstraße befinden sich mehrere Keramikgeschäfte, die gut sortiert und preiswert sind. Noch größer ist die Auswahl auf dem Markt für Olivenholzprodukte.

ÜBERNACHTEN

La Reserva Rotana

Golf auf dem Lande – Nur 3 km von der Stadt entfernt, doch mitten in der Natur steht das Landgut, das von den Besitzern mit viel Geschmack in ein Hotel umgebaut wurde. Alle Räume wurden individuell gestaltet. Einen guten Ruf genießen auch das angeschlossene Restaurant, in dem der hauseigene Wein kredenzt wird, und der private 9-Loch-Golfplatz. Keine Abschlagszeit, kein Greenfee – Gäste spielen, wann und so oft sie wollen.

Cami de Bendris, km 3 | Tel. 9 71 84 56 85 | www.reservarotana.com | 32 Zimmer | €€€€

EINKAUFEN

Casa del Vino

Die Auswahl in dem »Weinhaus« ist groß. Rund 600 Weine spanischer Herkunft, darunter auch viele aus mallorquinischen Anbaugebieten. Vinothek – die Bezeichnung ist hier wohl angebracht. Viel kann der Kunde über die Symbiose aus Zucker, Säure und Tannin, über Traubensorten wie Turruntes und Benedicto erfahren und wie es zu einer Rotweinvariante namens »Ojo de Liebre« kam, was auf Katalanisch »Ull de Llebre« und auf Deutsch Hasenauge heißt. Dass in den Regalen dieser Vinothek auch Cavas, Brandys und die Orujos genannten spanischen Tresterbrände lagern, versteht sich fast von selbst.

Via Palma | Tel. 971 55 51 65 | www. casadelvino-mallorcaweine.com | Mo–Fr 10–13, 17–19, Sa 11–13 Uhr

Majórica

Manacor ist für seine Kunstperlen bekannt, die in der Fabrik des Unternehmens Majórica hergestellt werden (ca. 25 Mio. pro Jahr). Geschickte Frauenhände sind es, die diesem matt glänzenden Zierrat die Form geben, indem

Blick vom Wehrturm des Castell de N'Amer auf die Punta de N'Amer südlich von Cala Millor (▶ S. 129). Die Halbinsel befindet sich in Privatbesitz und ist seit 1985 ein Naturschutzgebiet.

sie die winzigen Kügelchen in einem Brei aus Fischschuppen und Perlmuttstaub baden, Schicht um Schicht auftragen, mit Gasbrennern hantieren, polieren, schleifen und zwischendurch immer wieder die Qualität prüfen.

Das aufwendige Verfahren wurde in den 1920er-Jahren von dem deutschen Ingenieur Eduard Heusch entwickelt. Einen Tiefpunkt überwand das kränkelnde Traditionsunternehmen um die Jahrtausendwende – bis neue Geldgeber gefunden werden konnten.

Nun läuft die Produktion, darunter vermehrt auch Mode-Accessoires, wieder wie am Perlenschnürchen – wenngleich mit weniger Mitarbeitern. Die in früherer Zeit so beliebte Werksbesichtigung ist nicht mehr möglich. Doch noch immer kann man sich den begehrten Schmuck in den Ausstellungsräumen der Fabrik in Ruhe ansehen – und natürlich auch käuflich erwerben. Via Palma 9 | www.majorica.com/es/factory-shop | tgl. 9–19 Uhr (im Winter andere Zeiten)

Ziele in der Umgebung

◎ CALA MILLOR
6200 Einwohner

Was in den 1950er-Jahren mit einzelnen Hotels in Sa Costa de Pins, Cala Bona und an der Platja de Sant Llorenç begann, ist nun das bedeutendste Feriengebiet der Ostküste. Der weite Sandstrand hat den Prozess begünstigt. Ein Lichtblick ist die **Punta de N'Amer**. Auf der flachen Landzunge, die nicht bebaut werden darf, gibt es Dünen, Pinienwälder, das Castell de N'Amer sowie einen alten Sarazenenturm.

12 km östl. von Manacor

ÜBERNACHTEN

Son Corb

Nahe den Pinien – 500 m außerhalb des Ortes, zwischen der Cala Bona und der Costa de los Pinos, liegt dieses Landhotel auf einem Anwesen aus dem 17. Jh. Die Zimmer sind in den zwei Nebengebäuden, die über Aufenthalts- und Speiseräume sowie Terrassen verfügen, eingerichtet. Bis zu den Stränden läuft man 300 m. In der Nähe gibt es nicht weniger als vier Golfplätze.
Cami Punta Rotja s/n | Tel. 9 71 58 70 92 | www.soncorb.com | 22 Zimmer | €€€€

ESSEN UND TRINKEN

Port Verd del Mar

Nobel und international – Für den gehobenen Gaumengenuss sollte man von Cala Millor Richtung Norden bis zur Villensiedlung Port Verd und dort zum gleichnamigen Restaurant mit weiß gedeckten Tischen vor blau schimmerndem Wasser fahren. Internationale Küche, die Preise sind hoch, jedoch mit Blick auf das gute Essen und die besondere Lage durchaus angemessen.
Cala Bona | Urb. Port Verd | Tel. 8 71 94 91 93 | www.portverd-delmar.com | tgl. 11–24 Uhr | €€€–€€€€

Sa Punta

Ganz nah dem Wasser – In den meisten Fällen wird der Gast wohl auf einer der beiden Terrassen Platz nehmen. Und dann vielleicht das Tagesmenü für 25 € wählen. Mediterrane Küche mit mallorquinischem Einschlag abseits vom Trubel. Große Weinauswahl.
Cala Bona | Urb. Port Verd | Tel. 9 71 58 53 78 | www.restaurantesapunta.es | Do–Di 13–15.30, 18.30–23 Uhr | €€–€€€

Die Coves del Drac (▶ S. 131) überspannen den größten unterirdischen See Europas. In früheren Zeiten immer wieder als Fluchtburg genutzt, ist heute eine etwa 1200 m lange Strecke begehbar.

SERVICE
AUSKUNFT
OIT Cala Millor (Sant Llorenç)
C/. Badia de Llevant 2 | Tel. 971585409

ANKUNFT/ABFAHRT
Bus
Cala Millor–Palma und Cala Millor–Cala Rajada (je achtmal tgl.), Cala Millor–Port d'Alcúdia (dreimal tgl.)

 PORTOCRISTO   H 5
7300 Einwohner

Der für Manacor einst wichtige Versorgungshafen hat eine recht tiefe Bucht und eine Promenade mit hohen Bäumen und einigen ältlichen Pensionen. Alt ist auch der Streit um die richtige Schreibweise des Ortsnamens: zusammen oder doch getrennt? Was die Bewohner erhitzt, lässt die Behörden kalt, sie schreiben es mal so, mal so. Und Fremde werden denken: Welch glücklicher Ort, der keine größeren Sorgen hat! Die Hauptattraktionen befinden sich sowieso unter der Erde.
10 km östl. von Manacor

SEHENSWERTES
Coves del Drac
Die bekannteste, eindrucksvollste und größte Höhle Mallorcas. Höhepunkt der Besichtigung über die ca. 1200 m lange Strecke ist das Konzert auf dem 180 m langen und bis zu 30 m breiten Lago Martel. Der wohl größte unterirdische See Europas ist nach E. A. Martel benannt, der die »Drachenhöhlen« im Auftrag von Erzherzog Ludwig Salvator (▶ S. 102) erforschte.
2 km außerhalb von Portocristo | Ctra. Cuevas s/n | www.cuevasdeldrach.com | Besichtigung in Gruppen, aber ohne

Führung April–Okt. tgl. 10, 11, 12, 14, 15, 16, 17 Uhr, Nov.–März zu anderen Zeiten | Eintritt 15 €, Kinder 8 €

Coves dels Hams
Die Grotten wurden 1905 entdeckt. Sie sind nicht so groß wie die Coves del Drac, doch auch in diesem verästelten Höhlensystem gibt es einen unterirdischen See. Die Besichtigung erfolgt in zwei Führungen, vorbei an Stalaktiten und Stalagmiten. Erstere entstehen wie Eiszapfen an einem Hausdach durch das von der Decke tropfende Wasser. Letztere wachsen infolge mineralischer Ablagerungen vom Boden in die Höhe. Die filigranen »hams«, an Angelhaken erinnernde Tropfsteine, gaben der Höhle ihren Namen. Farbspiele beleuchten die vielen Nischen, dazu ist klassische Musik vom Band zu hören.
Ctra. Manacor–Portocristo, km 11 | www.cuevas-hams.com | tgl. 10–17, im Winter 10–16 Uhr | Eintritt 21 €, Kinder 10,50 €

SERVICE
AUSKUNFT
OIT Portocristo
C/. Moll s/n | Tel. 662350882

ANKUNFT/ABFAHRT
Bus
Zwischen Palma und Cala Millor sowie Manacor und den Coves del Drac (mehrmals tgl.)

Bahn
Schneller und billiger (Hin- und Rückfahrt 8,20 €) ist die Zugverbindung zwischen Palma bzw. Inca und Manacor. An den Haltestellen (dies gilt auch für den Anschluss von Palma nach Sa Pobla) gibt es Zubringerbusse zu den Gemeinden

DER STILLE SÜDEN

*Das Land der Windmühlen und einsamen Gehöfte sowie
der naturbelassene Strand Es Trenc scheinen Bilder aus Mallorcas
Vergangenheit heraufzubeschwören. Im Hinterland liegen die noch
recht ursprünglichen Landstädte Campos und Llucmajor.*

Der Süden ist Mallorcas ruhigste, vom Tourismus am wenigsten betroffene Region. Keine spektakulären Landschaften – doch wie geschaffen, einen Blick auf die alltäglichen Dinge zu richten, die kunstvoll geschichteten
Natursteinmauern etwa. Diese »tancas« genannten Trockenmauern säumen die Wege und Felder. Sie schützen den Boden vor Wind, Sonne, Regen und vor der Fresslust der Tiere. Die Bauern schichten sie genauso wie
vor Jahrhunderten: ohne Mörtel und in leicht konischer Form. Innen verwenden sie weiches und kleines Steinmaterial, außen grobe Feldsteine.
Mit besonders harten Decksteinen, die früher häufig am Meer gebrochen
wurden, bilden sie die Mauerkrone. Kunstvolle und hübsche Gebilde sind
auch die Windmühlen, besonders viele stehen in der Gegend um Campos.
Der Süden ist also Bauernland, doch es gibt noch mehr zu entdecken, so
den Traumstrand Es Trenc, an dem kein einziges Hotel die Idylle stört.

◄ Prähistorische Wehranlagen der Talaiot-Kultur in Capocorb Vell (▶ S. 134).

Dieser Teil der Insel wird vor allem jene anziehen, die einen geruhsamen, aber nicht tatenlosen Urlaub verleben wollen. Romantiker werden die von Pinien umstandene Bucht Cala Pi aufsuchen. Lohnend ist auch ein Bummel durch die Salzfelder Salines de Llevant. Über Kanäle werden die quadratischen Becken mit Meerwasser geflutet. Die Hauptarbeit der Salzgewinnung übernimmt die Sonne, durch Verdunstung bildet sich eine Salzkruste. Zwischendurch wird die feine Oberschicht in Handarbeit abgeschöpft, um die »Salzblume«, das »Flor de Sal« (▶ S. 33), zu gewinnen. Angelegt haben die Phönizier die Salinen, Römer und alle folgenden Inselherren haben sie ausgebaut und mit dem Salz Handel getrieben. Die heutigen Besucher werden sich am Anblick der weißen Berge erfreuen – besonders schön im Licht der untergehenden Sonne.

NATURSCHUTZ AUF DER »ZIEGENINSEL«

Und dann gibt es da noch in Sichtweite der Küste die **Illa de Cabrera** 🔺. 1991 wurden die »Ziegeninsel« und das umliegende Meer zum Nationalpark erklärt. Eher negativ waren Nachrichten, die in den Jahren zuvor das 16 km² große Eiland betrafen. In der Schlacht von Bailén hatten die Spanier 9000 Franzosen gefangen genommen, die sie 1809 auf Cabrera aussetzten. Auf der kargen Insel fanden die Verschleppten so gut wie nichts zu essen und kaum Süßwasser. Nur ein Drittel von Napoleons geschlagener Truppe überlebte. Ein Denkmal erinnert an die Leiden der Gefangenen.

An Mallorcas Kampf gegen maurische Seeräuber erinnert auf der kahlen Hügelkuppe eine Festung. Hauptanziehungspunkt jedoch ist die Cova Blava, eine Grotte mit fantastischen Spiegelungen in Blautönen. Damit nach einer militärischen nun nicht eine touristische »Besetzung« erfolgt, hat das Balearenparlament ein Machtwort gesprochen. Strenge Vorschriften schränken die Besucherzahlen für Mallorcas letzte Wildnis ein. So sollen seltene Pflanzen und Tiere geschützt werden, beispielsweise Wanderfalken, Delfine und eine schwarze Eidechsenart, die es nur hier gibt und sonst nirgendwo auf der Welt.

CALA PI E 6

400 Einwohner

Weiße Villen mit Gärten, farbig getünchte Ferienwohnungen und ein Einkaufszentrum nahe der Steilküste, die hier von einer tiefen Einkerbung unterbrochen wird: Das ist das Auffälligste an der Cala Pi. Aber nicht das Einzige – ein verwitterter Sarazenenturm steht dort, und in den Hängen über den Bootsschuppen der Fischer kann man Höhlen entdecken, die vor etwa 6000 Jahren von den Ureinwohnern und später von modernen »Höhlenmenschen« genutzt wurden. Alt und Neu liegen in der Cala Pi eben dicht beisammen.

ESSEN UND TRINKEN

Mirador de Cabrera

Mit Ausblick auf die Insel – Vom Schwarzwald zog es Chefkoch Jörg Klausmann in Mallorcas Süden. Aus seiner Küche kommen ideenreiche Gerichte, zubereitet aus frischen, einfachen Produkten. Wer gut und mit einem Ausblick auf das Cabrera-Archipel speisen möchte, ist hier genau richtig.
Urbanización Es Pas de Vallgonera | C/. Murillo 8 | Tel. 971123338 | www.mirador-de-cabrera.com | Di–So 12–15.30, 18–23 Uhr | €€–€€€

SERVICE

ANKUNFT/ABFAHRT

Bus

Von Palma nach Llucmajor (viermal tgl.) und nach Cala Pi (zweimal tgl.)

Ziele in der Umgebung

⊚ CAPOCORB VELL E 6

Die Ruinen quadratischer und runder Türme, »talaiots« genannt, sowie die Grundmauern von Wohnräumen sind in dieser Siedlung aus dem 2. Jahrtausend v. Chr. zu sehen. Sie ist eine der umfangreichsten Megalithanlagen im westlichen Mittelmeer. Viele der Steinblöcke wurden im Mittelalter für den Kirchenbau verwendet, so auch für die Kathedrale La Seu. Von der Ringmauer, die einst das ganze Areal umschloss, sind nur noch wenige Reste erhalten. Eine Bar am Eingang zu dem Gelände bietet Schatten, erfrischende Getränke und als Imbiss die mallorquinische Spezialität »pa amb oli«, also ungesalzenes Bauernbrot mit Olivenöl, das gern mit Tomaten eingerieben und anschließend mit Serrano-Schinken verfeinert wird.
An der Landstraße von Llucmajor kommend ca. 12 km südl. in Richtung Cap Blanc | www.talaiotscapocorbvell.com | Fr–Mi 10–17 Uhr | Eintritt 2 € | 5 km nördl. der Cala Pi

⊚ LLUCMAJOR E 5

36 960 Einwohner

Trotz der schnellen Verbindungsstraße und der Nähe zu S'Arenal ist dies ein Ort der Einheimischen geblieben. Vor allem aber ist Llucmajor ein geschichtsträchtiger Ort: Denn hier, zwischen den Feldern, Wäldern und sanften Hügeln, stellte sich König Jaume III seinem langjährigen Feind. Sechs Jahre zuvor hatte ihn Pedro IV von Aragonien schon einmal im Feld besiegt. Diesmal ging es nicht nur um eine Schlacht, diesmal stand Mallorcas Krone auf dem Spiel. Jaume III kämpfte erbittert, ihm blieb nichts anderes übrig. Doch die Übermacht war zu groß, er verlor. Ein weißes Steinkreuz am Ortseingang von Llucmajor markiert das Schlachtfeld, ein Denkmal im Ort zeigt den sterbenden König. Doch die Darstellung zeigt

Salzgewinnung in den Salines de Llevant (▶ S. 136). Das vom Meer in die Salzbecken getragene Wasser hinterlässt nach seiner Verdunstung Speisesalz von höchster Qualität.

nicht sein wirkliches Ende. Das kam, als ihm einer von Pedros Soldaten den Kopf abschlug. Der Sieger ließ Jaumes Witwe und die beiden Königskinder im Schloss Bellver einsperren. Das unabhängige Königreich Mallorca hatte damit aufgehört zu existieren.

An die einstige Bedeutung dieses typisch mallorquinischen Landstädtchens erinnert der weithin sichtbare, massige Bau der Kirche **Sant Miquel**. Dass in Llucmajor in früherer Zeit die Eisenbahn hielt, dass es einmal eine wichtige Schuhfabrikation gab, davon könnten die Alten im Café Colón erzählen. Aber es hält ja kaum einer an, alle fahren nur zügig durch – die Bewohner Palmas zu ihren Chalets am Meer, die Urlauber zu den Steinruinen von Capocorb Vell.

20 km nördl. der Cala Pi

ÜBERNACHTEN

Finca Perola

Ökologische Landwirtschaft – Diese geschmackvoll restaurierte Finca, umgeben von 6 ha Land, liegt etwa 20 Autominuten vom Naturstrand Es Trenc entfernt. Noch immer werden hier Käse, Wurst und Wein hergestellt – seit einiger Zeit auf ökologischer Basis.

Ctra. Llucmajor–Porreres, km 5,5 | Tel.
971 12 11 43 | www.agroturismeperola.
com | 4 Zimmer, 1 Suite | €€

ESSEN UND TRINKEN

Es Molí d'en Gaspar

Menü zur Mittagszeit – Den Namen
hat das Lokal von der alten Kornmühle
nebenan, die heute als Museum dient.
Preisgünstige ländliche Küche.
Av. Carlos V. | am Ortsrand an der Land-
straße Richtung Campos | Tel. 971 66
25 26 | Mi–Mo 12–16.30, Fr, Sa auch
20.30–23.30 Uhr | €€

COLÒNIA DE SANT JORDI

F7

2500 Einwohner

Dass der Ort immer noch wächst, verdankt er vor allem einheimischen Familien. Auch Taucher lassen sich blicken,
weil sie hoffen, römische Münzen oder
Amphoren zu finden. Es gibt Historiker,
die das römische Palma hier wähnen.
Beliebt ist Colònia de Sant Jordi aber
auch bei Schweizer Reiseveranstaltern,
die zu Recht mit ordentlichen Unterkünften und sauberen Stränden werben.

SEHENSWERTES

Banys de Sant Joan und Salines de Llevant

Hierher kommen vor allem Rheuma-
patienten und Menschen, die sich die
38 °C warmen Thermalquellen nur mal
anschauen wollen – und bei gleicher
Gelegenheit die Salines de Llevant. Am
schönsten ist es hier im Herbst, wenn
die Salinenfelder abgeerntet werden
und das frisch aufgetürmte Salz wie
Schnee glitzert. Wer länger bleiben

Einige Anbieter organisieren Bootsfahrten von Colònia de Sant Jordi zum Cabrera-Archipel
(▶ MERIAN TopTen, S. 137). Die Inseln sind als Naturschutzgebiet ausgewiesen.

will, ist auf das kleine, altmodisch anmutende Kurhotel angewiesen, zu dem auch ein Restaurationsbetrieb gehört.

Bäder April–Okt. tgl. 9–11 Uhr
4 km nördl. von Colònia de Sant Jordi

6 Bootsausflug zum Cabrera-Archipel   südl. E 7

Das Gebiet rund um die Inselgruppe von Cabrera ist artenreich, nicht zuletzt deshalb, weil die Gewässer mit zum Naturpark gehören. Das Boot macht eine Rundfahrt um die Insel und hält dann in **Port de Cabrera**, einem der schönsten Naturhäfen der Balearen. Die Besucher haben die Gelegenheit zu einem Museumsbesuch, zum Baden in der Blauen Grotte und zum Wandern. Die Hinfahrt von Colònia de Sant Jordi findet vormittags statt, die letzte Rückkehr ist um 17 Uhr. Täglich starten mehrere Ausflüge. Es gibt vier Kategorien, die sich in der Dauer der Fahrt zwischen 15 und 50 Minuten unterscheiden: Mal geht es direkt zur Insel, mal wird sie umrundet (40–48 €). Man kann sich selbst verpflegen oder für 8 € das Essen an Bord kaufen.

www.excursionsacabrera.es

Botanicactus   F 7

In der großen Anlage mit Bäumen und Blumen sind eine Vielzahl einheimischer Pflanzen und teils exotische Gewächse aus aller Welt zu sehen. Für die vielen hundert Kakteen genügt der trockene Boden hier im Inselsüden, für die Wasser liebenden Pflanzen wurde ein künstlicher See angelegt. Wie so vieles auf Mallorca gehört das Hinterland des weitläufigen Parks, der sich »Europas größter Botanischer Garten« nennt, zum Besitz der Bankiersfamilie March.

Kakteenfrüchte: bitte mit Vorsicht genießen!

Auf Mallorca bilden Feigenkakteen in der Nähe von Fincas oft eine dichte Hecke. Da genügt es, den Besitzer zu fragen, ob man eine der Früchte pflücken darf (▶ S. 15).

Am Ortsausgang von Ses Salines, Ctra. Ses Salines–Santanyí, km 1 | Tel. 971 64 94 94 | www.botanicactus.com | tgl. 9–18.30 Uhr | Eintritt 10,50 €, Kinder 5 €
5 km östl. von Colònia de Sant Jordi

ÜBERNACHTEN

Don León

Grüne Oase in Strandnähe – Vier-Sterne-Haus direkt am Meer mit Tennisplatz, Pool und Park. 10 Minuten zu Fuß zum Strand Es Trenc. Fünf-Gänge-Menü abends im Terrassenrestaurant.

C/. Sol s/n | Tel. 971 65 55 61 | www. hotel-don-leon.de | 116 Zimmer, 10 Suiten | ♿ | €€€

S'Hort des Turó

Kleiner Garten der Rast – Urlaub im Finca-Stil: viel Ruhe, dazu der Geruch nach Land und Meer. Und ein bisschen auch nach dem gepflegten Garten, auf den die Bezeichnung »S'Hort« der Finca bereits verweist.

Ctra. Ses Salines–Colònia de Sant Jordi, km 11 | Tel. 6 97 17 99 70 | Buchung: www. hrs.de/desturó | 4 Apartments | €€

ESSEN UND TRINKEN

Casa Manolo

Beliebt bei den Einheimischen – Und weil das so ist und es nur wenige Plätze gibt, bitten Manolo und Margarita um rechtzeitige Reservierung. Empfehlenswert ist es auch, Paella- und andere Reisgerichte vorab zu bestellen. Wer das versäumt hat, kann die Wartezeit mit appetitlichen Tapas überbrücken.

Ses Salines | Pl. Sant Bartolomeu 1 | Tel. 971 64 91 30 | Di–So 13–16, 19.30–23 Uhr | €€

Restaurant Antonio

Immer gut besucht – Es gibt Einheimische, die fahren über die halbe Insel, um bei Antonio Paella zu essen. Darüber hinaus ist das Lokal für frischen Fisch und Meeresfrüchte bekannt. Es gibt eine Terrasse und einen recht großen Speiseraum für Familienfeiern.

Colònia de Sant Jordi | C/. Alexandre Farnese 5 | Tel. 971 65 54 05 | Di–So 13–16, 20–23 Uhr | €€

SERVICE

AUSKUNFT

OIT Colònia de Sant Jordi

Gabriel Roca s/n | Tel. 971 65 60 73

Ziele in der Umgebung

◎ CAMPOS  F 6

9860 Einwohner

Ein ruhiges Landstädtchen, dessen Bewohner meist noch von der Landwirtschaft leben. Früchte und Gemüse werden donnerstags und samstags auf dem lokalen Markt angeboten. Wem es nach Süßem gelüstet, der muss eine Ecke weiter zur inselweit bekannten Konditorei **Can Pomar** gehen. Eine weitere Besonderheit sind Campos' Kapern, die Manchem als die besten der Welt gelten.

Die vielen Windräder von Campos waren über Jahrhunderte die treibende Kraft des Wohlstands. Sie mahlten das Korn zu Mehl, und sie pumpten, dies vor allem, das Grundwasser an die Oberfläche in Sammelbecken, sodass eine reiche Ernte überhaupt erst möglich wurde. Als Motoren diese Arbeit übernahmen, verfielen viele Windräder. Bis man dann, sich auf das alte Erbe besinnend, einigen der alten Mühlen wieder zu neuem Schwung verhalf.

13 km nördl. von Colònia de Sant Jordi

ÜBERNACHTEN

Son Cosmet

Exklusiv wie der Landadel – Son Cosmet ist eine »possessió«, ein uralter Herrensitz, der zum exklusiven Hotel umgebaut wurde. Im Garten findet man einen großen Pool, einen Mühlenturm und auf dem 150 ha großen Gelände, als Zeugen der Vergangenheit, prähistorische Höhlen und ein talaiotisches Monument. Um die Ruhe zu wahren, sind eher Gäste ohne Kinder willkommen.

Ctra. Campos–Sa Ràpita, km 2 | Tel. 971 65 16 43 | www.soncosmet.com | 10 Zimmer und Suiten | €€€€

◎ ES TRENC   F 6

Kaum zu glauben: so viel Sand und Strand – und kein einziges Hotel! Doch ohne Kampf ist das nicht erreicht worden. Vor allem die Umweltorganisation GOB engagierte sich. Ihre Parole, als Anfang der 1980er-Jahre das Gebiet mit Ferienwohnungen bebaut werden sollte, hieß: »Salvem Es Trenc!« – Retten wir Es Trenc! Das Tauziehen war erfolgreich – und so sind die Dünen und Pinienwäldchen, die sich über 3 km von Colònia de Sant Jordi bis Sa Ràpita erstrecken, bis heute in naturbelassenem Zustand (mit gebührenpflichtigem Parkplatz, 6 €). Und nicht ohne Menschen, denn längst hat sich dieser

Es Trenc (▶ MERIAN TopTen, S. 138) ist der letzte größere Naturstrand Mallorcas. Die einzigartige Dünenlandschaft wird von vielen Vogelarten bewohnt, darunter Flamingos und Stelzenläufer.

einstige Geheimtipp zu einem wohlbekannten Ausflugsziel gewandelt.

Beliebt war die Platja des Trenc schon früher, seinerzeit vor allem bei jungen Leuten aus Palma, die hier bereits »oben ohne« badeten, als die Guardia Civil gegenüber Nackten noch recht ruppig vorging. Lang ist's her, inzwischen kommen immer mehr Familien. Und zum neuen Ziel der Nacktbader hat sich der weiter westlich gelegene Strandabschnitt bei **Ses Covetes** entwickelt, der in der Hochsaison recht voll, zu anderen Zeiten jedoch nahezu menschenleer ist. Wie am Es Trenc gibt es auch hier in den Strandbars Getränke und Gerichte, die zwar einfach, aber nicht billig sind. Wer die Parkgebühren sparen will, muss einen Fußmarsch in Kauf nehmen. Von den Einnahmen durch Falschparker, so sagt man, werde die Strandpflege mit großen Maschinen finanziert (was der Bürgermeister von Campos allerdings verneint).

1 km nordwestl. von Colònia de Sant Jordi

ESSEN UND TRINKEN

Can Pep

Fischplatte mit Weitblick – In Sa Ràpita – also nicht weit vom Strand Es Trenc – präsentiert sich dieses mallorquinisch eingerichtete Lokal. Sehr große Auswahl an einheimischen Fischen, die vor allem »a la plancha«, das heißt vom Bratblech serviert werden. Fischplatte, Muschelteller und die »paella de mariscos« sind einen Versuch wert. Auch schön: der Ausblick von der Terrasse weit übers Meer bis zur Insel Cabrera.

Sa Ràpita | Av. Miramar 30 | Tel. 971 64 01 02 | im Sommer tgl. 10–23, Küche 13–16, 18–23 Uhr | €€€

DIE LÄNDLICHE INSELMITTE

Ursprüngliches Mallorca, nur wenige Kilometer vom Trubel der Urlaubsorte an der Küste entfernt. Im Herzen der großen Ebene Es Pla mit ihren vielen Mandelbaumplantagen erstreckt sich die alte Königsstadt Sineu.

Wer an einem beliebigen Tag und nicht gerade am Markttag eines der Dörfer in der weiten Ebene besucht, der findet nur Ruhe. Auf dem Marktplatz dösen Hunde, und im Schatten der Hausmauern sitzen alte Männer. Durch die Fliegenvorhänge der Dorfkneipe zieht der Duft von erhitztem Olivenöl. Der Wirt erzählt, was seine Frau gekocht hat. Jederzeit gibt es Bauernbrot, das ungesalzen ist, und selbst eingelegte Oliven, dazu Landwein aus dem Tonkrug. Trinken, zurücklehnen, entspannen …

WEITES AGRARLAND ZWISCHEN NATURSTEINMAUERN

Und bitte wahrnehmen: Das bäuerliche Mallorca existiert immer noch, hier in der Inselmitte. Wie vor einem halben Jahrhundert – fast. Fernsehantennen und asphaltierte Straßen sind zwar hinzugekommen, und Autos haben die Eselskarren abgelöst. Doch noch immer prägen die

◄ Wer zur Zeit der Mandelblüte kommt,
wird unvergessliche Eindrücke mitnehmen.

wuchtigen Kirchen, die in der Ebene schon von Weitem zu sehen sind, das Dorfbild. Noch immer begrenzen Natursteinmauern die Felder, auf denen Obst, Wein und Gemüse wächst, führen Feldwege zu den einzelnen Höfen, auf denen die Nachkommen jener Familien leben, die bei der Landverteilung unter Jaume dem Eroberer einst mit Grund und Boden bedacht worden sind. Eine andere Aufteilung der Inselmitte wurde bereits lang zuvor vollzogen, nämlich durch die Römer, die einen Verbindungsweg von Palma zu ihrer Kolonie Pollentia bauten. Westlich dieser Linie erstreckt sich Es Raiguer, das Land am Fuß der Serra Tramuntana mit der Kleinstadt Inca als Zentrum. Östlich dieser Linie liegt die **Es Pla** ⭐ genannte, weite Ebene mit Sineu als Mittelpunkt. Der stille Ort erwacht nur alle sieben Tage zu regem Leben: Jeden Mittwoch ist Markt, da wird Gemüse herangekarrt und Viehzeug in einen Korral getrieben. Händler mit Hausrat und Bekleidung reisen an, um auf dem platten Land einen guten Schnitt zu machen, und Touristen kommen, um all das zu bestaunen.

INCA

E 3

30 650 Einwohner

Mallorcas drittgrößte Stadt hat viel Kleinindustrie, aber nur wenig Ausstrahlung. Nach Inca fährt man der Schuhe und anderer Lederwaren wegen, die es hier ab Fabrik zu kaufen gibt, oder um in einem der gemütlichen »cellers« zu speisen. Das sind ehemalige Weinkeller, die zu Restaurants umgebaut wurden (▶ S. 27). In der Altstadt mit den engen Gassen und der altehrwürdigen Barockkirche **Santa Maria** wird donnerstags Markt abgehalten, der hauptsächlich auf die touristische Kundschaft abzielt. Wenn auch nicht

für einen längeren Aufenthalt, so ist Inca immerhin interessant für einen Zwischenstopp. Von Vorteil ist dabei, dass das ökonomische Zentrum der Region Raiguer auch per Bahn zu erreichen ist, entweder von Palma aus oder ab Manacor über Petra und Sineu.

ESSEN UND TRINKEN

Ca N'Amer

Stilecht und stimmungsvoll – Dieser »celler« bietet die echte Inselküche, wie Schweinerücken mit Kohl, zu annehmbaren Preisen. Mit der sonst haufig gepriesenen leichten mediterranen Kost hat das nichts zu tun, ist aber schmackhaft. Da die Portionen auch groß sind, empfiehlt sich hinterher ein Glas des hausgemachten Hierbas. Und noch etwas: Auch wenn draußen sommerliche Temperaturen herrschen, in den ehemaligen Weinkellern ist es eher kühl.

C/. Pau 39 | Tel. 9 71 50 12 61 | www. celler-canamer.com | Mo–Fr 13–16, 19.30–23 Uhr | €€

Sa Travessa

Uraltes Kellerlokal – Empfehlenswert sind das Spanferkel (»lechona«), dazu der Hauswein vom Fass und später der hausgemachte Mandelkuchen. An die 100 Gäste finden an den großen Tischen Platz. Wenn es drinnen mal hoch hergeht und bei schönem Wetter sitzt es sich sehr angenehm im Innenhof.

C/. Murta 16 | Tel. 9 71 50 00 49 | Sa–Do 13–16, 19.30–23 Uhr | €€

EINKAUFEN

Etwas Besonderes sind die Lederwaren der Marken Camper und Lottusse in der Av. del Raiguer 2 sowie »galletes d'Inca«, besser bekannt als »quelys«, ein mallorquinisches Traditionsgebäck. Diese kleinen Kekse aus Weizenmehl, Meersalz und Sonnenblumenöl, einstmals als Schiffsproviant gedacht, gibt es in den Geschmacksrichtungen Klassik oder Sesam. Sie sind in zahlreichen Geschäften erhältlich und werden inzwischen sogar in die ganze Welt exportiert.

SERVICE

ANKUNFT/ABFAHRT

Bahn

Zwischen Palma und Inca alle 30 bis 45 Min., Fahrzeit ca. 40 Min.; von Manacor über Petra und Sineu nicht ganz so oft, Fahrzeit ca. 60 Min.

Weinberge und Windmühle bei Binissalem (▶ S. 143) vor der Kulisse der Serra de Tramuntana. In der fruchtbaren Landschaft gedeihen die Trauben für die besten Rotweine der Insel.

Ziele in der Umgebung

◎ **BINISSALEM**

7850 Einwohner

Die Vorsilbe »Bini« im Ortsnamen verrät, dass es sich um eine arabische Gründung handelt. Die meisten Besucher werden den Namen Binissalem aber mit ausgewählten Weinen in Zusammenhang bringen. Zwar hat der Weinanbau hier eine lange Tradition, doch erst in den 1980er-Jahren begann man mit der Produktion von hochwertigen Tropfen. Mit dem Erfolg, dass diesen schon bald das Recht auf die Herkunftsbezeichnung D. O. Binissalem (Denominación de Origen) zugesprochen wurde. Seither darf nur Wein, der aus dem 1200 ha umfassenden Anbaugebiet stammt und zudem den strengen Regeln des Regulierungsrats entspricht, dieses Gütesiegel tragen. Es ist also nicht abwegig, Binissalem als Mallorcas Hauptstadt des Weins zu bezeichnen. Dafür spricht auch, dass vor der Pfarrkirche Nostra Senyora de Robines ein Denkmal zu Ehren der Winzer steht, die dem Städtchen zu Ruhm und Wohlstand verholfen haben.

Ein weiteres Denkmal ehrt die Steinmetze, die den Pedra den Binissalem genannten hellen Sandstein verarbeiteten. Bewundern kann man diese Werke bei einem Bummel durch die Innenstadt mit den prächtigen Bürgerhäusern aus dem 18. und 19. Jh. Besondere Beachtung verdient der **Palau Can Gelabert** mit seinem schönen Innenhof. In Rückbesinnung auf dieses Handwerk findet alljährlich im Mai ein Markt statt, an dem die heutigen Steinmetze ihre Werke präsentieren: von groben Teilen für Haus und Garten bis zu fein ziselierten Dekorstücken, alles

gefertigt aus dem Pedra den Binissalem. Übrigens gibt es auch Weinsorten, die diesen Namen tragen.

7 km südwestl. von Inca

ÜBERNACHTEN

Es Quatre Cantons

Ruhe inmitten von Weingärten – Allein die Lage dieses Landhotels ist vielversprechend. Ebenso, was die Besitzerfamilie aus der Hotelküche zaubert: Das Gemüse kommt meist aus dem Garten, das Fleisch von den selbst gezogenen Tieren. Die restaurierte Finca hat einen Außenpool, alle Zimmer verfügen über eine Terrasse oder Balkon und sind mit Klimaanlage, Sat-TV und kostenlosem WLAN ausgerüstet.

Ctra. Biniali, 2,5 km südl. von Binissalem | Tel. 971 87 01 62 | www.esquatrecantons. es | 14 Zimmer | €€–€€€

EINKAUFEN

Bodegas José L. Ferrer

Beliebt sind vor allem die Rotweine der Region. Unterschieden wird nach der Ausbauzeit. »Crianza« bedeutet zwei Jahre Reifung, »Reserva« kennzeichnet einen Wein, der mindestens ein weiteres Jahr im Eichenholzfass gereift ist, ein »Gran Reserva« muss dort sogar noch länger bleiben. Gut schmeckt in der warmen Jahreszeit auch ein gekühlter, lediglich sechs Monate alter Rosado von José Luis Ferrer.

Bekannt sind seine Weine auch in Deutschland, wo gleich mehrere Jahrgänge ausgezeichnet wurden. Goldmedaillen erhielten der rote Crianza und der weiße Veritas Blanco. Mit Silber wurde der Traditionswein José Reserva aus dem Jahr 2004 prämiert. Wer sich selbst von Qualität und Geschmack der

Tropfen überzeugen möchte, sollte an einer Weinprobe teilnehmen.

C/. Conquistador 103, Landstraße Palma–Alcúdia | www.vinosferrer.com | Mo–Fr 11, 16.30 Uhr | Besichtigung mit Weinprobe ab 2 Personen 10 €/Person

◎ CAMPANET 🚩 F3
2610 Einwohner

Schon von Weitem bietet das Dorf, auf einer Anhöhe vor dem Panorama der Serra de Tramuntana gelegen, einen malerischen Anblick. Meist sind nur wenige Besucher zu sehen. Vielleicht liegt es daran, dass es keine spektakulären Höhepunkte gibt. Campanet ist also etwas für Urlauber, die über den Dorfplatz schlendern, sich die Pfarrkirche und die Kapelle Sant Miguel ansehen und auf eigene Faust auf Entdeckungsreise gehen. Und dann gibt es mit den Coves ja doch noch eine Attraktion.

9 km nordöstl. von Inca

SEHENSWERTES

Coves de Campanet 🚩 F2
Kleiner und versteckter als die »coves« an der Ostküste, aber durchaus einen Besuch wert. Da die Höhle erst 1945 von einem Schäfer entdeckt wurde, sind die Tropfsteine noch kalkweiß oder auch zart getönt. Der interessante Rundgang dauert etwa 40 Minuten.

Von Inca 10 km auf der Landstraße bis Campanet, dann links und 3 km den Schildern folgen | www.covesdecampanet.com | tgl. 10–19, im Winter bis 18 Uhr | Eintritt 14 €, Kinder 8 €

Naturschauspiel Font Ufanes
Auf dem Gelände der öffentlichen Finca Gabellí Petit befindet sich inmitten eines Eichenwaldes eine Quelle – die jedoch, und das ist das Besondere, nur einige Male im Jahr zu sprudeln beginnt. Meist geschieht das, wenn nach Regenfällen das Wasser zunächst durch das Kalkgestein gesickert ist und anschließend mit Macht wieder an die Oberfläche drängt. Da dieses auf der Insel einzigartige Naturschauspiel nur wenige Tage zu beobachten ist, muss man den idealen Zeitpunkt erwischen. Ob und wie lange die Quelle sprudelt, das kann man unter der Telefonnummer 9 00 15 16 17 erfragen. Lautet die Antwort ja, sollte man umgehend aufbrechen, denn die Kunde von dem seltenen Ereignis spricht sich schnell herum, und die Parkplätze in der Nähe der Quelle werden rar. Der Weg zur Finca Gabellí Petit ist ausgeschildert, das Eingangstor von 10 bis 17 Uhr geöffnet.

🕐 Am besten, Sie kommen frühmorgens nach einem Regentag, wenn sich noch nicht so viele Schaulustige eingefunden haben.

2,5 km nördl. von Campanet

◎ MARRATXÍ 🚩 D4
35 700 Einwohner

Die Gemeinde besteht aus mehreren Dörfern, die mit Besonderheiten aufwarten. Aus Sa Cabaneta kommen die »siurells« (▸ S. 40), kleine Tonfiguren nach phönizischen Vorbildern, und der Cognac »Brandy Suau«, ein exklusiver Weinbrand, der es mit besten französischen Cognacs aufnehmen kann, doch aus rechtlichen Gründen eben »Brandy« genannt werden muss. Pòrtol wiederum ist bekannt für seine Töpfereien.

19 km südwestl. von Inca

EINKAUFEN

Flor d'Ametler ▸ S. 43

Das Sprudelwunder von Campanet: Nur wenn in der Tramuntana sehr starker Regen fällt, quillt Stunden später in einem Eichenwald das Wasser der Fonts Ufanes (▶ S. 144) aus dem Boden.

Ollería Can Bernadí

Im Sortiment sind Tontöpfe, Schüsseln und Krüge in allen erdenklichen Größen und Formen. Sitzt der Meister gerade an der Töpferscheibe, kann man ihm über die Schulter schauen.

Pòrtol | Cals Ollers 5 | www.olleriacan bernardi.com | Mo–Fr 9–13, 15–19, Sa 10–14 Uhr

◎ SANTA EUGÈNIA   ⚑ E4
1640 Einwohner

Das idyllische Dorf ist umgeben von Wäldern und Feldern, auf denen vor allem Weizen, aber auch Wein angebaut wird. Vom Hügel mit der alten Getreidemühle hat der Besucher einen wunderbaren Blick über die weite Ebene im Osten und zur Bergkulisse der Serra de Tramuntana im Westen. Die Pfarrkirche aus dem 18. Jh. erhebt sich in den Altstadtgassen. Samstags wird dort ein Wochenmarkt mit regionalen Produkten abgehalten. Doch vor allem lockt Eugènias Natura Parc die Besucher an.

SEHENSWERTES

Natura Parc 👫

Die seit 1998 bestehende Anlage hat sich im Lauf der Jahre zu einem regelrechten Zentrum für Natur und Kultur entwickelt. Und dies nicht zuletzt deswegen, weil es dort, abgesehen von den insgesamt 400 Arten, vor allem einheimische Tiere gibt, darunter Mallorcas schwarze Schweine. Doch auch Exoten wie Lamas, Lemuren und Zebras sind zu sehen. Beliebt bei den Kindern ist naturgemäß der »Toca-Toca« genannte Streichelzoo mit Ziegen, Schafen und Eseln. Es gibt eine Cafeteria und einen Picknickplatz für Selbstversorger.

Santa Eugènia | Ctra. Palma–Sineu, km 15,4 | www.naturaparc.net | tgl. 10–18 Uhr | Eintritt 15 €, Kinder 8 €

◎ SANTA MARIA DEL CAMI D/E 4
6690 Einwohner

Auf den Zusatz »del Cami«, also »am Wege«, legt der kleine Ort auf halber Strecke zwischen Palma und Inca großen Wert; und das beschreibt auch seine Lage. Man sollte statt der Autobahn die alte Landstraße von Palma nach Alcúdia nehmen, in Santa Maria anhalten, sich den **Kreuzgang des Minoritenklosters** (17. Jh.) und die **Weberei Bujosa** (C/. Barnardo de Santa Eugenia 53) anschauen, in der die handgewobenen Zungenstoffe hergestellt werden. Richtig geschäftig wird das ansonsten beschauliche Örtchen beim Markt am Sonntagvormittag.

16 km südwestl. von Inca

ESSEN UND TRINKEN
Moli des Torrent ▶ S. 28

EINKAUFEN
Artesanía Textil Bujosa ▶ S. 43

SINEU F 4
3680 Einwohner

Weithin sichtbar erhebt sich auf einem Hügel die mächtige **Kirche**. Der geflügelte Markuslöwe davor ist Bildnis des örtlichen Schutzheiligen, aber auch Sinnbild der Macht. Dieser in der geografischen Mitte der Insel gelegene Ort hatte in der römischen und arabischen Ära einige Bedeutung, ebenso zu den Zeiten der christlichen Eroberer, die eine maurische Zitadelle damals gar zum Königssitz ausbauten. Mehr als

3000 Einwohner zählte seinerzeit die Stadt, nur wenig mehr sind es heute.

SEHENSWERTES
Estació Centre d'Art
Moderne Kunst im alten Bahnhof. Vor Jahren, als die damals seit Langem stillgelegte Station zu verfallen drohte, hat der deutsche Resident Klaus Drobig die 1878 erbaute Bahnhofshalle in liebevoller Arbeit restauriert und in ein Kunstzentrum verwandelt. Zwar wurde der Bahnbetrieb inzwischen wieder aufgenommen, doch der Bilderbahnhof blieb.
C/. S'Estació 2 | www.sineuestacio.com | Mo–Fr 9.30–14, 16–19, Sa 10–13 Uhr

ÜBERNACHTEN
León de Sineu
Klein, fein, unter deutscher Leitung – Stilvoll restauriertes Herrenhaus mit Garten, Pool und Terrasse. Das Urgebäude stammt aus der Zeit, als Sineu noch die Hauptstadt des Königreichs Mallorca war, die restlichen Teile kamen im 18. und 19. Jh. hinzu. Abgesehen von den Renovierungen blieb das Haus in seinem Originalzustand erhalten. Im hoteleigenen Restaurant kann der Gast unter mallorquinischen und vegetarischen Gerichten wählen. Küche tgl. von 19 bis 22.30 Uhr, Reservierungen unter reservas@hotel-leondesineu.com.
C/. dels Bous 129 | Tel. 971520211 | www.hotel-leondesineu.com | 7 Zimmer, 1 Suite | €€€

Son Bauló ▶ S. 25

ESSEN UND TRINKEN
Molí d'en Pau
Schön auch im Garten – In der alten Getreidemühle gibt es mallorquinische

Mittwochs zieht es Scharen von Einheimischen und Touristen zum Bauernmarkt nach Sineu
(▶ S. 146), wo vom Schwein über Obst und Gemüse bis zu Souvenirs alles verkauft wird.

Küche, gut und preiswert. Die Spezialität des Hauses ist Lamm aus dem Ofen.
Ctra. Sta. Margalida 25, am Ortseingang | Tel. 9 71 85 51 16 | www.molidenpau.es | Mi–So 13–15.30, 18–23, Di 18–23 Uhr | €€–€€€

Ziele in der Umgebung

◎ ALGAIDA E5
5400 Einwohner

Wie jedes Landstädtchen hat auch Algaida eine Pfarrkirche, die etwas erhöht liegt. Doch nicht ihr gilt das Interesse der Besucher und auch nicht der zu einem Kulturzentrum umgebauten Windmühle am Ortsrand. Die Leute aus Palma möchten in Algaida gut essen und die Fremden die Glasmanufaktur von 1719 sehen.
17 km südwestl. von Sineu

SEHENSWERTES
Molí d'en Xina

Die alte Getreidewindmühle aus dem 18. Jh. dient Künstlern als Atelier, hin und wieder lädt der Kulturverein »Associació Cultural Algaida« auch zu Ausstellungen und Konzerten ein.
C/. de la Ribera 39 (am Ortsrand) | www.fulcre.org

ESSEN UND TRINKEN

Hostal d'Algaida

Für Ausflügler – Ehemalige Herberge, nun eine Mischung aus Laden, Cafeteria und Restaurant mit, versteht sich, Mallorca-Kost. Wer es noch nicht probiert hat, hier stimmt es: »pa amb oli« – ungesalzenes Graubrot mit Olivenöl beträufelt und Tomate als kleiner Imbiss. Am Ortsausgang nach Manacor, km 21 | Tel. 971665109 | tgl. 8–23 Uhr, Küche 12–17, 19–23 Uhr | €€

EINKAUFEN

Vidrierias de Arte Gordiola ▸ S. 43

 LLUBÍ F3

2300 Einwohner

Was für Binissalem die Trauben, das sind für Llubí die Kapern. Mit dem Unterschied, dass mit dem sogenannten »grünen Gold« längst kein lohnendes Geschäft mehr zu machen ist. Dabei gelten Mallorcas »alcaparras« als die besten Kapern der Welt. Doch ihre Ernte ist mühsame Handarbeit, was sie gegenüber der Konkurrenz aus der Türkei und Marokko teuer macht. Doch immer noch produziert die Firma Sa Llubinera in Essig eingelegte Kapern, die in Feinkostläden zu kaufen sind. Oder man bestellt beim nächsten Restaurantbesuch mal den Inselklassiker »lengua con alcaparras«, Rinderzunge mit Kapern. 8 km nördl. von Sineu

MONTUÏRI F4

2870 Einwohner

Der Ort, auf halber Strecke der Straße zwischen Palma und Manacor gelegen, wirkt auf den ersten Blick recht verschlafen. Kaum zu glauben, dass hier

Beim »Ball dels Cossiers« zu Ehren des hl. Bartholomäus in Montuïri (▸ S. 148) tanzen sieben Männer, einer als Frau verkleidet, und der Teufel zu Flöten-, Dudelsack- und Tamburinklängen.

das Zentrum eines ausgelassenen folkloristischen Tanzes ist. Der »Ball dels Cossiers« veranschaulicht den Kampf zwischen Gut und Böse. Die als Teufel verkleideten Tänzer ziehen die größte Aufmerksamkeit auf sich und sorgen bei gar manchen für eine Gänsehaut. Das Fest zu Ehren des hl. Bartholomäus findet am 24. August statt. Bei der »Fira des Perdiu«, der Rebhuhnmesse am ersten Dezembersonntag, geht es mehr um kulinarische Genüsse.

10 km südl. von Sineu

ESSEN UND TRINKEN

Can Xorri

Tagesgerichte und Wochenendmenüs – Zu verfehlen ist es nicht. Das Lokal liegt nahe dem Rathaus und der Kirche. Wer eintritt, kann ein Menü nach mallorquinischer Art bestellen oder Kleinigkeiten wie Tapas oder »pa amb oli«. Es gibt ein sehr günstiges Tagesmenü und ein etwas teureres Menü am Wochenende. An Feiertagen sollte man vorbestellen: reserves@canxorri.es.

C/. Major 2 | Tel. 971 64 41 33 | www.can xorri.es | Küche 12–16, 19–23 Uhr | €€

 **PETRA** **8** G 4

2920 Einwohner

Ein Landstädtchen wie viele in der Ebene, mit braunen Häusern, die sich um eine Kirche scharen. Doch es gibt da einen Unterschied, und der heißt Junípero Serra: Der Franziskanerpater, 1713 als Josep Miquel hier geboren, ging in die Neue Welt, wo er eine ganze Kette von Missionsstationen gründete, unter ihnen San Diego, Los Angeles und San Francisco, aus denen später kalifornische Großstädte wurden. Eher weltliche Genüsse stehen am letzten Okto-

bersonntag bei der Festa des Bunyol im Mittelpunkt: »Bunyols« sind in Olivenöl ausgebackene Kartoffelteigkrapfen.

11 km südöstl. von Sineu

SEHENSWERTES

Nostra Senyora de Bonany

Das weiße Gebäude, eine Einsiedelei auf dem 317 m hohen Berg südwestlich von Petra, ist schon von Weitem gut zu erkennen. Erst Kornfelder und Mandelgärten, dann steht man vor dem Tor der Kapelle, in der die Bauern des Umlands am Ostermontag der »Muttergottes des Guten Jahres« gedenken. Denn sie hatte nach der langen Dürre des Jahres 1600 den Regen geschickt, und so wurde es dann ein gutes Jahr – ein »bon any«.

4 km südwestl. von Petra

MUSEEN UND GALERIEN

Museu i Casa Junípero Serra

Die Amerikaner ehrten den Gründer von San Francisco mit einem Standbild im Washingtoner Capitol, der Papst sprach ihn selig – die Bewohner Petras aber haben neben seinem Elternhaus ein Museum eingerichtet. Mit Briefen, Büchern, Landkarten und Gemälden wird dort das Leben und Wirken von Padre Serra dokumentiert. Wer keinen Einlass findet, kann die Kachelbilder in der Gasse Junípero Serra betrachten; sie künden vom Missionserfolg des Paters.

C/. Barracar Alt 6 | Besuch nur nach Anmeldung unter Tel. 971 56 11 49 oder 971 56 10 28 | Eintritt frei, Spende erwünscht

ESSEN UND TRINKEN

Restaurant Es Celler

Statt Karten nun Cuina Mallorquina – Bis Mitte des 20. Jh. ein Weinkeller, später ein Treffpunkt der Dorfbewohner, die dort Karten spielten, ein Gläschen tranken und dazu einen Happen aßen. Schließlich wurde ein echtes Restaurant eingerichtet. Wer unverfälschte Gerichte wie die Gemüsepfanne »tumbet« probieren will, sitzt in dem großen Speisesaal genau richtig. Zu empfehlen sind auch Zicklein (»cabrito«), Spanferkel oder Lamm aus dem Ofen.

C/. Hospital 46 | Tel. 971 56 10 56 | €€

◎ PORRERES ⚓ F 5
5540 Einwohner

Kein sehr wichtiger Ort der südlichen Ebene – und weitgehend unverfälscht. Etwas außerhalb liegt die Klosterkirche **Monti-Sión**, in der eine weiße Marmorstatue verehrt wird. Auf den Feldern ernten die Bewohner Aprikosen, die sie trocknen, und Trauben, aus denen sie einen ordentlichen Wein keltern. Und in den Stollen, aus denen sie einst den weichen Sandstein Marès gesägt haben, züchten sie heute Champignons.

19 km südl. von Sineu

EINKAUFEN
Vinyes i Bodegues Miquel Oliver

Auf eine über 100-jährige Weintradition kann diese Bodega zurückblicken. So gibt es neben vielen verschiedenen Roten sowie einigen Weißen und Rosados auch die Festtagsabfüllung 1912 Cabernet Sauvignon Merlot.

Petra | Ctra. Petra–Santa Margalida, km 1,8 | www.miqueloliver.com | Tel. 971 56 11 17 | Mo–Fr 10–18, Sa 11–13.30 Uhr

◎ RANDA ⚓ E 5
400 Einwohner

Das Dorf liegt am Fuße des Berges Randa, der mit Abstand höchsten Erhebung in der zentralen Ebene. Von

Blumen umrankte Natursteinhäuser, ein paar recht gute Esslokale und nicht weniger als drei Heiligtümer in unmittelbarer Nähe laden Pilger und Besucher zum Verweilen ein.

28 km südl. von Sineu

SEHENSWERTES
Puig de Randa

Bis zu 549 m erhebt sich der Klosterberg Randa aus der südlichen Ebene. Auf halber Höhe steht das **Santuari de Nostra Senyora de Gràcia**. Mit Gottvertrauen haben Mönche im 15. Jh. die weiße Klosterkirche gefährlich dicht unterhalb einer weit überhängenden roten Felswand gebaut. Über der Felsnase liegt das **Santuari des Sant Honorat**; die Einsiedelei wurde im 14. Jh. gegründet, später umgebaut und erweitert. Oben thront das **Santuari de Nostra Senyora de Cura**. Den Garten des burgartigen Klosters ziert ein Standbild Ramon Llulls, der hier im 13. Jh. lebte, in der Klosterbibliothek stehen seine Bücher und alte Handschriften. Wem die geistige Nahrung und der schöne Ausblick nicht genügen, der kann sich anschließend im Speisesaal des Klosters stärken.

ÜBERNACHTEN
Es Recó de Randa

In der Stille genießen – Für Ruhesuchende und Feinschmecker: 300 Jahre altes Landhaus mit Schwimmbad, Sauna, Solarium und Massageraum. In dem hoteleigenen Restaurant werden dem Gast mallorquinische und internationale Gerichte serviert, und von der Terrasse bietet sich ein wunderbarer Rundblick auf das umliegende Land.

C/. Sa Font 21 | Tel. 971 66 09 97 | www.esrecoderanda.com | 24 Zimmer | €€€

ESSEN UND TRINKEN

Celler Bar Randa

Gesegnete Mahlzeit neben der Kirche – Ein uriges Lokal mit lokaler Küche, z. B. »conejo con cebolla«, Kaninchenstücke mit Zwiebeln – nichts für Feinschmecker, dafür preiswert und deftig. C/. Església 24 | Tel. 971660989 | Do–Di 12.30–16, 19–23.30 Uhr | €

◎ VILAFRANCA DE BONANY 🚩 G 4

2960 Einwohner

Bei der Anfahrt fallen die Obst- und Gemüsestände auf, im Ort selbst die an den Türen hängenden Tomaten und Paprikaschoten. Die fensterlose Pfarrkirche Santa Bárbara (17. Jh.) macht einen abweisenden Eindruck. Recht fröhlich geht es im September beim traditionellen Melonenfest zu, wenn die viele Kilos schweren Früchte prämiert werden. 19 km südöstl. von Sineu

SEHENSWERTES

🔟  Els Calderers 🚶‍♂️ 🚩 F/G 4

Wer keine Finca-Ferien macht, kann auf diesem uralten Hof, dessen Geschichte bis ins 13. Jh. zurückreicht, viel Interessantes über das Landleben erfahren. Zu sehen sind original möblierte Wohnräume, ein Weinkeller und eine Backstube, eine Küche sowie diverse Handwerksbetriebe. Und Kinder werden sich über die vielen Tiere, unter ihnen auch die inseltypischen schwarzen Schweine, in den Gehegen freuen. Ctra. Palma–Manacor, Ausfahrt und Hinweisschilder bei km 37, der Gutshof liegt zwischen Vilafranca de Bonany und Sant Joan | www.elscalderers.com | April–Sept. tgl. 10–18, im Winter bis 17 Uhr | Eintritt 9 €, Kinder 4 €

ESSEN UND TRINKEN

Restaurant El Cruce ▸ S. 28

Der Herrensitz Els Calderers (▸ MERIAN TopTen, S. 151) dient heute als Freilichtmuseum. Die original möblierten Räume vermitteln einen guten Eindruck vom Leben des Landadels im 19. Jh.

Im Fokus
Die Inselbewohner

*Selbstverständlich sind die Menschen auf den Balearen Spanier.
Aber in ihren Eigenarten – sei es die katalanische Sprache oder die
Art, wie sie ihre Feste feiern – sind sie eben auch wieder ganz
anders als ihre Landsleute vom Festland.*

Es gibt Mallorquiner und Menorquiner, Ibicencos und Formenterenser,
aber den Balearenbewohner als einheitlichen Menschenschlag, den gibt
es nicht. Zu unterschiedlich ist die Geschichte der Inseln, zu verschieden
sind sie in der Größe, der Landschaft und den Strukturen. Auf Mallorcas
nächster Nachbarinsel Menorca gehörte der Boden einigen Großgrund-
besitzern und ihren Pächtern; auf Ibiza und Formentera gab es viele kleine selbstständige Bauern. Gemeinsam ist den Inselbewohnern, überspitzt
gesagt, dass sie zwar Spanier sind, sich in erster Linie aber als Mallorquiner und Menorquiner, Ibicenco und Formenterenser fühlen. Verwandt
sind sie untereinander und zudem mit den Katalanen vom Festland durch
die Sprache. Aber muss man Verwandte eigentlich öfter als unbedingt
nötig besuchen? Ein Mallorquiner wird, sollte er mal Urlaub machen,
nach Paris oder London fliegen, doch kaum nach Menorca oder Ibiza.
Was soll er da? Sonnenschein, Sandstrände und Scharen von Touristen –
all das hat er auch zu Hause. Aber nach Kuba, wohin seine Vorfahren

◀ Was hat die Insel sich doch im Lauf der Zeit
verändert: alte Fischer in Portocolom (▶ S. 125).

auswanderten, da wollte er schon immer mal hin. Das Ziel wird vielleicht
gerade im Reisebüro angeboten, außerdem macht es mehr her.
Warum überhaupt irgendwo hinfahren? Wer in Palma wohnt, überlegt es
sich dreimal, ob er sich auf den Weg nach Cala Rajada machen soll. Und
die Tropfsteinhöhle bei Portocristo wird er allenfalls einem ausländischen
Gast zuliebe besichtigen. Wenn er mal aus der Stadt raus will, dann nicht
zu einem entfernten Strand, sondern zur Zweitwohnung. Ein Viertel der
Bevölkerung hat laut »Diario de Mallorca« ein solches Zweitdomizil.
Zwar haben die Insulaner in den vergangenen Jahrzehnten viel Land verkauft, doch ein Stück haben sie oft behalten. Und wer selbst kein Ferien-
haus besitzt, der hat womöglich eine Oma, die eine Finca bewirtschaftet.

STIERKAMPF, FUSSBALL UND GLÜCKSSPIEL

Bei den sonntäglichen Besuchen auf dem Land reden die Leute über die
steigenden Preise, über Familienangelegenheiten und noch einmal über
die steigenden Preise, wie überall in Spanien, wie überall in der Welt.
Oder doch etwas mehr. Das deutschsprachige »Mallorca Magazin« stellte
ein »fast erotisches Verhältnis der Einheimischen zum Geld« fest. Und
das war, bevor der Euro die Peseta ablöste. Was hat sich noch mit der Zeit
geändert? Die Begeisterung am Stierkampf hat so weit nachgelassen, dass
sich ein großer Teil der Bevölkerung für deren Abschaffung ausspricht.
Zwar ist das in der Nachbarregion Katalonien schon geschehen, doch
noch kämpfen die Befürworter auf Mallorca trotz aller Proteste der Tier-
schützer für die Tradition der »Corrida«. Sogar mit Erfolg: In Muro, wo
nach einer Pause wieder Stierkämpfe stattfinden, wurde 2013 eine »Es-
cuela de Taurina«, eine Schule für Toreros, eröffnet.
So gegensätzlich die Mallorquiner in dieser Frage sind, ganz allgemein
gestiegen ist ihre Freude am Fußball, seit das Team von RCD Mallorca in
die höchste spanische Liga aufgestiegen ist; wenngleich mit stark wech-
selndem Erfolg, denn zurzeit spielt der Verein wieder in der »Segunda
Divisón«. Gesteigert hat sich auch der ehedem schon ausgeprägte Hang
zum Glücksspiel. Lotto, Toto, in jeder Kneipe Spielautomaten, und überall gibt es Lotterien mit schwindelerregenden Gewinnen. Der Losverkäu-
fer mit den bunten, täglich neuen Losen am Revers und dem Ruf »Para
hoy – für heute« gehört zum Straßenbild. Und jedes Jahr fiebert die Insel
der Weihnachtslotterie El Gordo entgegen. »Der Dicke« ist mit Preisen

von insgesamt über 2 Mrd. € die umsatzstärkste Lotterie der Welt. Bei der Ziehung sitzen Familien und Losgemeinschaften über Stunden vor dem Fernseher, wenn Kinder aus einer Internatsschule die Gewinnzahlen im typischen Singsang vortragen.

¿LA UNIÓN EUROPEA, GRÀCIES NO? – ¡LA UNIÓN EUROPEA SÍ!

Die Vorteile und Nachteile des europäischen Binnenmarkts und die gemeinsame Währung sind ein Dauerthema. Werden wir mithalten können, wir mit unseren mehr als 25 % Arbeitslosen und zum Teil höheren Preisen als in Alemania? Wer will noch unsere Mandeln und Oliven, wenn die woanders billiger sind? So sorgen sich die Leute und wissen doch, dass es zu Europa keine Alternative gibt. Zum Tourismus auch nicht. Er ist der weitaus größte Wirtschaftszweig und sichert Mallorca das mithin höchste Pro-Kopf-Einkommen Spaniens. Zwar werden die Einnahmen nicht gerecht verteilt, was Palma in Madrid beklagt, doch brachte und bringt er immer noch so etwas wie allgemeinen Wohlstand.

Wenn das Wachstum nach Rekordjahren ausbleibt, schreckt das nicht nur den Hotelbesitzer, sondern auch den Handwerker auf. Reflexartig kommt dann die Reaktion des jeweiligen Tourismusministers, der der angeblichen Krise damit begegnen will, dass unter den Touristen die höheren sozialen Schichten angesprochen werden sollen. Anders ausgedrückt: Es soll mit weniger Besuchern derselbe Umsatz gemacht werden. Ein schöner Traum, wie ihn wohl jeder Tourismusbeauftragte zwischen Andalusien und Zypern träumt. Solch ein Plan findet sogar bei den örtlichen Grünen Zustimmung, obgleich unter der Bedingung, dass die neuen Luxushotels an die Stelle der alten Billigunterkünfte gestellt werden. Denn entschieden kämpfen Ökologen gegen den Ausbau von Landhäusern zu Ferienwohnungen. Sie wollen auch keine Hotels in ländlich unverdorbenen Gebieten, keine zusätzlichen Golfplätze, keine erweiterten Häfen für Sportboote und Jachten.

KONFLIKTE ZWISCHEN JUNG UND ALT

Die Fremden bringen nicht nur die begehrten Einnahmen, sie verändern die Sitten und Gebräuche, sorgen für Zwiespalt zwischen Jung und Alt. Am deutlichsten zeigt sich der Generationenkonflikt auf dem Land. Da gibt es den Vater, der wie seine Vorfahren einen Acker bestellt, der als Baugrund Millionen wert wäre, den er aber um nichts auf der Welt verkaufen würde. Der Sohn arbeitet derweil als Kellner, ärgert sich und wartet; worauf er wartet, kann man sich leicht ausmalen. Es gibt aber auch

Fälle, da haben die Alten vor zwei oder drei Jahrzehnten das herrliche Bauernhaus an einen Ausländer für ein, wie man sagt, Butterbrot verkauft. Darüber ärgern sich nun die Kinder, die den heutigen Wert ihres Erbes schmerzlich vor Augen haben.

DER TRAUM VOM LEBEN IM SÜDEN

Ein anderes Reizthema sind Drogen. Dass die Balearen eine Drehscheibe für den Drogenhandel sind, hat nichts mit der größeren Anfälligkeit ihrer Bewohner zu tun. Schuld ist die günstige Verkehrslage. Die Inseln zwischen Afrika und Europa haben eine über 1000 km lange Küste mit unzähligen Höhlen und Buchten, die unmöglich zu kontrollieren sind, so wenig wie die zigtausend Passagiere, die Tag für Tag mit dem Flugzeug kommen. Hart zu arbeiten, wo andere feiern und Ferien machen, fällt naturgemäß besonders schwer. Doch der Bauer, der seinen Acker verkauft hat und sich plötzlich hinter einem Ladentresen wiederfindet, ist auch nicht so glücklich. Keine Kreuzschmerzen mehr, aber nun erwarten die Kunden von ihm Zuvorkommenheit, von ihm, einem freien Bauern. Es scheint, am besten sind noch die Alten in den Dörfern dran. Eine Weile gehen sie weiterhin auf ihre Felder und umhegen aus lauter Gewohnheit die Bäume oder Weinstöcke. Die letzten Jahre ihres Lebens hocken sie dann nur noch vor ihren Häusern. Da sie Zeiten erlebt haben, in denen die tägliche Sorge darin bestand, überhaupt satt zu werden, sind sie recht zufrieden.

Es gibt auf Mallorca um die 30 000 deutsche Residenten. Sie leben ganzjährig auf der Insel oder nur für Monate, oder sie kommen in regelmäßigen Abständen für Wochen. Sie sind in den Süden gegangen, um aus der Ferne eine Werbeagentur in Deutschland zu leiten oder um deutsche Wurst zu verkaufen. Viele wollten schlicht ihre Rente in der Sonne verleben, andere eine Inselzeitung machen. Die Macher der »IZ«, Unterzeile »Das endgültige Boulevardblatt«, waren ein ganz chaotischer Haufen. Der Anzeigenverkäufer besuchte seine Kunden mit dem Skateboard, die Redakteure halfen schon mal, wenn es keine Skandale gab, mit einer saftigen Story nach. Das ist eine Weile her, erwähnenswert aber trotzdem, weil diese Leute damals das verwirklichten, wovon Tausende noch heute träumen: eine Boutique im Süden, eine Kneipe mit vier Tischen. Doch die meisten Unternehmen überleben nicht die erste Saison, die schräge »IZ« schaffte es immerhin vier Jahre. Ob Aussteiger, ideenreiche Unternehmer oder Rentner, sie alle blieben, sofern sie denn blieben, Fremde – auch noch nach 20 und mehr Jahren. »Nie vereinigen sie sich, wenn sie sich nicht ähnln«, sagt ein mallorquinisches Sprichwort.

Eine schöne Wanderung führt von Sant Elm zu den Klosterruinen Sa Trapa (▶ S. 160).

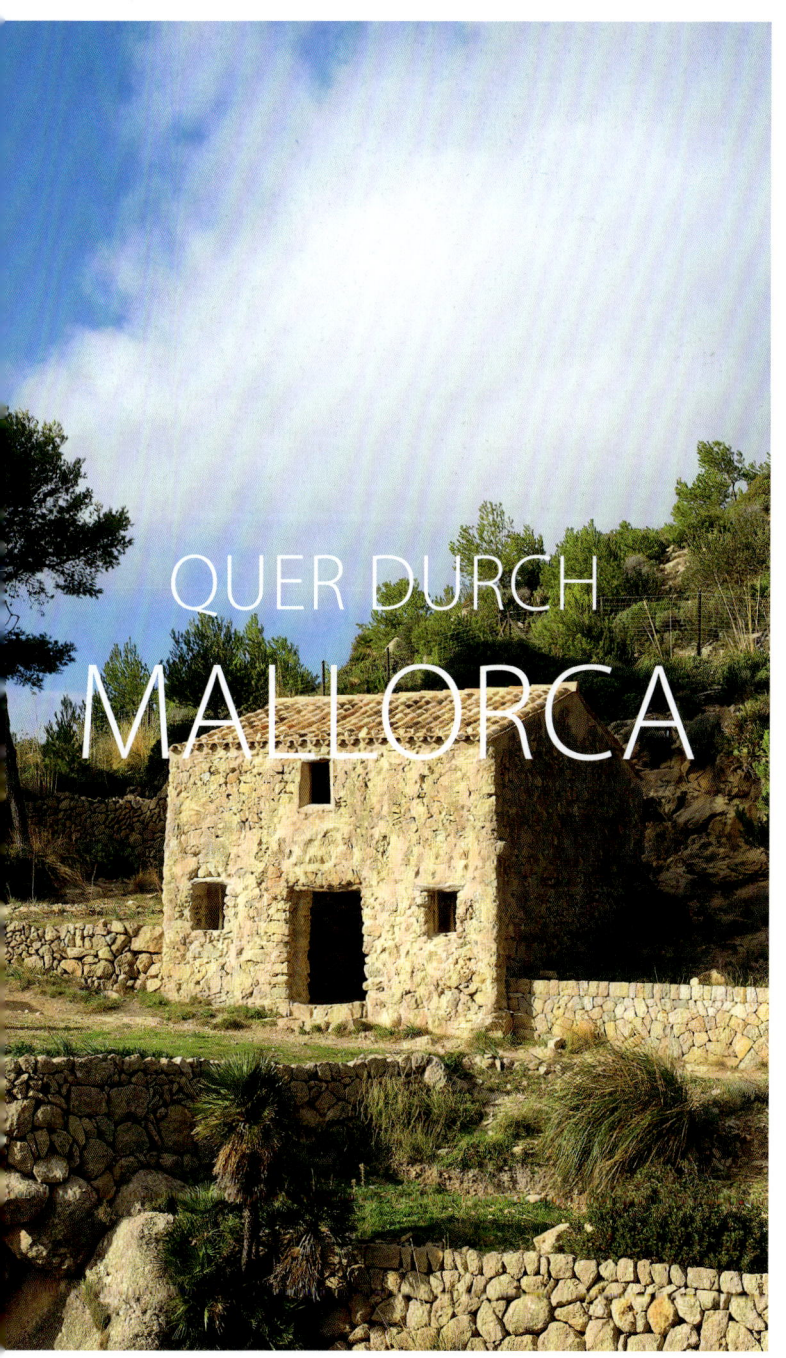

QUER DURCH
MALLORCA

GROSSE INSEL-RUNDFAHRT – DURCH DAS TRAMUNTANA-GEBIRGE

CHARAKTERISTIK: Autofahrt über kurvenreiche Gebirgsstraßen **DAUER:** Tagesausflug **LÄNGE:** ca. 175 km **EINKEHRTIPP:** Ses Porxeres: Lamm, Wildgerichte, das Lokal liegt neben den Gärten von Alfàbia, also fast am Ende der Tour, Tel. 971 61 37 62, Di–So, €€€ **AUSKUNFT:** OIT de Mallorca (▶ S. 76)

D 4

Ausgangspunkt dieser Tour ist **Palma**. Nehmen Sie die Landstraße Richtung Nordwesten, die nach Esporles führt. In der Nähe des Orts liegt das Landgut **Sa Granja**, wo am Mittwochnachmittag alte Tänze und Kunsthandwerk dargeboten werden.

Coll de Claret ▶ Valldemossa

Kurz hinter dem Gutshof stoßen Sie auf die Ma-10, die sich entlang der Küste zieht und dabei den 562 m hohen **Coll de Claret** erklimmt. Einer der Höhepunkte nicht nur Ihres Ausflugs, sondern vieler Kulturreisender kündigt sich an: **Valldemossa** ⭐. Um die Kartause zu besichtigen, müssen Sie ein Stück die Küstenstraße verlassen.

Mirador de Ses Pites ▶ Son Marroig

Wieder zurück auf der Ma-10 warten weitere Sehenswürdigkeiten. Praktisch könnte man an jeder beliebigen Stelle das Auto anhalten und die Aussicht genießen. Tun Sie's auf jeden Fall beim **Mirador de Ses Pites**. Auf der Weiterfahrt kommen Sie an den Landgütern Miramar und **Son Marroig** vorbei, die einst dem österreichischen Erzherzog Ludwig Salvator gehörten. Son Marroig beherbergt heute ein Museum.

Deià ▶ Biniaraix

Ein paar Kurven weiter, im Schatten des über 1000 m hohen Bergs Teix, liegt Mallorcas berühmtes Künstlerdorf

Deià. Sie werden nicht die Einzigen sein, die einen Blick in die Galerien und Cafés werfen wollen. Wer den schmalen Weg zur Cala de Deià nicht scheut, kann an dem kleinen Kieselstrand eine Badepause machen.

Hinter Lluc-Alcari entfernt sich die Ma-10 vom Meer und senkt sich in das Tal von **Sóller**. Die Orangenplantagen und der Hafen sind einen Besuch wert. Hinter Sóller wird die Küstenstraße zu einer regelrechten Hochgebirgsstrecke. Rechter Hand liegen die Dörfer **Fornalutx** und **Biniaraix** ⭐! Sie wurden bereits mehrmals zu den schönsten Ortschaften Spaniens gewählt.

Mirador de Ses Barques ▶ Gorg Blau

Anhalten sollten Sie am **Mirador de Ses Barques**, einem Aussichtspunkt mit Terrassenrestaurant direkt an der Straße. In zahlreichen Kehren windet sich die Ma-10 dem 1445 m hohen **Puig Major** entgegen. Die Straße verschwindet nun in einem Tunnel, und dahinter taucht der Stausee **Gorg Blau** auf.

Für Leute mit Sinn fürs Übersinnliche ist Gorg Blau übrigens nicht bloß ein Trinkwasserreservoir, sondern so etwas wie ein magischer Platz. Groß ist auch die Anziehungskraft zweier ganz unterschiedlicher Ziele, die nun vor Ihnen liegen: das Naturschauspiel Sa Calobra und das Kloster Lluc.

Sa Calobra ▶ Lluc

Zuerst die Arbeit, dann die Besinnung. Denn einige Mühe bereitet der ca. 15 km lange Abstecher nach **Sa Calobra**. Nach unzähligen Schleifen und Kehren müssen Sie erst den berühmten »Krawatten-knoten«, **Nudo de Corbata**, und das Nadelöhr zwischen zwei riesigen Felsen passieren, bevor Sie zur kleinen Bucht am Ende der Wildwasserschlucht Torrent de Pareis gelangen. Wieder zurück auf der Ma-10, kommt zuerst die Gemeinde Escorca und kurz darauf Mallorcas wichtigster Wallfahrtsort: **Lluc** mit seiner braunen Madonna.

Lluc ▶ Alaró

Nordwärts führt die Straße nach Pollença, wir aber verlassen die Serra del Norte gen Süden nach **Inca**. Mallorcas drittgrößte Stadt lockt weder mit landschaftlichem Reiz noch mit Baudenkmälern, beliebt ist sie dennoch. Die Hersteller von Lederkleidung versprechen Preise ab Fabrik, und die urigen »cellers« bieten Hausmannskost in ehemaligen Weinkellern. Weiter geht es auf der Ma-13A über das Weinstädtchen Binissalem bis Consell, dann rechts nach **Alaró**. Wirklich zu empfehlen ist ein Ausflug zur Burg von Alaró, die sich auf einem Felsplateau erhebt.

Orient ▶ Alfàbia

Hinter dem Dorf **Orient** passieren Sie nun Bergwiesen und Margeritenfelder, um schließlich **Bunyola** zu erreichen. Gleich hinter der Kleinstadt stößt die Straße auf die Ma-11. Der große Inseltrip nähert sich dem Ende, doch zuvor noch ein letztes Glanzlicht: die **Gärten von Alfàbia**. Die Parkanlage liegt etwas nördlich der Kreuzung, doch der Abstecher lohnt sich allemal.

Blick vom Herrenhaus Son Marroig (▶ S. 97). Einst empfing Erzherzog Ludwig Salvator hier seine Cousine, die österreichische Kaiserin Sisi. Seit 1928 ist dort ein kleines Museum untergebracht.

WANDERUNG VON SANT ELM ZU DEN KLOSTERRUINEN SA TRAPA

CHARAKTERISTIK: Wanderung im Südwesten, entlang der Küste mit Sicht auf die Dracheninsel **DAUER:** 4–6 Std. **SCHWIERIGKEITSGRAD:** mittelschwer, zeitweise muss man auch klettern **EINKEHRTIPP:** Restaurant Es Puput, S'Arrocó, C/. del Atajo 1, Tel. 971 67 47 03, Aug.–Juni Di–Sa ab 19.30 Uhr, €€€ **AUSKUNFT:** OIT Sant Elm, Av. Jaume I 28, Tel. 971 23 92 05

B 4, S. 161

Ausgangspunkt ist der Badeort **Sant Elm** im äußersten Südwesten der Insel. Man verlässt ihn in Richtung Cala Basset auf einem Küstenpfad, der zu einem alten Wachturm führt. Hier oben hat man einen wunderbaren Ausblick auf die Dracheninsel und entlang der Küste. In den Felsen nisten Fischadler und weitere 75 Vogelarten, darunter die seltenen Eleonorenfalken. Mit ein wenig Glück kann man sogar ein Pärchen der Mönchsgeier über den Gipfeln kreisen sehen. Europas größter Raubvogel, Anfang der 1980er-Jahre war er noch vom Aussterben bedroht, ist im Tramuntana-Gebirge wieder heimisch geworden.

Torre Cala Basset ▶ Sa Trapa

Eine Weile führt uns der Weg noch entlang der Küste, er wird schwieriger – hilfreich sind dabei die roten Markierungspunkte – und biegt schließlich nach Osten ab. Nach einer Wanderung durch einen Kiefernwald führt der immer steiler werdende Pfad durch eine karge Landschaft, bewachsen mit dornigem Gestrüpp und harten Gräsern. Nach etwa anderthalb Stunden, sofern dazwischen keine längeren Pausen lagen, erreicht man etwa 250 m über dem Meer eine Art Felsplateau.

Wer nichts von dem größten Waldbrand weiß, der je auf Mallorca gewütet hat, glaubt nun ganz nah dem schönen Ausflugsziel zu sein. Umso erschreckender ist dann der Anblick, der sich vor ihm bietet. Bis auf wenige Meter waren die Flammen im Sommer des Jahres 2013 an die Klosteranlage herangekommen. Nur durch den Einsatz von Löschhubschraubern und den vielen freiwilligen Helfern war es gelungen, die erst vor Kurzem restaurierten Mauern vor der Zerstörung zu bewahren. Vom Feuer verschont blieben so die erst jüngst gepflanzten Obstbäume, und auch der Finca-Esel »Pep« wurde gerettet. Doch betroffen sind, wie man immer noch sehen kann, fast drei Viertel der Fläche des 80 ha großen Geländes. Verbrannte Erde, schwarze Äste und Baumstümpfe, der Hügel im Hintergrund ist verkohlt. Kein Vogel singt, reges Leben zeigt sich lediglich am Boden bei den Ameisen. Abgesehen vom notorischen Lärm der Singzikaden herrscht eine gespenstische Ruhe.

Trösten kann nur, was bislang die Erfahrung mit Waldbränden auf der Insel – schon 1994 ist **Sa Trapa** von einem Feuer heimgesucht worden – gezeigt hat. Nach den Gräsern und Büschen, die recht schnell nachwachsen, werden dann auch aus den Samen der gerösteten Kiefernzapfen wieder Bäumchen sprießen. Dennoch wird es Jahrzehnte dauern, bis sich Sa Trapa von dieser Katastrophe erholt hat.

Sa Trapa ▶ S'Arracó

Diese Gedanken werden den Wanderer auf dem Rückweg begleiten. Nach einigen Kehren geht es oberhalb von Sa Trapa zum über 300 m hohen Pass **Coll des Ses Animes**. Dort kann man dem Wegweiser folgend die Strecke nach Sant Elm einschlagen oder den Weg nach S'Arracó nehmen. Zwar ist der länger, doch dafür kann man sich dort im Abendrestaurant **Es Puput** stärken und anschließend ein Taxi für die Rückfahrt nach Sant Elm bestellen.

Die aus der Normandie stammenden Trappistenmönche hatten sich nach der Französischen Revolution hier an der Küste angesiedelt. Da der Orden jedoch schon wenige Jahrzehnte später aufgelöst wurde, verfielen im Lauf der Zeit die Gebäude und die Terrassenfelder. 1980 kaufte der balearische Naturschutzbund GOB das Gebiet mit den Ruinen des Trapistenklosters, um es vor einer bereits geplanten Bebauung zu bewahren. Großzügig unterstützt wurde die Aktion seinerzeit von der Zoologischen Gesellschaft in Frankfurt.

Der Kampf um die dem Küstenstrich vorgelagerte Insel **Sa Dragonera** hatte schon drei Jahre zuvor begonnen. Damals war bekannt geworden, dass dort Luxuswohnungen und ein Casino entstehen sollten, worauf junge Leute die Insel besetzten. Ihr Einsatz, der die Pläne verhinderte, gilt als der erste große Erfolg der mallorquinischen Umweltschutzbewegung.

© MERIAN-Kartographie

ZU FUSS ÜBER DIE HALBINSEL VICTÒRIA

CHARAKTERISTIK: Die abwechslungsreiche Wanderung von Alcúdia zum Mirador de Penya Rotja lässt sich gut mit dem Rad oder Auto kombinieren **DAUER:** 4 bis 5 Std., plus 6 km von Alcúdia, mit Pausen Tagesausflug **SCHWIERIGKEITSGRAD:** mittelschwer; trittsicher und schwindelfrei sollte man zumindest für die letzte Etappe zum Kanonenfelsen sein **EINKEHRTIPP:** Restaurant Mirador La Victòria, Alcúdia, Tel. 971 54 71 73, Mo geschl. €€€ **AUSKUNFT:** OIT Alcúdia bzw. OIT Port d'Alcúdia (▶ S. 114)

🚩 **G 2**

Die Tour beginnt entweder in **Alcúdia** oder in **Port d'Alcúdia**. In beiden Fällen hält man sich an die Beschilderung »Mal Pas, Bon Aire, Ermita de la Victòria«. Der nächste markante Punkt ist die Bodega del Sol, wo es links zum Strand Mal Pas geht und rechts zum Coll Baix. Sie aber nehmen die mittlere Straße, die zur Feriensiedlung Bon Aire führt. Von dort folgen Sie am Meer entlang der Strecke bis zum Kiesstrand von **S'Illot**. Vielleicht merken Sie sich diese Stelle für einen Sprung ins Wasser auf dem Rückweg vor …

S'Illot ▶ La Victòria

Kurz hinter dem Strand gabelt sich die Straße. Geradeaus geht es weiter zum militärischen Sperrgebiet am äußersten Punkt des **Cap de Pinar**. Nehmen Sie also die rechte Abzweigung, die sich zur Kirche **La Victòria** hochschlängelt. Dort können Sie die »Jungfrau des Sieges« genannte Marienstatue bewundern. Oberhalb der ehemaligen Einsiedelei bietet es sich an, im Restaurant **Mirador de la Victòria** einzukehren. Wer auf Nummer sicher gehen will, reserviert einen Platz auf der Terrasse. Sollten Sie den Weg bis hierher mit dem Fahrrad oder dem Auto zurückgelegt haben – dann geht es spätestens

jetzt zu Fuß weiter. Der schöne Ausblick von der Terrasse, auf den schon der Name des Restaurants hinweist, wird Ihnen vielleicht Appetit auf eine der beiden Wanderungen gemacht haben: entweder zur 451 m hohen **Talaia d'Alcúdia** in der Mitte der Halbinsel oder zum etwas niedrigeren **Kanonenfelsen** auf der Penya Rotja im Norden. Oder eben zu beiden.

La Victòria ▶ Mirador des Penya Rotja

Folgen Sie zunächst dem Schotterweg hinter dem Restaurant. Er bringt Sie durch einen Pinienwald und stößt nach ungefähr 15 Minuten Gehzeit auf einen schmalen Pfad. Ihm und dem Schild mit der Aufschrift **Mirador des Penya Rotja** folgen Sie anschließend in Richtung Norden. Es geht durch harte Gräser und entlang einer rötlichen Felswand, die nur teilweise und dazu noch mit recht brüchigem Geländer gesichert ist. Der Klippenrand mit dem Felsdurchbruch ist nicht zu verfehlen. Um diese Etappe wirklich genießen zu können, sollte man allerdings trittsicher und schwindelfrei sein. Noch ein wenig Kraxelei – und Sie erreichen in 335 m Höhe die Plattform. Die wunderbare Rundsicht über die Bucht von Pollença hinüber zu den Bergen der

Schmale Pfade führen auf den 451 m hohen Gipfel der Talaia d'Alcúdia (▶ S. 163). Die Mühen des Aufstiegs werden immer wieder mit spektakulären Panoramen belohnt.

Serra Tramuntana und auf die Halbinsel Formentor bestätigt Ihnen: Sie sind am ersten Ziel angelangt.

Falls Sie noch Lust dazu verspüren, können Sie sich nun auf die Suche nach dem alten Kanonenrohr machen, dem man eine neue Holzlafette spendierte. Oder Sie nehmen gleich das zweite Ziel in Angriff. Dazu müssen Sie wieder den engen Durchlass passieren, um sich anschließend am Hauptweg nach links zu orientieren. Von der Abzweigung wandern Sie, als grobe Richtung zunächst, nach Süden und dann gen Osten, bis zur 451 m hohen Talaia d'Alcúdia.

**Mirador des Penya Rotja ▶
Talaia d'Alcúdia**

Nach einer guten halben Stunde Fußmarsch über recht steile Serpentinen sind Sie am Ziel. Die restaurierten Mauerreste der **Talaia d'Alcúdia**, eines Wachturms aus der Zeit der Piratenüberfälle, sind auf dem baumlosen Bergrücken gut zu erkennen. Genießen Sie noch einmal den Blick über das Naturschutzgebiet Victòria bis hin zur nördlichen Spitze Cap des Pinar – und freuen Sie sich auf den Rückweg mit einem erfrischenden Bad am Strand von **S'Illot**.

MIT DEM FAHRRAD ENTLANG DER KÜSTE – VON DER PLAYA DE PALMA ZUR CALA PI

CHARAKTERISTIK: Bei der Fahrt lässt sich Badelust gut mit geschichtlichem Interesse verbinden **DAUER:** Tagesausflug **LÄNGE:** ca. 60 km **SCHWIERIGKEITSGRAD:** leicht **EINKEHRTIPPS:** Mirador de Cabrera, C/. Murillo 8, Urbanización Es Pas de Vallgonera, Tel. 9 71 12 33 38 €€€ | Pizzeria Can Joan, C/. Grācia 63, Llucmajor, Tel. 9 71 12 02 28 €€ **AUSKUNFT:** OIT Platja de Palma (▶ S. 79)
🚲 D 5–E 6

Der Ausflug beginnt an der **Platja de Palma** und führt in Richtung Osten. Bei S'Arenal biegt eine Straße nach Cap Blanc ab. Häuser und Autos werden weniger, ein Zeichen, dass Sie sich vom Massentourismus entfernen. Bis zum **Cap Blanc** begleitet Sie, leicht bergauf, eine Buschlandschaft aus aromatisch duftenden Sträuchern und halbhohen Bäumen. Schon von Weitem erkennen Sie den Leuchtturm.

Cap Blanc ▶ Capocorb Vell
Der Felsvorsprung bildet den Abschluss der Bucht von Palma. Tief unter Ihnen brechen sich tosend die Wellen. Weiter draußen sehen Sie Schiffe, die womöglich die Isla Cabrera ansteuern. Hier, mit Blick auf die unbewohnte Felseninsel, treffen Sie auf einen guten Platz, um Ihre Brotzeit aus der Satteltasche zu holen. Eigentlich ist es eine Selbstverständlichkeit, dennoch sei es erwähnt, dass man die direkte Nähe zum Abgrund meiden soll.

Weiter geht es auf der Straße, die nun einen Knick ins Landesinnere beschreibt. Nach ungefähr 5 km in Richtung Llucmajor erscheinen, östlich der Landstraße, die Ausgrabungsfelder von **Capocorb Vell**. Es handelt sich um die größte Megalithanlage im westlichen Mittelmeerraum.

Capocorb Vell ▶ Cala Pi
Hinter dem prähistorischen Dorf und nur 4 km entfernt liegt die **Cala Pi**. An der Spitze, genannt Punta de la Pi, ragt ein mittelalterlicher Wachturm empor. Etwas östlich in der Urbanización Es Pas de Vallgonera befindet sich das Restaurant **Mirador de Cabrera**. Gut essen mit traumhaftem Ausblick oder lieber baden? Der Name Cala Pi, er bedeutet Pinienbucht, steht auch für eine schicke Feriensiedlung sowie für den Club Cala Pi. In der Nähe des Klubeingangs führt ein Treppenweg zu dem kleinen Sandstrand der wildromantischen Felsenbucht.

Cala Pi ▶ Llucmajor
Nach der Badepause geht es von hier aus in Richtung Norden. Die Straße ist in gutem Zustand und wenig befahren – jetzt, denn wir befinden uns entweder in der Vor- oder in der Nachsaison, weil Radtouren in den Sommermonaten nicht zu empfehlen sind. Vorbei also an Getreidefeldern, die noch saftig grün oder aber längst abgeerntet sind, fahren Sie weiter bis **Llucmajor**.

Am auffälligsten an diesem geschichtsträchtigen, aber ansonsten nicht besonders reizvollen Landstädtchen ist die weit sichtbare Kirche Sant Miguel. Llucmajor liegt zu Füßen des Berges

Ein idyllischer Ort, um den Anker auszuwerfen: Der lang gezogene, fjordartige Einschnitt der Cala Pi (▶ S. 134) umrahmt eine geschützte Bucht mit Terrassenrestaurants.

Puig de Randa und an der nördlichen Spitze des Dreiecks, das unsere Route bildet. Jetzt bietet es sich an, im altehrwürdigen **Café Colón** an der Plaça Espanya einen Kaffee zu trinken. Oder soll es etwas Handfesteres im Restaurant **Can Joan** in der C/. Gràcia sein? So oder so, der Rückweg naht.

Llucmajor ▶ Badia de Palma

Am einfachsten ist es, ab Llucmajor ein Stückchen über die Verbindungsstraße nach S'Arenal zu fahren. Doch schon nach 3,5 km, bei einer Windmühle, sollten Sie linker Hand in den **Cami de Sa Torre** abbiegen.

Wie viele Touristen kommen jedes Jahr nach Mallorca? Zehn Millionen oder mehr? Hier, nicht weit von den Bettenburgen, erscheint das fast unvorstellbar. Der Asphalt surrt unter den Rädern, sonst herrscht absolute Ruhe. Auf halber Strecke zur Küste erblickt man den Turm, der dem Weg den Namen gab.

Bei der Siedlung Badia Azul stoßen Sie wieder auf die Küstenstraße, die Sie bereits von der Hinfahrt kennen. Und schließlich, am Ende der Bucht, treten auch schon die ersten größeren Hotelbauten der Urlauberhochburg S'Arenal ins Blickfeld.

Silhouette der Serra de Tramuntana beim Puig Major, unweit von Fornalutx (▶ S. 98).

MALLORCA ERFASSEN

MALLORCA KOMPAKT

Hier erfahren Sie alles, was Sie über die Baleareninsel Mallorca wissen müssen – kompakte Informationen über Land und Leute, von Bevölkerung und Sprache über Geografie und Politik bis Religion und Wirtschaft.

BEVÖLKERUNG

428 000 Mallorquiner, also knapp die Hälfte der rund 873 400 Einwohner, wohnen in der Hauptstadt Palma, der Rest in den 52 Gemeinden. Die Bewohner der anderen Baleareninseln – Menorca, Ibiza und Formentera – gelten als Vettern. Mit den Katalanen vom Festland fühlen sich Mallorcas Bürger noch durch ihre Sprache verbunden. Doch der Unterschied zwischen einem Mallorquiner und einem Andalusier ist, was Temperament und Lebenseinstellung angeht, riesengroß. Nicht selten wird daher ein Mallorquiner seine Landsleute aus den entfernten Regionen Spaniens schon als »gent de fora«, als »Leute von draußen«, bezeichnen. Rund 190 000 Ausländer leben derzeit auf Mallorca. Die Deutschen stellen mit 31 000 die größte Gruppe, gefolgt von 18 000 Marokkanern und 16 000 Briten.

LAGE UND GEOGRAFIE

Mallorca liegt östlich des spanischen Festlands, etwa 200 km südöstlich von Barcelona. Nach Nordafrika sind es nur rund 300 km. Die Küstenformation ist

◄ Geruhsame Nahrungssuche zwischen
jahrhundertealten Bäumen im Olivenhain.

sehr vielschichtig. Der großen Bucht von Palma schließt sich das nur von engen Felsbuchten unterbrochene Nordwestgebirge Serra de Tramuntana an. Den weiten Buchten im Norden folgt die Bergkette Serres de Llevant mit ihren fjordähnlichen Calas im Osten. Flach hingegen präsentiert sich der Migjorn genannte Inselsüden, mit weitgehend unbebauten Stränden, die teils von Felsnasen unterbrochen werden.

POLITIK UND VERWALTUNG

Seit 1983 gibt es in Spanien 17 autonome Regionen mit eigener Regionalverfassung und eigenem Parlament. Eine davon ist die Comunitat Autónoma de les Illes Balears, zu der außer Mallorca auch die Baleareninseln Menorca, Ibiza und Formentera gehören. Hauptstadt ist Palma. Eigenständig entscheidet die Balearenregierung in den Bereichen Kultur, Umwelt, Tourismus und Soziales. Die konservative PP (Partido Popular) und die PSOE (Sozialistische Arbeiterpartei) sind die größten Parteien in Spanien und auf den Balearen.

SPRACHE

Zwei Sprachen werden auf Mallorca gesprochen: Kastilisch – das wir als Spanisch kennen – und Katalanisch in der mallorquinischen Mundart. Das Katalanische ist keinesfalls, wie häufig angenommen wird, ein spanischer Dialekt, sondern eine alte eigenständige Kultursprache, die sich wie andere romanische Sprachen aus dem Latein entwickelt hat. Zur Blüte gelangte das Katalanische durch den mallorquinischen Dichter Ramon Llull (um 1235–1316). In den folgenden Jahrhunderten verlor es an Bedeutung, wurde von der Zentralmacht in Madrid unterdrückt und unter Francos Diktatur verboten. Mit der Demokratie wurde alles anders. Heute ist »Català« Unterrichtsfach an den Schulen und Umgangssprache allerorten. Einige Bücher über Pflanzen und Tiere der Balearen sind zweisprachig, andere werden erst gar nicht auf Spanisch herausgegeben. Mit Stolz verweisen Traditionalisten darauf, dass Katalanisch im Mittelalter eine Universalsprache des westlichen Mittelmeers war und heute noch von rund 10 Mio. Menschen gesprochen wird. Seit 1991 gilt auf Mallorca für Orte, Straßen und Namen die katalanische Schreibweise. Aus La Puebla wurde Sa Pobla, der Paseo Marimo heißt nun Passeig Marítim.

WIRTSCHAFT

Das Pro-Kopf-Einkommen ist mit das höchste in Spanien. Dienstleistungen, sprich die Tourismusindustrie, stehen weit an vorderster Stelle, es folgen die Bauwirtschaft und die Kleinindustrie wie beispielsweise die Lederverarbeitung rund um Inca. Die Landwirtschaft, in früherer Zeit die Haupteinnahmequelle der Insel, spielt nur noch eine untergeordnete Rolle.

AMTSSPRACHE: Spanisch und Katalanisch (Mallorquí)
EINWOHNER: 873 400
FLÄCHE: 3680 km^2
GRÖSSTE STADT: Palma
HÖCHSTER BERG. Puig Major, 1445 m
INTERNET: www.conselldemallorca.net
RELIGION: 92 % Katholiken
WÄHRUNG: Euro

GESCHICHTE

Ein Kontinent im Kleinformat, ein Mittler zwischen Europa und Afrika, ein Magnet im Mittelmeer, der einst Eroberer aus den angrenzenden Ländern anlockte und nun seit Jahrzehnten Besucher aus aller Welt anzieht, was seine Vielfalt und Vitalität geprägt hat.

Um 4000 v. Chr. Die ersten Siedler betreten die Insel

Die ersten Besucher kommen, wie später die sonnenhungrigen Touristen, aus dem Norden. Das war vor 6000, manche behaupten sogar vor mehr als 8000 Jahren. Wahrscheinlich legten sie mit primitiven Booten irgendwo an der südfranzösischen Küste ab und fuhren der Sonne und der Wärme entgegen. Getrieben vom Nordwind, erreichen sie Mallorcas Küsten. Sie finden ein günstiges Klima, jagdbares Wild und gut geschützte Höhlen; eben alles, was ein Mensch der Jungsteinzeit braucht. Die Rauchabzüge, die die Neulinge in die Grotten schlugen, sind schon Luxus. So bleibt es für Jahrtausende.

1300 v. Chr. Die Talaiot-Kultur

Die Bewohner beginnen damit, über der Erde zu bauen. Sie schichten Felsblöcke zu Wohnungen, Grabstätten und Verteidigungsanlagen auf. Letztere bezeichnet man als **Talaiots**, was sich von dem mallorquinischen Wort »talaia« für Wachturm herleitet. Es sind also diese Türme aus Großsteinen, die der ganzen Epoche ihren Namen gaben. Doch sie sind nicht die einzigen Errungenschaften der Ureinwohner. Aus Funden weiß man, dass sie Töpfe formten, Tiere züchteten und Ackerbau betrieben. Die Reste Hunderter megalithischer Siedlungen sind auf Mallorca erhalten. Die größte ist **Capocorb Vell** südlich von Llucmajor.

4000 v. Chr.

Auf Mallorca siedeln die ersten Höhlenbewohner. Ab 1300 v. Chr. bauen sie aus großen Steinen Talaiot-Siedlungen.

654 v. Chr.

Die Karthager errichten auf der Nachbarinsel Ibiza eine Kolonie.

264–201 v. Chr.

In den Punischen Kriegen kämpft Rom gegen Karthago.

264–201 v. Chr. Treffsicher mit der Schleuder

In den **Punischen Kriegen** um die Vorherrschaft im westlichen Mittelmeer spielt Mallorca eine wichtige Rolle. Da ist einmal die strategische Lage der Insel, und da sind die als geschickte Steinschleuderer bekannten Bewohner, deren Kriegskunst – schleudern heißt im Altgriechischen »bállein« – zunächst Mallorca und später die ganze Inselgruppe den Namen Balearen verdankt. Was für die mallorquinischen Söldner überlebenswichtig war, die treffsichere Handhabung der Steinschleuder, ist heute nur noch eine Sportart.

123 v. Chr. Die Römer auf Mallorca

Quintus Cäcilius Metellus erobert die Insel, gründet **Pollentia** – das heutige Alcúdia – sowie Palmeria und erhält dafür den Namen »Balearicus«. Er holt 3000 Veteranen und Siedler ins Land, die der neuen Provinz das eingespielte römische Verwaltungssystem überstülpen. Die Eroberer bauen Straßen, Brücken und Tempel, ein Amphitheater im Norden bei Alcúdia und die Thermal-bäder im Süden bei Campos. Sie schaffen eine Keramikindustrie, erweitern die von den Phöniziern angelegten Salinen, sie pflanzen Rebstöcke und veredeln den Ölbaum. Der Insel geben sie die Bezeichnung »Balearis Major« oder »Majorica«.

902 Beginn der Maurenherrschaft

Für über 300 Jahre geben nun die **Sarazenen**, wie die Araber im Mittelalter genannt wurden, den Ton an. Für die Bewohner wird es keine so schlechte Zeit, denn die islamischen Herrscher erweisen sich als tolerant und fähig. Sie legen in Banyalbufar und anderswo Terrassengärten an und überziehen das Land mit einem Bewässerungssystem. Sie bringen den Mandelbaum, die Dattelpalme und Feigenbäume auf die Insel, sie bauen Burgen und Paläste. Es blühen der Handel und das Handwerk, die Wissenschaft – und die Piraterie.

1229 Die Rückeroberung

Schon lange hatte den Bischöfen in Barcelona und Tarragona das Piratentum, aber auch das Wohlleben der Mu-

Die Römer erobern Mallorca, gründen die Städte Pollentia (bei Alcúdia) und Palma. Anbau von Wein, Getreide und Ölbäumen.

Der byzantinische Feldherr Belisar besiegt die Vandalen; Mallorca gerät unter oströmischen Einfluss.

534

123 v. Chr.

5. Jh.

Vandalenüberfälle leiten das Ende der römischen Herrschaft ein; 465 endgültige Okkupation durch Vandalenkönig Geiserich.

711

Die Mauren erobern das spanische Festland. Die Insel Mallorca wird nun regelmäßig von maurischen Piraten bedroht.

selmanen ins Auge gestochen. Und Anfang des 13. Jh., die Mauren waren gerade durch interne Bruderkämpfe geschwächt, scheint die Gelegenheit für einen Eroberungsfeldzug günstig.

Der Kreuzzug, der auch ein Beutezug werden soll, wird vorbereitet, an der Spitze der junge König **Jaume von Aragonien**. Am Silvestertag im Jahr 1229 durchbrechen seine Truppen die Stadtmauer der Medina Mayurka. Nachdem die Zitadelle der Araber gefallen ist, wird schnell die restliche Insel erobert. Die Güter der Vorbesitzer teilt Jaume unter den Bischöfen und den adligen Kriegsteilnehmern auf. In Palma lässt er einem Gelübde folgend, das er vor der Schlacht gegeben hatte, ein stolzes Haus »zur Ehre der Heiligen Jungfrau Maria« errichten. Die Moschee der Besiegten und die umliegenden Häuser müssen dafür weichen.

Überhaupt gehen die Eroberer ausgesprochen gründlich vor, zu den wenigen Überresten aus der Maurenzeit gehören heute die Arabischen Bäder in Palma. Zu Stein ist während Jaumes Regentschaft nur ein geringer Teil seines Gelübdes geworden, denn die Fertigstellung der Kathedrale **La Seu** dauert insgesamt 300 Jahre.

Der Feldzug ist noch nicht beendet: Im Jahr 1235 erobert Jaume Ibiza. Menorca erfährt erst später, was es heißt, unter christliche Herrschaft zu geraten. Doch so dumm, die gesamte islamische Bevölkerung zu vertreiben, sind die neuen Herren nicht. Man braucht sie als spezialisierte Handwerker oder als Sklaven. Ihren Besitz übernehmen Siedler aus Katalonien und der Provence.

Auch viele jüdische Neubürger strömen in die aufstrebende Region. Ein Teil des jüdischen Erbes ist noch in Palmas Gasse der Silberschmiede, der Carrer Argenteria, erhalten. In dieser kosmopolitischen Atmosphäre – unter katalanischer Vorherrschaft – gedeiht neben Handel und Gewerbe auch das geistige Leben. Erwähnt werden soll in diesem Zusammenhang **Ramon Llull**, der am Hofe Jaumes aufwuchs und danach lange Zeit im Kloster Santuari de Cura auf dem Berg Randa lebte. Der Theologe, Denker und Dichter Ramon Llull gilt als größter Sohn der Balearen.

902

1349

König Jaume III fällt bei Llucmajor im Kampf gegen Pedro IV, Mallorca wird Teil des Königreichs Aragonien.

Die Araber setzen sich auf den Balearen fest, Palma heißt nun Medina Mayurka. Ihre Herrschaft dauert bis ins 13. Jh.

1229

König Jaume I von Aragonien erobert Mallorca, legt den Grundstein für die Kathedrale und holt katalanische Siedler auf die Insel.

1492 Kolumbus entdeckt Amerika

In den zweieinhalb Jahrhunderten, die auf die Rückeroberung folgten, hatte sich Mallorca zur Handelsdrehscheibe im Mittelmeer entwickelt. Der Niedergang kommt 1492 mit der Entdeckung der Neuen Welt, als sich der Seehandel vom Mittelmeer in den Atlantik verlagert. In der Folgezeit wird die Insel von der Pest und immer wieder auch von Piraten heimgesucht.

Im Jahr 1541 besucht der deutsche Kaiser **Karl V.**, der als Carlos I spanischer König ist, den bröckelnden Außenposten seines Reichs. Auf kaiserliche Anordnung werden die balearischen Küsten und Städte befestigt. Natürlich sind die Schutzanlagen kein nobles Geschenk; der Kaiser braucht die Balearen als Stützpunkt. Wie dem auch sei, die Anlagen sind nützlich. Die Seeräuber holen sich blutige Nasen, und zudem sind Mallorcas Burgen und Wachtürme heute ein gutes Fotomotiv.

1701–1714 Der Erbfolgekrieg

Nach dem Tod des letzten spanischen Habsburgers Karl II. führen Frankreich und das habsburgische Österreich einen Krieg um die spanische Krone. Die Balearen stehen auf Habsburger Seite, es ist die Seite der Verlierer. Nach dem **Friedensschluss von Utrecht** 1713 fällt Menorca an England. Die Briten herrschen 70 Jahre auf der Insel. Die restlichen Balearen jedoch gehören nun wie das Festland zum Reich des Königs **Felipe V**, der nun von fast allen europäischen Mächten als rechtmäßiger Monarch anerkannt wird. Er stammt aus dem Hause Bourbon, jener Dynastie, die bis heute an der Spitze des spanischen Staates steht.

1833 Die Königin und die Klöster

Im Alter von zwei Jahren wird **Isabella II** zur Königin gekrönt. Zum einen ist dies bemerkenswert wegen ihres Alters, zum anderen weil später unter ihrer Herrschaft die Mönchsorden auf der Insel enteignet werden. Unter den verstaatlichten Klöstern befindet sich auch jene Kartause von Valldemossa, in der sich 1838 **Frédéric Chopin** und **George Sand** für einen Winter einquartieren – Mallorcas allererste Touristengruppe.

Durch die Heirat der »katholischen Könige« Ferdinand von Aragonien und Isabella von Kastilien entsteht der spanische Nationalstaat, zu dem auch Mallorca gehört.

Erzherzog Ludwig Salvator von Österreich betritt erstmals die Insel und verfasst ein mehrbändiges Werk über die Inseln.

Der Fremdenverkehrsverband »Fomento del Turismo« wird gegründet, das erste Luxushotel in Palma eröffnet.

1867

1469

1701

Der Spanische Erbfolgekrieg beginnt; er endet zwölf Jahre später mit dem Frieden von Utrecht.

1905

1936–1939 Der Spanische Bürgerkrieg wütet im Land

Als General **Francisco Franco** im Sommer 1936 gegen die republikanische Regierung in Madrid putscht, stellt sich der Militärkommandant der Balearen auf die Seite der Aufständischen. Bei der »Schlacht um Mallorca« versucht die republikanische Armee dann vom 16. August bis 4. September 1936 die Insel wieder unter die Kontrolle der Zweiten Spanischen Republik zu bringen. Nach anfänglichem Erfolg scheitert das Unternehmen. Auf beiden Seiten gibt es mindestens 1500 Gefallene. Mallorca wird fortan von den Nationalisten beherrscht, der Gebrauch der mallorquinischen Sprache untersagt. Obwohl hier, im Gegensatz zum Festland, die Sachlage eigentlich recht früh klar ist, kommt es zu grausamsten Ausschreitungen; mitunter auch deshalb, weil unter dem Deckmantel der Ideologie uralte Rechnungen beglichen werden. Dass die alten Wunden nur langsam heilen, liegt wohl auch daran, dass sich politische Gegensätze auf Inseln gerne länger halten als anderswo.

1975 Von der Diktatur zur parlamentarischen Monarchie

Staatschef Francisco Franco stirbt nach 40-jähriger Alleinherrschaft. Die Verabschiedung einer **Verfassung** mit der parlamentarischen Monarchie als Verfassungsform gilt als wichtiger Grundstein der spanischen Demokratie. Dass der Übergang von der Diktatur zur Demokratie so nahtlos und ohne Wirren abläuft, ist zum großen Teil das Verdienst von **Don Juan Carlos I**, einem Enkel des letzten Königs. Ein Putschversuch des Militärs unter General Tejero scheitert 1981 nicht zuletzt an der aufrechten Haltung des neuen Königs, der pikanterweise vom Diktator selbst lange auf das Amt des Staatsoberhaupts vorbereitet worden war. Die Wahl des Sozialisten Felipe González zum Ministerpräsidenten 1982 ist ein weiterer Meilenstein dieser Epoche.

1983 Autonomiestatus

Mallorca gehört zum Autonomiegebiet der Balearischen Inseln, das von seiner Hauptstadt Palma aus regiert wird. Das Katalanische wird neben dem Kastili-

1936–1939

1960

1975

Nach dem Tod Francos wird Juan Carlos I zum König ausgerufen.

In Spanien wütet der Bürgerkrieg zwischen Republikanern und den Putschisten unter General Francisco Franco.

Mit der Eröffnung des Flughafens Son Sant Joan öffnet sich die Insel dem Massentourismus. Schon 1962 besuchen mehr als 1 Mio. Touristen Mallorca.

schen zur zweiten Amtssprache erklärt. Wie die anderen 16 autonomen Gemeinschaften verfügen nun auch die Balearen über relativ viel politische Selbstständigkeit, vergleichbar mit den deutschen Bundesländern. Zwar gibt es Bestrebungen, diese bis zur Eigenstaatlichkeit auszudehnen, doch ist diese Tendenz zur Abspaltung auf Mallorca längst nicht so groß wie auf dem Festland, beispielsweise in Katalonien.

2008 Mallorca wird »grüner«

Den Anfang macht der Naturschutzbund GOB (Grup Balear d'Ornitologia i Defensa de la Naturalesa). Bei seiner Gründung vor 30 Jahren widmet sich der Verein ausschließlich dem Thema Vogelschutz, erst nach und nach kümmert man sich um die Lebensbedingungen aller Tiere und Pflanzen. Aktionen gegen die ausufernde Bebauung der Insel kommen hinzu. »Und jetzt beschäftigen wir uns«, sagte jüngst der Vorsitzende Dr. Macià Blázques, »auch mit der Energieversorgung und sozialen Fragen.« Eine wäre beispielsweise, wie viele Bewohner – ob Einheimische oder Besucher – Mallorca verkraften kann. GOB global: Was mit einem Verein zum Schutz lokaler Vogelarten seinen Anfang nahm, hat sich also zu einer regelrechten Bewegung entwickelt. Um die Straßen vom Individualverkehr zu entlasten, sind fast 50 km der einst stillgelegten Bahnstrecken nun grundsaniert und wieder in Betrieb genommen worden. Die Mülltrennung funktioniert inzwischen recht gut, es gibt einen öffentlichen Fahrradverleih, und umweltschonend erwirtschaftete Produkte der Insel werden mit einem Ökosiegel ausgezeichnet. Ein Drittel der Insel steht mittlerweile unter Naturschutz. Mallorca ist grüner geworden.

2013 Flammen im Südwesten

Der schwerste **Waldbrand** in der Geschichte Mallorcas zerstört in der Serra Tramuntana eine Fläche von 2335 ha. Betroffen ist auch das Ausflugsziel Sa Trapa, das sich im Besitz der Naturschutzorganisation GOB befindet. Die Bewohner und Besucher des zerstörten Gebiets sind zum Glück glimpflich davongekommen.

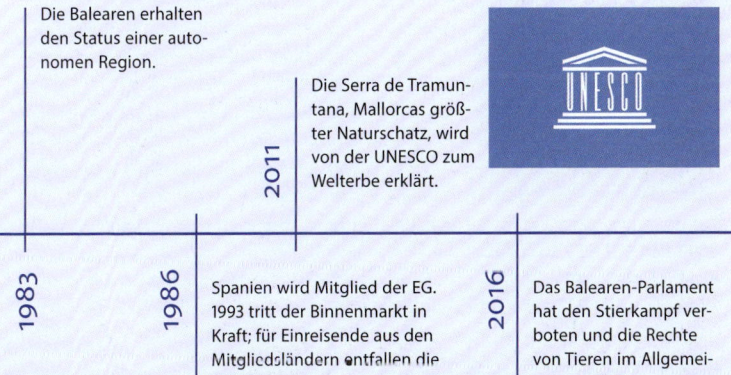

Die Balearen erhalten den Status einer autonomen Region.

Die Serra de Tramuntana, Mallorcas größter Naturschatz, wird von der UNESCO zum Welterbe erklärt.

2011

1983

1986

Spanien wird Mitglied der EG. 1993 tritt der Binnenmarkt in Kraft; für Einreisende aus den Mitgliedsländern entfallen die Zollkontrollen.

2016

Das Balearen-Parlament hat den Stierkampf verboten und die Rechte von Tieren im Allgemeinen gestärkt.

REISEINFORMATIONEN

Anreise und Ankunft

MIT DEM FLUGZEUG

Die Mehrzahl aller Urlauber fliegt per Charter. Die Maschinen starten von allen nennenswerten deutschen Flughäfen, aber auch von den größeren Städten in Österreich und der Schweiz. Man bucht sie über das Reisebüro, direkt bei den Fluggesellschaften oder im Internet. Waren vor einigen Jahren Last-Minute-Flüge am günstigsten, so lohnt es sich nun, früh zu buchen – und sich schnell zu entscheiden. Ein Flug heute für unter 70 € angeboten, kann schon am anderen Tag das Doppelte oder gar Dreifache kosten.

Palmas Flughafen Son Sant Joan gehört während der Hauptsaison zu den Airports mit den meisten Starts und Landungen in Europa. Nach einer Flugzeit von ca. 2 bis 3 Std., je nach Abflugort, muss man sich zunächst einmal auf Hektik und Gedränge einstellen. Doch schnell löst sich der Wirrwarr.

Auf www.atmosfair.de und www.myclimate.org kann jeder Reisende durch eine Spende für Klimaschutzprojekte für die CO_2-Emission seines Fluges aufkommen.

WEITER MIT BUS, TAXI ODER LEIHWAGEN

Von frühmorgens bis kurz vor Mitternacht verkehrt alle 15 Min. ein Linienbus zwischen dem Flughafen und der Stadt Palma. Die Linie 1 fährt vom Ausgang der Ankunftshalle bis zur Haltestelle bei der Plaça Espanya. Von dort gibt es Anschlusslinien zu allen Ferienorten. Die Strecke vom Flughafen bis zum Busbahnhof kostet 5 €. Das Einzelticket für den Stadtbus kostet 1,50 €, die Zehnerkarte 10 €.

Die Taxipreise sind von Ort zu Ort verschieden, in manchen Gemeinden wird auch nach amtlichen Listen abgerechnet. Die Grundgebühr in Palma beträgt 3 €, plus je Kilometer 0,88 €, Zuschlag pro Gepäckstück 0,65 €.

Wer ohnehin vorhatte, ein Auto zu mieten, kann dies auch gleich am Flughafen tun. Alle bekannten Mietwagenfirmen sind dort vertreten.

MIT DEM SCHIFF

Erster und wichtigster Fährhafen für Reisende aus dem Norden, die per Auto, Bahn oder Bus unterwegs sind, ist die katalanische Metropole Barcelona. Die Weiterfahrt von dort nach Palma dauert mit der normalen Fähre ca. 8 Std., schnellere Boote brauchen nur rund 4 Std. Urlauber ohne eigenen Wagen finden immer einen Platz auf den Schiffen der Gesellschaft Trasmediterránea (www.trasmediterranea.es), die im Sommer täglich zweimal ablegt (Tickets bekommt man im Hafen, Reservierungen: Tel. 9 02 45 46 45).

Wer mit dem Auto übersetzt, sollte jedoch vorab buchen, Reisebüros sind dabei behilflich. Dort weiß man auch die aktuellen Abfahrtszeiten und die Preise. Billig ist die Passage freilich nicht. Allenfalls für Besucher, die mehr als drei Wochen bleiben wollen und sich sonst ein Auto leihen müssten, könnte sich die Mitnahme des eigenen Wagens lohnen.

Auskunft

IN DEUTSCHLAND, ÖSTERREICH UND
DER SCHWEIZ
Turespaña

– Lietzenburger Str. 99 |
10707 Berlin | Tel. 0 30/8 82 65 43 |
www.spain.info/de
– Walfischgasse 8 | 1010 Wien |
Tel. 01/5 12 95 80 11 | www.spain.info/at
– Seefeldstr. 19 | 8008 Zürich |
Tel. 0 44/2 53 60 50 | www.spain.
info/ch/tourspain

AUF MALLORCA
**Oficina de información turística
(O.I.T.) de Mallorca** 🖈 D 4
Plaça de la Reina 2 | 07012 Palma |
Tel. 9 71 17 39 90 | www.infomallorca.net

Buchtipps

Gabriele Kunze: Mallorca, Geschichten und Märchen (A&C Verlag, 2013). In diesem Sammelband hat die Kolumnistin all ihre Erfahrungen mit der Insel eingebracht. Es handelt sich um Fabeln von Drachen und Holzwürmern, um Legenden von Prinzessinnen, Knechten und bösen Wichten. Die 20 Erzählungen, verfasst im Tonfall volkstümlicher Überlieferungen, hat der Schweizer Rudy Schwizgebel illustriert.
George Sand: Ein Winter auf Mallorca (Insel Verlag, 1999) Die Insel vor über 175 Jahren und ein immer noch lesenswerter Klassiker. Im Oktober 1838 bricht die gefeierte Schriftstellerin George Sand mit ihrem Freund Frédéric Chopin nach Mallorca auf. Wie sah die Autorin die Bewohner und wie reagierten

jene auf das höchst ungewöhnliche Paar? Hier liegt der Reiz des Buchs.
Albert Vigoleis Thelen: Die Insel des zweiten Gesichts (List Verlag, 2005) Eine außergewöhnliche Synthese aus Autobiografie und Schelmenroman über das Exil des deutschen Schriftstellers auf Mallorca in den 1930er-Jahren.

Diplomatische Vertretungen
**Konsulat der Bundesrepublik
Deutschland** 🖈 Klappe hinten, westl. a 6
Edificio Reina Constanza | C/. Porto Pi 8 |
07015 Palma | Tel. 9 71 70 77 37

Konsulat der Republik Österreich
🖈 Klappe hinten, f 1
Av. Jaume III 29 | 07012 Palma |
Tel. 9 71 42 51 46

Konsulat der Schweiz
🖈 Klappe hinten, nördl. a 1
C/. Antonia Martinez Fiol 6 |
07010 Palma | Tel. 9 71 76 88 36

Feiertage
Heiligabend und Silvester sind normale Arbeitstage, außer in Palma. Neben den lokalen Fiestas, an denen jede Gemeinde ihren Schutzheiligen feiert, und den beweglichen Feiertagen zu Ostern (Pascua) sowie Fronleichnam (Corpus) gibt es folgende gesetzliche Feiertage:

1. Januar Neujahr
6. Januar Heilige Drei Könige
(Los Reyes Magos)
1. März Tag der Balearen
Karfreitag
Ostermontag

1. Mai Tag der Arbeit (Día del Trabajo)
25. Juli Jakobustag (San Jaime, Fiesta de Santiago)
15. August Mariä Himmelfahrt (Asunción)
12. Oktober Tag der Entdeckung Amerikas (Día de la Hispanidad)
1. November Allerheiligen (Todos los Santos)
6. Dezember Tag der Verfassung (Día de la Constitución)
8. Dezember Unbefleckte Empfängnis (Inmaculada Concepción)
25./26. Dezember Weihnachten (Navidad)

FKK

Erlaubt ist FKK an einigen Strandabschnitten von Es Trenc, im Süden der Insel bei Colònia de Sant Jordi und am Strand von Sa Canova in der Nähe von Artà. Dort liegt auch Mallorcas erstes und einziges FKK-Hotel Sa Punta de S'Estanyol. Doch auch an anderen Stellen gehen Schwimmer nackt ins Wasser, und sofern es sich um eher abgelegene Buchten handelt, nimmt daran auch niemand Anstoß. »Oben ohne« ist zwar an fast allen Stränden üblich, was aber nicht heißt, dass es überall und von allen Badegästen – und vor allem von den Einheimischen – gern gesehen wird.

Geld

An den zahlreichen Geldautomaten können sich Kunden mit EC-Karte und persönlicher Geheimzahl rund um die Uhr mit Bargeld versorgen. Die Banken selbst sind nur am Vormittag geöffnet. Die gängigen Kreditkarten wie Visa, Mastercard und American Express werden in den meisten Hotels, Restaurants und Autovermietungen akzeptiert.

Kleidung

Sommerurlauber packen nur leichte Kleidung ein. Wer in den Wintermonaten reist, sollte unbedingt wärmere Anziehsachen mitnehmen. Doch auch in der Übergangszeit sind die Abende bisweilen schon recht kühl. Bis Ende Mai und ab September muss man auch mit Regenschauern rechnen, in den Höhenlagen im Winter sogar mit Schnee.

Bei Wanderungen, Radtouren und Bootsausflügen ist es wichtig, Kopf und Schultern vor der Sonne zu schützen. In der Kirche, im Restaurant oder bei einem Stadtbummel ist selbstverständlich keine Strandkleidung angebracht. Weil sich jedoch längst nicht alle – seien sie nun Bürger oder Urlauber – an diese Kleiderordnung halten, plant die Stadt Palma eine neue Verordnung. So müssen Sonnenhungrige, die mit nacktem Oberkörper oder im Bikini durch die Straßen oder Parks flanieren, bald mit Geldbußen von 100 bis 200 € rechnen. Eine ähnliche Verordnung erwägt Llucmajor. Und da der Ortsteil Arenal zur Gemeinde Llucmajor gehört, würden die Regeln dann auch diesem Abschnitt der Playa de Palma gelten.

Links und Apps

LINKS

www.balearsculturaltour.es
Die offizielle Kulturseite der Balearenregierung zu Geschichte, Traditionen, Kirchen und Museen, Gastronomie und Natur. Klarer Aufbau, sehenswerte Bilder, gute Texte auch in Deutsch.
www.illesbalears.es
Das offizielle Tourismusportal der Balearen: Infos (auch auf Deutsch) über Gastronomie, Sport, Einkaufen und Kunsthandwerk; guter Veranstaltungs-

kalender, aber nicht so schön aufgebaut wie der folgende Internetauftritt.

www.mallorca.de
Kommerzielle Webseite mit den üblichen Angeboten von A wie Anreise bis W wie Wohnen.

www.mallorcahotelguide.com
Hier kann man eine Hotelreservierung vornehmen, ansonsten ist es eine grafisch wenig ansprechende Seite.

www.mallorca-info.de
Kommerzielle Seite mit knappen Infos zu Hotels, Fincas, Golfplätzen, auch Kunst und Kultur – und viel Werbung.

www.mallorcaonline.com
Umfangreiches Portal, das zum Stöbern einlädt und viel Wissenswertes zu den Urlaubsthemen liefert.

APPS

Mallorca à la carte 2013
Die besten Finca-Hotels, Restaurants, Beachclubs & Bodegas.
Für iOS | 4,49 €

Menschen mit Behinderung

»Urlaubsplanung leicht gemacht« heißt eine Broschüre der Bundesarbeitsgemeinschaft der Clubs Behinderter und ihrer Freunde (BAG cbf). Sie ist kostenlos und kann unter folgender Adresse angefordert werden: BAG cbf, Langenmarckweg 21, 51465 Bergisch Gladbach, Tel. 0 22 02/5 60 16, Infos auch unter www.handicapnet.com.
»Handicapped-Reisen« ist ein Hotelführer für Behinderte und Rollstuhlfahrer; der Band kostet 16,80 €, 400 Seiten, ca. 840 Fotos. Er umfasst Europa und nennt auch einige Adressen auf Mallorca: www.escales-verlag.de, Talstr. 58, 77887 Sasbachwalden, Tel. 0 78 41/68 11 33 oder info@escales-verlag.de.

Medizinische Versorgung

KRANKENVERSICHERUNG

Die Vorlage einer Europäischen Krankenversicherungskarte (EHIC) ist ausreichend. Als zusätzlicher Versicherungsschutz empfiehlt sich aber der Abschluss einer Auslandskrankenversicherung, da diese Krankenrücktransporte mitversichert.

KRANKENHAUS UND ÄRZTE

Krankenhäuser befinden sich in Palma und Manacor. Auf Mallorca haben sich einige deutsche Ärzte niedergelassen:

Dr. med. Thomas Meiners J 4
Cala Millor | Av. d'Es Bon Temps 30 | Tel. 9 71 58 61 60

Dr. med. Reinhard Fischer G 3
Can Picafort | Av. José Trias 22 | Tel. 6 09 67 19 24

Clínica Dental, Lutz Meyer J 3
Cala Rajada | C/. Juan Sebastián El Cano 34 | Tel. 9 71 58 81 64

APOTHEKEN

Apotheken sind meist Mo–Fr von 9–13 und 16–20, Sa von 9–12 Uhr geöffnet.

Notruf

Polizei, Feuerwehr, Rettungsdienst
Tel. 112

Nebenkosten

1 Tasse Kaffee	1,50–1,80 €
1 Bier	1,80–2,50 €
1 Cola	1,50–2,00 €
1 Weißbrotstange	0,90 €
1 Liter Benzin	1,20 €
Öffentl. Verkehrsmittel	1,50 €
Mietwagen/Tag	ab 30,00 €

Post

Die Briefkästen in Spanien sind gelb. Internationale Post wirft man in den Kasten mit der Aufschrift »Extranjero«. Briefmarken erhält man in allen Tabakläden und Postfilialen. Eine Postkarte nach Deutschland, Österreich und in die Schweiz kostet 1,15 €.

Reisedokumente

Deutsche, Österreicher und Schweizer können mit einem gültigen Reisepass oder Personalausweis (Identitätskarte) einreisen. Kinder benötigen ein eigenes Reisedokument.

Reiseknigge

Dass Männer mit nacktem Oberkörper und Frauen im Bikini außerhalb der Strandzonen nicht gern gesehen werden, sollte sich herumgesprochen haben. Wo sonst noch lauern Fettnäpfchen? Üblich ist es beispielsweise, dass sich der Gast im Restaurant einen Tisch zuweisen lässt. Den Kellner mit »hallo« auf sich aufmerksam zu machen ist jedoch unangebracht. Mit »oiga, por favor« – »hören Sie bitte« liegen Sie richtig. Der »camarero« wird kommen und davon ausgehen, dass Sie eine Menüfolge, also Vorspeise, Hauptgericht und Nachspeise, bestellen. Erwarten Sie nicht, dass es schnell geht, sonst werden Sie garantiert enttäuscht. Dass die Fremden im Gegensatz zu den Einheimischen ihre Rechnung meist getrennt bezahlen, daran haben sich die Kellner beinahe schon gewöhnt. Dennoch wäre es keine schlechte Idee, die Gesamtrechnung zu verlangen und den Betrag erst danach aufzuteilen. Wer Personen fotografieren will, sollte vorher um Erlaubnis fragen.

Reisewetter

Das Klima ist ausgeglichen und mild. Dafür sorgt das Mittelmeer, das wie ein Wärmespeicher wirkt. Nur selten sinken die Temperaturen unter den Gefrierpunkt, und die Sommerhitze wird meist durch eine frische Brise gemildert. Die Statistik spricht von knapp 300 Tagen, an denen die Sonne scheint. In den Sommermonaten regnet es praktisch nie. Wer einsame Strände und Wildblumen erleben will, muss Mallorca im März und April besuchen. Angenehm warm ist das Wasser allerdings erst ab Mitte Mai. Der Juni ist wohl die beste Reisezeit. Juli und August sind die heißesten Monate, obendrein sind die Restaurants und Strände überfüllt, weil nun auch einheimische Städter aufs Land ziehen. Der September bringt häufig die erste Abkühlung, dann ist auch mit Sturm und den ersten Regenschauern zu rechnen.

Im Oktober wird es auf Mallorca recht ruhig, obwohl die Luft angenehm mild ist und das Wasser bis in den November hinein noch Badetemperatur hat. Der Herbst ist neben dem Frühjahr die richtige Zeit, um Wanderungen und Radtouren zu unternehmen. Für Individualisten empfiehlt sich der Dezember, mit noch schönen Sonnentagen und ohne vorweihnachtlichen Rummel. Januar und Februar sind vom Wetter her die am wenigsten angenehmen Monate; schon George Sand beklagte sich über den kühlen und feuchten Winter in Mallorcas Bergen. Sie hatte recht: In den Höhenlagen der Serra de Tramuntana kann es schneien – aber dafür blühen dann in der geschützten Ebene schon die Mandelbäume, und auch die Inselmetropole

Palma bietet nun an kulturellen und festlichen Ereignissen alles auf, um den Winter vergessen zu machen.

Sicherheit

Eigentumsdelikte wie Handtaschenraub, Strand- und Hoteldiebstahl stehen an erster Stelle der Kriminalstatistik. Der Trick mit der Nelke, der damit endet, dass dem »Beschenkten« hinterher irgendetwas aus seinen Taschen fehlt, ist zwar alt, aber immer noch wirksam. Andere Trickbetrüger verursachen gern kleine Zwischenfälle am Geldautomaten oder mimen den Hilfsbereiten, um in den Besitz von Geld oder Geldkarte zu gelangen.

Wieder andere verweisen Autofahrer auf angebliche oder tatsächliche Schäden am Fahrzeug, während ein Komplize mit schnellem Griff den Wagen ausraubt. Zu den allgemeinen Sicherheitsmaßnahmen gehört: Wertgegenstände immer im Hotelsafe einschließen, an Bargeld nur das Nötigste bei sich führen und im Fahrzeug nichts liegen lassen, was die Neugier wecken kann. Im Fall eines Diebstahls sollten Sie die Reiseleitung benachrichtigen oder selbst zur Polizei gehen. Für die Versicherung zu Hause brauchen Sie ein Polizeiprotokoll.

Telefon

VORWAHLEN

D, A, CH ▸ **Spanien** 00 34
Spanien ▸ **D** 00 49
Spanien ▸ **A** 00 43
Spanien ▸ **CH** 00 41

Im Urlaub günstig telefonieren? Eine wichtige Frage – bis vor Kurzem. Inzwischen sind die Roaminggebühren stark gesenkt worden, und fast jeder hat sein Handy dabei, das er auch mit einer spanischen SIM-Karte für etwa 10 € bestücken kann. Für Urlauber ohne Handy gibt es eine andere Möglichkeit. In Touristenorten unterhält die Telefónica Vermittlungsbüros, in denen man am Ende des Gesprächs bezahlt.

Auf Mallorca und den übrigen Balearen beginnen alle Rufnummern mit 9 71, ausgenommen die Notrufnummern und die Anschlüsse der Mobiltelefone, die an der 6 und zwei weiteren Zahlen

Klima (Mittelwerte)

	Januar	Februar	März	April	Mai	Juni	Juli	August	September	Oktober	November	Dezember
Tagestemperatur	14	15	17	19	22	26	29	29	27	23	18	15
Nachttemperatur	6	6	8	10	13	17	20	20	18	14	10	8
Sonnenstunden	5	7	7	8	10	11	11	11	9	7	6	5
Regentage pro Monat	8	6	8	6	5	3	1	3	5	9	8	9
Wassertemperatur	14	13	14	15	17	21	24	25	24	21	18	15

zu erkennen sind. Mit einem deutschen Handy muss man dann zunächst die Landesvorwahl 00 34 wählen.

Tiere

Hunde und Katzen benötigen zur Einreise einen EU-Heimtierausweis (stellt der Tierarzt aus) mit Nachweis einer Tollwutimpfung. Das Tier muss durch einen Mikrochip identifizierbar sein. Grundsätzlich gibt es Hotels, in denen Hunde aufgenommen werden. Man sollte sich jedoch unbedingt vorher erkundigen, denn die Einstellung der Hoteliers, besonders gegenüber größeren Exemplaren, kann sich schnell ändern. Bedenken sollten Hundebesitzer auch, dass ihre vierbeinigen Begleiter in Restaurants oft nicht willkommen sind. Ähnlich ablehnend reagieren Taxifahrer, die sich gern auf Anordnungen berufen, dass Hunde im Wageninneren nichts zu suchen haben.

Trinkgeld

In Bars und Restaurants ist es üblich, ein Trinkgeld in Höhe von etwa 10 % der Rechnungssumme zu geben. 3 € sind ein angemessener Betrag für das Zimmermädchen, 1 € bis 2 € stimmen den Taxifahrer froh. Wer auf das Wechselgeld verzichten will, sagt: »Quedese con el resto« (»Der Rest ist für Sie«). Spanische Kellner sind es gewohnt, das Wechselgeld an den Tisch zu bringen, wo der Gast dann den angemessenen Teil hinterlässt.

Verkehr

AUTO

Mit dem eigenen Fahrzeug kommen nur wenige Besucher. Schließlich kann man sich problemlos Autos am Flughafen und in allen größeren Ortschaften leihen. In der Nebensaison kostet ein Kleinwagen ab 30 € am Tag, im Sommer oft auch das Doppelte. Es lohnt nicht nur ein Preisvergleich der einzelnen Anbieter, sondern auch die Vorausbuchung. Wer ein Auto leiht, muss in der Regel mindestens 21 Jahre alt sein und einen Führerschein vorweisen, der wenigstens ein Jahr alt ist.

Die Promilleobergrenze liegt in Spanien bei 0,5 (bzw. bei 0,3 Promille, wenn man den Führerschein kürzer als zwei Jahre hat). Die Höchstgeschwindigkeit beträgt innerhalb geschlossener Ortschaften 50 km/h, auf Landstraßen 90 km/h und auf den Autobahnen 120 km/h. Ansonsten gelten die in Mitteleuropa üblichen Verkehrsregeln.

Achtung: Die Polizei ahndet Verstöße gegen die Anschnallpflicht (vorne und hinten) penibel und mit hohen Geldstrafen (bis zu 180 €)!

Tief in die Tasche greifen müssen auch Parksünder. Eine durchgezogene gelbe Linie am Fahrbahnrand weist auf ein Park- und Halteverbot hin. In den blau markierten Zonen darf man seinen Wagen nur mit einem Ticket aus dem Automaten abstellen, in Palma höchstens für eine Dauer von 2 Std. für derzeit 2,85 €. Die Überwachung ist sehr streng. Wer um 1 Std. überzieht, kann für 6 € ein Ticket nachlösen, danach kostet es schon 60 €. In Palmas städtischen Parkhäusern muss man für 1 Std. 2 bis 3 € berappen, abgerechnet wird dann minutengenau.

Bei einer Panne dürfen Sie Ihren Wagen nicht auf eigene Faust abschleppen, sondern Sie sind verpflichtet, einen Abschleppdienst (»grúa«) in Anspruch zu nehmen.

Wer in eine Polizeikontrolle gerät, muss zwei Warndreiecke, mindestens eine Warnweste sowie ein Ersatzrad mitsamt Werkzeug zum Reifenwechsel vorweisen können, dies gilt für Privatfahrzeuge wie auch für Mietwagen. Bei Unfällen und Pannen ist es Pflicht, eine Warnweste anzulegen; ebenfalls gesetzlich vorgeschrieben ist, dass man beim Fahren nicht telefonieren darf.

BAHN

Auf Mallorca sind zwei Hauptlinien in Betrieb: von Palma nach Sa Pobla und von Palma nach Sóller; beide Bahnhöfe liegen an der Plaça Espanya. Eine dritte Zugstrecke besteht zwischen Inca und Manacor. Die Fahrt nach Sa Pobla bietet freilich keinen besonderen Reiz. Im Gegensatz dazu ist die Reise nach Sóller mit der alten Schmalspurbahn »Roter Blitz« ein Vergnügen, das man sich – wenn möglich – nicht entgehen lassen sollte (▶ S. 82).
Die Bahnfahrt dauert knapp 1 Std. Abfahrtszeiten von Palma um 10.10, 10.50 (Sonderzug), 12.15, 13.30, 15.10, 19.30 Uhr; von Sóller zurück um 9.10, 12.15, 14, 18.30 Uhr, Auskunft beim OIT Sóller, Pl. Espanya 15 (im Rathaus), Tel. 9 71 63 80 08 oder OIT Port de Sóller, C/. Canonge Oliver 10, Tel. 9 71 63 30 42, Auskunft am Bahnhof in Palma (C/. Eusebi Estada 1, Tel. 9 71 75 20 51). Die Einzelfahrt kostet 16 €, Hin- und Rückfahrt 22 €.

BUS

Ein dichtes Busnetz verbindet Palma mit allen wichtigen Orten und diese untereinander. Start und Ziel für die meisten Besucher sind die Haltestellen bei der Plaça Espanya. Am Wochen-

ende verkehren Pendelbusse zwischen den Zentren des Nachtlebens. Die Busse fahren im Sommer häufig, sind modern und preiswert.

FAHRRAD

Im Herbst treffen sich auf Mallorca die Radprofis. Dann ist der Verkehr ruhiger geworden, während das Straßennetz nach wie vor die einzigartigen inseltypischen Abwechslungen bietet: von den glatten Strecken in der Ebene bis zu den kurvenreichen Bergstraßen, die fahrerisches Können verlangen und Schweiß kosten. Spaß macht das Radfahren hier besonders im Frühjahr und im Herbst. Leihräder gibt es in fast allen Touristenorten. Ein gutes Tourenrad kostet pro Tag ab 10 €. Es lohnt sich, eine Wochenpauschale auszuhandeln. Wie im übrigen Europa gibt es auch auf Mallorca immer mehr Elektrofahrräder, die hier »bicicletas eléctricas« oder kurz »ebici« heißen und die man für 25 € pro Tag mieten kann, beispielsweise an der Playa de Palma bei www. mallorca-e-bikes.com.
Achtung! Die Zentralregierung in Madrid plant, dass Radfahrer künftig auch in geschlossenen Ortschaften einen Helm tragen müssen. Auf Landstraßen gilt diese Regelung bereits jetzt.

MOTORRAD UND ROLLER

Beliebt bei jungen Leuten sind Motorräder und Roller. Rechnen Sie also damit, dass viele Anfänger unterwegs sind. Alle motorisierten Zweiradfahrer müssen einen Helm tragen. Einen Motorroller kann man ab 36 € pro Tag mieten, Motorräder gibt es ab 54 €. Um einen Roller bis 50 ccm zu mieten, genügt der Autoführerschein, bei Motorrädern muss man einen Motorradführerschein vorlegen, mindestens 25 Jahre alt sein und über eine zweijährige Fahrpraxis verfügen.

Playa de Palma | C/. Perla 2 |
www.rentzoom.mallorca.com

PER PEDES

Ein wichtiger Hinweis für Wanderer: Fußgänger sollten in ländlichen Gegenden beim Spaziergang nach Einbruch der Dunkelheit eine Taschenlampe mit sich führen! Zur Not hilft es auch, hin und wieder ein Feuerzeug aufflammen zu lassen.

Zeitungen

Auf Mallorca werden die Wochenzeitungen »Mallorca Magazin« und »Mallorca Zeitung« herausgegeben. Außerdem kann sich der mehrsprachige Besucher in vier spanischen Lokalzeitungen und mit dem englischen »Daily Bulletin« durch Reportagen, Berichte und Anzeigen aktuell über das Inselgeschehen informieren.

Zoll

Reisende aus Deutschland und Österreich dürfen Waren abgabenfrei mit nach Hause nehmen, wenn diese für den privaten Gebrauch bestimmt sind. Wein darf in unbegrenzter Menge aus EU-Staaten nach Deutschland eingeführt werden. Bestimmte andere Richtmengen sollten jedoch nicht überschritten werden (z. B. 800 Zigaretten, 10 kg Kaffee). Weitere Infos unter www.zoll.de und www.bmf.gv.at/zoll.

Reisende aus der Schweiz dürfen Waren im Wert von 300 SFr abgabenfrei mit nach Hause nehmen, wenn diese für den privaten Gebrauch bestimmt sind. Tabakwaren und Alkohol fallen nicht unter diese Wertgrenze und bleiben in bestimmten Mengen abgabenfrei (z. B. 200 Zigaretten, 2 l Wein). Weitere Auskünfte unter www.zoll.ch.

Entfernungen (in km) zwischen wichtigen Orten

	Alcúdia	Andratx	Artà	Campos	Felanitx	Manacor	Palma	Pollença	Sóller	Valldemossa
Alcúdia		84	35	67	56	41	54	13	68	95
Andratx	84	–	99	79	80	77	30	86	69	45
Artà	35	99	–	46	35	21	70	48	103	85
Campos	67	79	46	–	11	25	39	80	73	55
Felanitx	56	80	35	11	–	14	50	53	83	68
Manacor	41	77	21	25	14	–	47	45	81	65
Palma	54	30	70	39	50	47	–	55	34	18
Pollença	13	86	48	80	53	45	55	–	55	75
Sóller	68	69	103	73	83	81	34	55	–	20
Valldemossa	95	45	85	55	68	65	18	75	20	–

Erlesene
Auf den Spuren berühmter
Persönlichkeiten
Ziele

Jede großartige Metropole wird in erster Linie
von den Menschen geprägt, die dort leben und
arbeiten. Entdecken Sie mit **MERIAN** *porträts*
aufregende Städte ganz neu und begeben Sie
sich auf die Spuren berühmter Persönlichkeiten!

MERIAN
Die Lust am Reisen

ORTS- UND SACHREGISTER

Wird ein Begriff mehrfach aufgeführt,
verweist die **fett** gedruckte Zahl auf die Hauptnennung.
Abkürzungen: Hotel [H] · Restaurant [R]

Liebe Leserinnen und Leser,

vielen Dank, dass Sie sich für einen Band aus unserer Reihe MERIAN *momente* entschieden haben. Wir freuen uns, wenn Ihnen der Reiseführer gefällt. Wenn Sie aber Anregungen, Korrekturen oder Kritik haben, zögern Sie bitte nicht, uns zu schreiben. Denn das hilft uns, MERIAN *momente* noch besser zu machen.

Alle Angaben in diesem Reiseführer sind gewissenhaft geprüft. Preise, Öffnungszeiten usw. können sich aber schnell ändern. Für eventuelle Fehler übernimmt der Verlag keine Haftung.

© 2017 TRAVEL HOUSE MEDIA GmbH, München
MERIAN ist eine eingetragene Marke der GANSKE VERLAGSGRUPPE.

TRAVEL HOUSE MEDIA
Postfach 86 03 66
81630 München
merian-momente@travel-house-media.de
www.merian.de
Tel. 0 89/4 50 00 99 41

Alle Rechte vorbehalten. Nachdruck, auch auszugsweise, sowie die Verbreitung durch Film, Funk, Fernsehen und Internet, durch fotomechanische Wiedergabe, Tonträger und Datenverarbeitungssysteme jeglicher Art nur mit schriftlicher Genehmigung des Verlages.

BEI INTERESSE AN MASSGESCHNEIDERTEN MERIAN-PRODUKTEN:
veronica.reisenegger@travel-house-media.de

BEI INTERESSE AN ANZEIGEN:
KV Kommunalverlag GmbH & Co KG
Tel. 0 89/9 28 09 60
info@kommunal-verlag.de

2. Auflage 2017

REDAKTIONSLEITUNG/REDAKTION
Susanne Kronester
LEKTORAT
Ewald Tange, tangemedia, München
BILDREDAKTION
Tobias Schärtl
SCHLUSSREDAKTION
Ulla Thomsen
HERSTELLUNG
Bettina Häfele, Gloria Schlayer
SATZ/TECHNISCHE PRODUKTION
Ewald Tange, tangemedia, München
REIHENGESTALTUNG
Independent Medien Design, Horst Moser, München (Innenteil), La Voilà, Marion Blomeyer & Alexandra Rusitschka, München und Leipzig (Coverkonzept)
KARTEN
Kunth Verlag GmbH & Co. KG für MERIAN-Kartographie
DRUCK UND BINDUNG
Printer Trento, Italien

Ein Unternehmen der
GANSKE VERLAGSGRUPPE

PEFC™
PEFC/18-31-506

BILDNACHWEIS
Titelbild (Strand Calò des Moro), mauritius images/Alamy: M. Falzone
A1 pix/panthermedia 136 | Alamy: Colau 40, Alamy FAN travelstock 47 | AWL Images/John Warburton-Lee Photography Ltd: N. van Gijn 30 | Bilderberg/La Phototheque/Avenue Images: O. Brenneisen 52 | Caro: Meyerbroeker 76 | Corbis: S. Black/R. W. Harding 44, JAI/N. van Gijn 80, Reuters: E. Calvo 19 u | dpa Picture Alliance: A. Lander 174 l | F1online 60/61, 192 o | Flor de Sal 33 | Fotolia: axeldrosta 173, M. Beck 12, cooperr 13 l, Henry 2, G. Hochmuth 172 l, JCVStock 124, sasel77 57, Schokolaune 14, S. Weber 59 | gemeinfrei 170 r, 171, 172 r, 175 | Getty Images 4/5, 6, 126, AFP 145, T. Balaguer 65, H. Hess 16 | Glowimages 73, 88, 120, 151, 156/157 | Hotel La Residencia, Deia 22 | imago 139, blickwinkel 113, imagebroker 79, Schöning 56 | JAHRESZEITEN VERLAG/GourmetPictureGuide 15, 108 | laif/Archivolatino: L. Moscia 19 o, hemis: R. Suberka 110, 132, Le Figaro Magazine: Fautre 92, 96, 111, S. Bungert 135, T. Gerber 20/21, 166/167, M. Gumm 26, F. Heuer 70, 87, 163, G. Huber 91, G. Knechtel 74, T. Linkel 24, 34, G. Zalin 159 | look-foto 36, 95, 106, 130, 148, 152, J. Greune 165 | mauritius images 100, AGE 147, Alamy 102, 114, 122, 129, imagebroker 48, 68, 84, 116, 142 | N. Schmid 9 | Prisma: T. Balaguer 59, 62, S. Pearce 192 u, G. Schär 168 | shutterstock: Boris15 174 r, C. Caetano 17, M. Garcia Saavedra 13 r, honorius77 170 l, J. Resnick 18, Riderfoot 29 | vario images: Westend61 140 | Your_Photo_Today 99

KULINARISCHES LEXIKON

A

aceite – Öl
aceitunas – Oliven
agua – Wasser
– con gas – mit Kohlensäure
ajo – Knoblauch
a la parilla – vom Holzkohlegrill
a la plancha – vom heißen Blech
albóndigas – Fleischbällchen
alcachofas – Artischocken
al horno – aus dem Ofen
almejas – Herzmuscheln
anchoas – Anchovis, Sardellen
arroz – Reis
atún – Thunfisch
azúcar – Zucker

B

bacalao – Stockfisch, Klippfisch
bebida – Getränk
berenjenas – Auberginen
bistec – Beefsteak
botella – Flasche

C

café con leche – Kaffee mit Milch
– cortado – Espresso mit wenig Milch
– solo – Espresso
caldo – Suppe/Brühe
canela – Zimt
caracoles – Schnecken
carne – Fleisch
cava – Sekt
cebollas – Zwiebeln
cerdo – Schweinefleisch
cerveza – Bier
chocolate con churros – heiße Schokolade mit frittierten Spritzteilchen
chorizo – pikante Wurst

conejo – Kaninchen
cordero – Lamm
crema catalana – Vanillecreme mit karamellisierter Kruste
crudo – roh

D

dorada – Goldbrasse
dulces – Süßigkeiten

E

embutido – Wurst
ensalada – Salat
escalopa – Schnitzel
espinaca – Spinat

F

fino (de Jerez) – Sherry
flan – Karamellcreme
frito – gebraten, gebacken
frutas – Obst

G

gambas – Garnelen
ganso – Gans
garbanzos – Kichererbsen
guisado – Gulasch, Schmorfleisch
guisantes – Erbsen

H

helado – Speiseeis
hielo – Eis
huevo – Ei

J

jamón – gekochter Schinken
– ibérico – luftgetrockneter Schinken vom Iberischen Schwein
– serrano – luftgetrockneter Schinken

judías – Bohnen
jugo – Saft

L

leche – Milch
lechuga – grüner Salat
lenguado – Seezunge
limón – Zitrone

M

mantequilla – Butter
manzana – Apfel
mariscos – Meeresfrüchte
mejillones – Miesmuscheln
melón – Honigmelone
menú degustación – Menü mit kleinen, aber vielen verschiedenen Gängen
merluza – Seehecht
miel – Honig
mostaza – Senf

N

naranja – Apfelsine
nueces – Nüsse

P

pan – Brot
– con tomate – Tomatenbrot
pasteles – Kuchen
patatas – Kartoffeln
– bravas – gebratene Kartoffelecken in scharfer Sauce
– cocidas – Salzkartoffeln
– fritas – Pommes frites
pato – Ente
pescado – Fisch
pimienta – Pfeffer
pimiento – Paprikaschote
– de padrón – kleine, angebratene Paprikaschote
piña – Ananas
pintxos – baskische Tapas-Variante, kleine Köstlichkeiten am Spieß

plátano – Banane
pollo – Hähnchen, Huhn
pulpo – Tintenfisch

Q

queso – Käse
– de cabra – Ziegenkäse
– de oveja – Schafskäse
– fresco – Frischkäse

R

ración – Portion

S

sal – Salz
salchichas – Würstchen
salsa – Sauce
sandía – Wassermelone
solomillo – Filetsteak
sopa – Suppe

T

tarta – Torte
tapas – kleine Köstlichkeiten
ternera – Kalb
tortilla francesa – Omelett
– española – Kartoffelomelett

V

vaso – Glas
verduras – Gemüse
vino – Wein
– blanco – Weißwein
– dulce – süßer Wein
– rosado – Roséwein
– seco – trockener Wein
– tinto – Rotwein

Z

zanahorias – Mohrrüben
zumo (de frutas) – Fruchtsaft
– de manzana – Apfelsaft
– de naranja – Orangensaft

MALLORCA GESTERN & HEUTE

Über Jahrhunderte war die Hochseefischerei ein bedeutender Erwerbszweig der Inselbewohner. Dann entwickelte sich im Verlauf des 20. Jh. der Tourismus zur Haupteinnahmequelle. Jachten und Sportboote verdrängten die Fischer und ihr Arbeitsgerät in eine Hafenecke. Heute ein nostalgischer Anblick. Doch hart ist die Arbeit des Fischfangs nach wie vor. Und wie eh und je ragt die ehrwürdige **Kathedrale La Seu** (▶ MERIAN TopTen, S. 66), einer steinernen Galeone gleich, in Palmas Himmel.